Lexique juridique pour l'entreprise

Éditions d'Organisation
1, rue Thénard
75240 Paris Cedex 05
www.editions-organisation.com

Ce livre a été rédigé par plusieurs auteurs :

Gérard Gorrias, maître en droit privé et ancien président du Syndicat des agences de recouvrement de créances (ANCR), directeur du développement de France-Créances (Gestion Crédit Expert).

Madeleine Gorrias-Dousset, diplômée d'études supérieures de doctorat en droit, directeur juridique de France-Créances. (Gestion Crédit Expert).

Pascal Gorrias, diplômé DJCE et DESS Droit des affaires, spécialisé en droit économique et avocat à la Cour (Cabinet Decker et associés à Toulouse).

Les auteurs remercient Anne Souque, DEA en droit des affaires, et Aude Keszler, licenciée en droit, qui ont su les aider efficacement par leurs recherches et leurs annotations.

ISBN : 2-7081-3005-6

Gérard GORRIAS
Madeleine GORRIAS-DOUSSET
Pascal GORRIAS

Lexique juridique pour l'entreprise

Éditions
d'Organisation

Mode d'emploi du livre

Les explications principales comportent :

Éclairage, visant à une meilleure compréhension de la matière.

Zoom, donnant un détail ou un agrandissement sur une situation donnée.

Exemple, ce que projette – en pratique – le contenu du texte.

Les références législatives ou réglementaires renvoient aux articles des codes ou vers le texte de loi.

Renvoi à des termes qui ne sont pas cités dans le texte explicatif mais sont susceptibles de permettre au lecteur d'avoir une explication complémentaire sur le sujet.

Certains mots renvoient sur internet par la référence complète qui donne principalement accès à la page concernée par l'explication du mot (les sites indiqués sont généralement institutionnels).

Les mots qui apparaissent en gras dans le corps du texte sont expliqués à leur place alphabétique dans le lexique (avec ou sans la marque du pluriel, selon le cas).

Index des références

C. artisanat	Code de l'artisanat
C. assur.	Code des assurances
C. civ.	Code civil
C. com.	Code de commerce
C. consom.	Code de la consommation
C. constr. et habit.	Code de la construction et de l'habitat
CGI	Code général des impôts
C. mone. fin.	Code monétaire et financier
COJ	Code de l'organisation judiciaire
C. pén.	Code pénal
C. proc. pén.	Code de la procédure pénale
CPI	Code de la propriété intellectuelle
C. rural	Code rural
C. séc. soc.	Code de la Sécurité sociale
C. trav.	Code du travail
NCPC	Nouveau code de procédure civile

Avant-propos

Ignorantia legis non excusat
(Nul n'est censé ignorer la loi)

Il en est du langage juridique comme des autres : les mots ont un sens pour les initiés. Pour les autres individus, le sens – général ou précis – des « expressions juridiques » employées et diffusées au quotidien reste une source d'interrogation ou d'interprétation.

À partir du moment où dans une société « nul n'est censé ignorer la loi », force est de constater que le citoyen se doit obligatoirement de connaître le sens de ce qui lui est imposé par cette loi, ou à défaut de se voir sanctionné pour ses agissements, sans rien comprendre… Et ce, que le membre de la Cité agisse ou non de bonne foi. Cette règle – implicite et rigoureuse – génère une espèce de « contrat social » auquel le citoyen est contraint d'adhérer. De plus, ignorer l'existence de la règle ne modifie en rien son application. Le moins que l'on puisse dire, c'est que « la loi est dure, mais c'est la loi ».

Il est patent que la société a organisé d'une manière très parcellaire la connaissance de la loi. Elle oblige des citoyens à apprendre quelques règles. Il en est ainsi du code de la route, de la navigation, de la chasse, etc. Elle a déclaré forfait dans de nombreux domaines, laissant à chacun le soin de découvrir, comprendre ou se résoudre à subir un système qui lui est étranger. À cet égard il est nécessaire que la formation continue à l'instruction civique soit rapidement considérée comme un indispensable outil de polissage social.

Par ailleurs, le monde du droit – à l'instar d'autres activités – se complaît à vivre en famille : les professionnels se comprennent entre eux, sans se préoccuper de ceux qui ne disposent pas de leurs connaissances ou de leur culture juridique !

Qu'en est-il de l'artisan, du commerçant, du dirigeant ou des salariés d'une PME qui subissent l'usage ou le prononcé d'un mot dans une situation donnée ? Quotidiennement – à la télévision, en consultant leur avocat, en lisant leur journal ou en répondant à une convocation – ils veulent savoir et comprendre « dans leur langage » ce qu'on a bien voulu leur dire. Une exigence d'autant plus justifiée que des idées fausses ou préconçues circulent sur le sens de telle ou de telle expression… Comment s'y retrouver quand les avis des uns ou des autres sont différents, contradictoires – et parfois erronés – sur le sens ou l'utilisation d'un terme ?

Que la situation soit claire : les auteurs de ce lexique n'ont pas fait œuvre de droit ! Ils ont souhaité apporter une aide aux profanes pour leur permettre de contourner – aussi souvent que possible – le piège que présente fréquemment l'utilisation d'un vocabulaire technique ou l'aspect par trop scientifique d'une terminologie spécialisée.

L'objectif fut de simplifier – ou de démystifier – des expressions complexes qui obéissent à des mécanismes juridiques ou judiciaires anciens, à des usages qui trouvent leur origine dans le droit romain, à des habitudes qui appartiennent à « l'esprit des juristes ». Dans ce monde-là, le droit est considéré comme « l'art du bien et du juste » (*jus est ars boni et oequi*) !

Sans dénigrer cette constellation, les explications de ce lexique font apparaître un autre choix : celui d'un droit où « le bien est dans le juste milieu » (*in medio stat virtus*).

C'est ainsi que de manière pragmatique les lignes qui suivent comportent des définitions pratiques – qui tiennent compte parfois de l'expérience professionnelle des auteurs –, complétées par des « exemples », des « éclairages » et des « gros plans ». Les curieux trouveront des références de textes et les internautes des renvois vers les principaux sites institutionnels.

Gérard Gorrias

A

abrogation

Suppression pour l'avenir d'une règle de droit (**loi**, **décret**, **convention** internationale). L'abrogation peut être expresse ou **tacite** selon qu'elle est énoncée par le texte nouveau ou qu'elle résulte de l'incompatibilité du texte nouveau avec les **dispositions** antérieures :

L'abrogation est tacite lorsqu'un texte sur le même sujet remplace le précédent. C'est le cas par exemple du texte ayant modifié le **taux de ressort** du **tribunal de commerce** qui rend des **décisions** en premier et dernier ressort jusqu'au montant de 3 800 euros depuis le 1er janvier 2003. Ce montant a abrogé le précédent.

L'abrogation est expresse lorsque le nouveau texte précise qu'il abroge et remplace le précédent. Cette mention apparaît à coté de chaque article abrogé.

En ce qui concerne l'abrogation expresse, une nouvelle loi abroge une loi, un nouveau décret abroge un décret, etc. Ainsi un décret ne peut abroger une loi.

absorption

Espèce de **fusion** ayant pour effet d'intégrer totalement une entreprise à une autre. L'intégralité de l'**actif** et du **passif** est reprise par la **société** absorbante alors que la société absorbée disparaît juridiquement.

 Deux sociétés décident de réunir leurs activités sur une seule société qui sera conservée. La société absorbée va transmettre à la société absorbante son patrimoine par la voie d'un **apport en nature**. L'opération va ainsi se traduire par une **augmentation de capital** de la société absorbante (création de nouvelles **parts sociales** attribuées aux anciens associés de la société absorbée) et par une **dissolution** sans liquidation de la société absorbée.

 Art. 1844-4, C. civ.

abus de biens sociaux ou de crédit

Infraction constituée lorsque le **gérant**, le **président**, les administrateurs d'une **société** usent de **mauvaise foi** des **biens**, du crédit de la société (c'est-à-dire de son image, de sa réputation) à des fins personnelles, dans leur propre intérêt, et non dans celui de la société.

Le gérant fait supporter ses dépenses personnelles – ses vacances par exemple – par la société.

 SA : art. L. 242-6 et L. 242-30, C. com.
SARL : art. L. 241-3, C. com.
Société en commandite : art. L. 243-1, C. com.

abus de confiance

C'est le fait par une personne de détourner au **préjudice** d'autrui des fonds, des valeurs ou un **bien** quelconque qui lui ont été remis et qu'elle a acceptés, à charge de les rendre, de les représenter ou d'en faire un usage déterminé.

Un **mandataire** se fait remettre des sommes pour payer une **prime** d'**assurance**, un acte d'**enregistrement**, etc., et verse ces sommes sur son **compte bancaire** pour son usage personnel.

 Art. 314-1, C. pén.

abus de droit

L'**auteur** d'un abus de **droit** est celui qui commet une faute intentionnelle ou d'**imprudence** dans l'exercice de son droit.

En matière fiscale, le contribuable qui réduit sa charge fiscale au moyen d'un acte fictif ou d'une opération à but exclusivement fiscal est susceptible d'être sanctionné sur le **fondement** de l'abus de droit.

Abus de propriété : art. 544, C. civ.

abus de faiblesse

Infraction consistant à profiter de la faiblesse ou de l'ignorance d'une personne pour lui faire souscrire, au moyen de visites à domicile, des engagements au comptant ou à crédit.

Personne âgée, isolée ou malade, ou encore personne maîtrisant mal la langue française.

Abus de faiblesse : art. L. 123-8, C. consom.
Abus frauduleux de l'état ou de faiblesse : art. 223-15-2, C. pén.

abus de majorité

Utilisation du **droit** de vote des associés majoritaires dans une assemblée générale ou des administrateurs dans un **conseil d'administration** pour l'adoption d'une décision contraire à l'intérêt de la **société**, dans le but de favoriser des intérêts personnels.

L'octroi de rémunérations exagérées aux dirigeants de la société.

abus de minorité

Utilisation du **droit** de vote des associés minoritaires portant atteinte à l'intérêt social de manière injustifiée et de **mauvaise foi.**

> Le refus d'approbation d'un transfert de **siège social** sans motivation légitime, dans le seul but de contrarier la décision opportune du **gérant**.

abus de position dominante

Infraction économique consistant à exploiter abusivement une position dominante sur le **marché** intérieur ou une partie substantielle de celui-ci portant atteinte à la concurrence.

> Le **refus de vente**, les **ventes liées**, des conditions de **vente** discriminatoires, une politique de **prix** abusivement élevés, la brusque rupture de relations commerciales établies sans motifs.

Position dominante : art. L. 420-2, C. com.

Accès direct à la présentation du régime juridique :
http://www.finances.gouv.fr/DGCCRF/concurrence/mots_clefs/abus_dominante.htm

abus de pouvoir ou de voix

Infraction relative à la direction et à l'administration de la **société**, consistant pour un dirigeant social à faire, de **mauvaise foi**, usage des pouvoirs qu'il possède ou des voix dont il dispose, à des fins personnelles ou pour favoriser une autre société ou entreprise dans laquelle il est intéressé directement ou indirectement (s'applique aux sociétés par actions et à la **SARL**).

SARL : art. L. 241-3.5°, C. com.
Sociétés par action : art. L. 242-6.4°, C. com.

acceptation

Adhésion expresse ou **tacite** à l'offre d'un **contrat.** L'acceptation doit être émise sans réserve et coïncider avec l'offre pour entraîner la conclusion du contrat.

L'exécution de **bonne foi** d'un contrat non formalisé par une **signature** équivaut à son acceptation Ainsi lorsque l'acquéreur prend **livraison** de la chose vendue.

Consentement : art. 1109, C. civ.

acceptation de lettre de change

C'est l'engagement **écrit** par l'apposition de la signature du tiré sur la lettre de change de payer à l'échéance fixée.

Cette signature entraîne l'**obligation** du tiré de payer à l'échéance la somme fixée, sauf à prouver qu'il n'a pas reçu la marchandise ou les services, qu'il a déjà payé ou qu'il y a **compensation**. Ces contestations ne sont pas opposables aux **tiers porteurs** de **bonne foi**, par exemple la banque ayant escompté l'effet.

Dans le langage courant la **traite** est synonyme de lettre de change.

Art. L. 511-15, C. com.

accident de trajet

Accident dont est victime un travailleur pendant le trajet d'aller, ou de retour, de sa **résidence,** ou du lieu où il prend habituellement ses repas, à son lieu de travail.

En pratique, l'accident de trajet est assimilé à un **accident du travail.**

accident du travail

Il s'agit de l'accident survenu, par le fait ou à l'occasion du travail, à toute personne travaillant pour un ou plusieurs **employeurs**, comme **salarié** ou non. Il est soumis à un régime spécial d'indemnisation (on parle d'accident de service pour les fonctionnaires). L'employeur doit déclarer l'accident à la caisse concernée dans les 48 heures. L'intéressé percevra des **indemnités** journalières supérieures à celles perçues en cas d'arrêt maladie non professionnelle. Il ne peut pas être licencié pendant l'arrêt de travail et devra être reclassé lors de sa reprise.

Art. L. 231-8 et s. ; L. 122-32-1 et s. ; L. 236-2 et s. ; L. 263-3-1 et s., C. trav.

accord

Terme générique synonyme de **convention.** C'est la rencontre de deux ou plusieurs **volontés.**

L'accord international, l'accord de distribution entre un fabricant et un revendeur.

accord de principe

Entente initiale en vue de la conclusion d'un **contrat** et qui implique l'**obligation** pour les parties de négocier de **bonne foi.**

L'accord de principe est le plus souvent verbal ; il s'agit de la notion de parole donnée :

- Il permet de négocier ensuite les modalités concrètes du contrat.
- Il est souhaitable de garder des traces écrites de cet accord.

 *Cf. lettre d'intention, pourparlers.*

accréditer

Cela consiste, de la part d'un banquier ou d'un **commerçant**, à inviter un **partenaire** à accorder un crédit ou une remise de fonds à un bénéficiaire désigné.

accusatoire

Caractère d'une procédure dans laquelle les parties ont principalement l'initiative de l'**instance** et de son déroulement. Elle est opposée à la procédure de caractère **inquisitoire** qui repose sur l'initiative du **juge.**

La différence entre ces deux mécanismes est particulièrement illustrée dans les films américains : dans ce cas, ce sont les **avocats** des parties qui mènent les débats, interrogent les témoins... (procédure accusatoire). Dans la procédure pénale française, c'est le juge qui dirige le **procès** (procédure inquisitoire).

accusé

En matière criminelle, c'est le nom donné à la personne qui est renvoyée devant la cour d'assises pour y être jugée.

La personne renvoyée devant un **tribunal correctionnel** est appelée le **prévenu**. La personne renvoyée devant le tribunal de police est le contrevenant.

La personne mise en cause dans le cadre d'une **instruction** – criminelle ou correctionnelle – est **mise en examen**. Ces personnes mises en examen bénéficient de la **présomption d'innocence** jusqu'à ce qu'elles soient jugées.

Cf. juge d'instruction.

achalandage

Action d'attirer des chalands, c'est-à-dire des clients, par tous procédés commerciaux **licites**.

achat

Opération qui consiste dans un **contrat de vente** à acquérir la chose. C'est aussi le nom du contrat de vente si l'on se situe du côté de l'acheteur. C'est aussi l'**objet** acheté.

Ne pas oublier que l'accord des parties sur la chose et le **prix** entraîne le transfert de la **propriété** à l'acheteur… même s'il n'a pas encore payé ! De nombreux fournisseurs prévoient dans leurs **conditions générales de vente**s une clause de **réserve de propriété** pour justement conserver la propriété de la chose et pouvoir ainsi la revendiquer tant qu'elle n'a pas été intégralement payée.

Art. L. 1589, C. civ.

achat à crédit

Achat par lequel un acquéreur n'est pas tenu de payer immédiatement le **prix**, quoique la chose soit déjà livrée.

Le code de la consommation réglemente de manière très précise les **droits** et **obligations** du vendeur et de l'acheteur à crédit ainsi que des organismes qui accordent le crédit.

Crédits liés : art. L. 311-1 et s., C. consom.

achat à distance

Il s'agit des techniques de communication à distance permettant la conclusion d'un **contrat de vente** d'un **bien** ou de la fourniture d'un service (**vente** par correspondance, par téléphone, par minitel ou **internet**). Entre **professionnel** et **consommateur**, l'offre de **contrat** doit comporter un certain nombre de mentions obligatoires que le client doit recevoir par **écrit** ou sur un **support durable**.

Les principales entreprises de vente à distance sont regroupées en une fédération qui organise l'activité et informe les adhérents et les utilisateurs de vente par correspondance et à distance : la Fédération des entreprises de vente à distance.

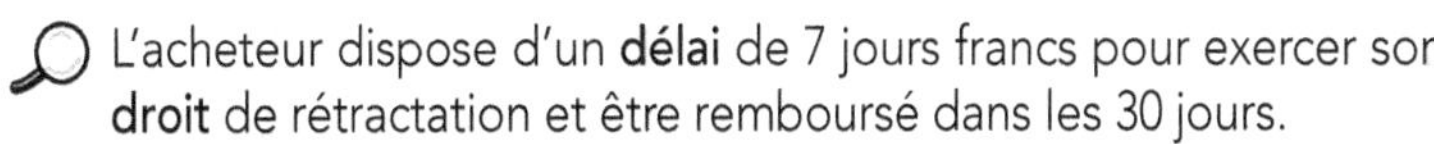

L'acheteur dispose d'un **délai** de 7 jours francs pour exercer son **droit** de rétractation et être remboursé dans les 30 jours.

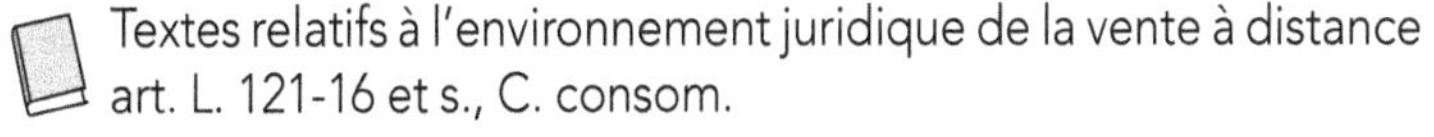

Textes relatifs à l'environnement juridique de la vente à distance : art. L. 121-16 et s., C. consom.

http://www.fevad.com

achat au comptant

Achat par lequel un acquéreur verse l'intégralité du **prix** lors de la conclusion du **contrat** ou à la **livraison.** C'est dans ce cas-là que le vendeur est le plus content... l'acheteur aussi si... la livraison du **bien** ou l'exécution du service correspond aux **obligations** du vendeur !

Le **consommateur** achète une baguette de pain : il passe un contrat avec le vendeur, en désignant le pain (par le nom du type de pain inscrit sur le présentoir ou en désignant un pain plus cuit qu'un autre, etc.). Ils sont d'accord sur la chose et sur le prix. Le vendeur livre le pain. L'acheteur paie son achat au comptant.

 *Cf. achat à crédit.*

acompte

Paiement partiel d'une **dette.** En **droit** social, paiement partiel et anticipé du travail effectué. À ne pas confondre avec l'**avance** ou les **arrhes** qui ont des acceptions différentes.

 En matière commerciale, l'acompte concerne une **vente** ferme. Il n'est pas en principe remboursable mais le **juge** peut en décider autrement.

 Art. L. 131-1 à L. 131-3, C. consom.

acquéreur

Dans un **contrat de vente**, désigne le nom de celui qui achète le **bien**, par opposition au vendeur.

acquiescement

Acte juridique qui consiste à mettre fin à l'**instance**, soit en reconnaissant le bien-fondé des démarches de l'adversaire, soit en se soumettant au **jugement** rendu avec renonciation aux **voies de recours**.

 Art. 408 et s., C. civ.

acquisition

Fait d'acquérir un **bien**, d'en devenir le propriétaire.

 *Cf. propriété.*

acquit

C'est la reconnaissance **écrite** du **paiement**, à la différence du reçu qui est la simple constatation de la remise d'une somme ou d'un **objet**.

Mention pour acquit portée sur un titre de **créance**.

acte

L'acte consiste en tout fait de l'homme, volontaire ou involontaire, et s'oppose, en ce sens, à un événement. L'acte instrumentaire est celui **écrit** en vue de constater un **acte juridique**.

 Parmi les principaux actes, il y a lieu de remarquer que l'acte peut être volontaire, involontaire, instrumentaire, authentique, sous-seing privé.

Acte volontaire : **consentement** au mariage, bris de clôture.

Acte involontaire : blessures involontaires, **homicide** par **imprudence**.

Acte instrumentaire : **contrat** de mariage.

Acte authentique : **vente** d'un **bien immobilier** (art. 1317, C. civ.)

Acte sous-seing privé : **contrat de travail** (art. 1322, C. civ.)

acte à titre gratuit

Cf. gratuit.

acte à titre onéreux

Acte juridique par lequel chacune des parties s'engage à donner ou à faire quelque chose : il y a une prestation et une contrepartie.

Art. 1106, C. civ.

acte anormal de gestion

Théorie fiscale relative à l'imposition du **résultat** de l'entreprise. Les actes de gestion relatifs au calcul du résultat imposable ne produisent de conséquences fiscales que s'ils sont effectués dans un cadre de gestion normale, dans l'intérêt de l'entreprise. Dans le cas contraire, l'administration fiscale refusera de tenir compte de l'opération et rectifiera les écritures comptables.

Si l'entreprise paie des **intérêts** d'emprunt anormalement élevés, ils ne seront que partiellement déduits du **bénéfice** brut.

acte authentique

Acte dressé par un **officier public** (**notaire** par exemple) qui fait foi « jusqu'à **inscription de faux** » : la présence de l'officier public est mentionnée dans le texte même de l'acte. Une procédure particulière doit donc être mise en œuvre par la personne qui conteste les déclarations et constatations d'un acte authentique.

L'acte contresigné par un notaire est acte authentique. Il est dénommé **acte notarié**. Il en est de même de l'acte accompli en mairie (naissance, mariage, décès) contresigné par un officier public. Il est désigné, dans ce cas, acte d'état civil.

La **vente** immobilière doit obligatoirement faire l'objet d'un acte authentique, cela résulte de la tradition historique de la constatation de la **propriété** foncière qui ne peut être établie que par un mode de **preuve** irréfragable (l'acte authentique de transfert de propriété entraîne la modification de l'inscription cadastrale). Un transfert de propriété immobilière peut également être constaté dans un **jugement**, par exemple en matière de **vente aux enchères** d'immeuble.

Art. 1317 et s., C. civ.

Cf. acte sous-seing privé, faux, inscription de faux.

acte conservatoire

Acte nécessaire et urgent pour sauvegarder un **droit**, pour prévenir le **détournement**, la dissimulation, la dissipation ou l'**aliénation** d'un **bien**. Il s'agit pour le **créancier** d'une mesure visant à éviter que son **débiteur** ne s'appauvrisse à son détriment ou à tenter de s'approprier des droits sur des valeurs ou un bien avant d'autres créanciers.

> **Saisie conservatoire** d'une somme d'argent déposée sur un **compte bancaire**, **inscription** provisoire **d'hypothèque** judiciaire sur un bien **immobilier**, inscription provisoire de **nantissement** sur un **fonds de commerce**.

 *Cf. mesure conservatoire.*

acte d'administration

Acte dont l'**objet** est de faire fructifier un **bien** sans en compromettre sa substance (ou sa valeur en capital). Cet acte peut être effectué à titre **gratuit** ou onéreux.

> Acte d'administration gratuit : veiller sur la maison d'un voisin, l'aérer, arroser les plantes.

Acte d'administration onéreux : un **administrateur de biens** qui gère l'appartement d'un propriétaire moyennant une **commission** sur les loyers.

acte de commerce

Les actes de commerce sont les actes qui délimitent le champ d'application du **droit commercial**.

Il existe :

- des actes de commerce par nature (par exemple l'achat pour revendre, le fait d'être un intermédiaire habituel) ;
- des actes de commerce par leur simple forme (par exemple la **lettre de change**) ;
- des actes accomplis par le **commerçant** dans l'exercice de son commerce qui sont réputés automatiquement

actes de commerce en vertu de la théorie de l'accessoire (par exemple l'achat de consommables).

Art. L. 110-1 et 2, C. com.

acte de disposition

Acte qui entame ou engage un patrimoine pour le présent ou pour l'avenir (par opposition à l'**acte d'administration** ou l'**acte conservatoire**).

> Vente d'immeuble, conclusion d'un **bail commercial** (il confère en effet la **propriété commerciale**, c'est-à-dire le **droit** au **maintien dans les lieux** et au renouvellement du **contrat**).

acte de gestion

Acte qui consiste pour l'entrepreneur en la disposition et l'emploi de l'**actif** de l'entreprise pour l'acquisition ou la réalisation d'une opération dans l'intérêt de celle-ci.

> L'achat d'un **matériel**, l'aménagement d'un local... pour un particulier.

acte de procédure

Acte soumis à certaines formes, effectué par le **demandeur** ou le **défendeur**, les **auxiliaires de justice** (**avocat, avoué, huissier**), afin d'entamer, alimenter, suspendre, éteindre une **action en justice** ou faire exécuter un **jugement**.

> L'**assignation** devant le **tribunal de commerce**, la **signification** d'un jugement à l'adversaire.

acte juridique

Manifestation de la **volonté** individuelle émise en vue de produire des **effets de droit.**

Cet acte peut être unilatéral comme le testament, collectif comme la **délibération** d'une assemblée, à titre **gratuit** telle la **donation,** ou onéreux comme l'acte de **vente**.

acte mixte

Acte juridique qui est civil pour l'une des parties et commercial pour l'autre. Ainsi, tous les actes entre consommateurs et commerçants sont des actes mixtes. Cela a des conséquences importantes au niveau du régime de la **preuve** ou de la validité des **clauses** contractuelles.

La **prescription** de 10 ans s'applique aux actes mixtes.

On distingue les **moyens** de preuve civile et les moyens de preuve en matière commerciale qui sont soumis à des régimes différents (la preuve est libre en matière commerciale).

Définition : art. L. 110-4, C. com.
Compétence juridiction : art. L. 411-4, COJ.

Cf. par exemple clause attributive de juridiction.

acte notarié

L'acte notarié est un **acte authentique** (qui a véritablement l'**auteur** ou l'origine qu'on lui attribue) reçu ou dressé par l'**officier public** compétent, le notaire, selon certaines **formalités.** L'acte authentique s'oppose à l'**acte sous-seing privé.**

Le **contrat** de mariage ne peut être établi que par acte notarié.

 Art. 1317 et s., C. civ.

acte sous-seing privé

Acte rédigé par les parties et sous leur seule **signature** (sous-seing privé). Il nécessite d'être enregistré pour obtenir **date certaine.**

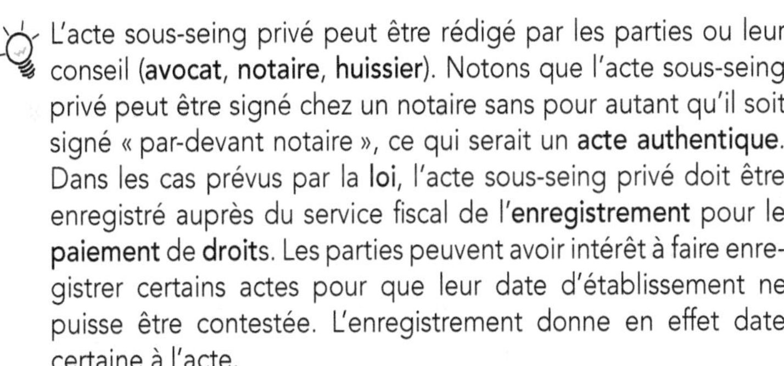
L'acte sous-seing privé peut être rédigé par les parties ou leur conseil (**avocat**, **notaire**, **huissier**). Notons que l'acte sous-seing privé peut être signé chez un notaire sans pour autant qu'il soit signé « par-devant notaire », ce qui serait un **acte authentique**. Dans les cas prévus par la **loi**, l'acte sous-seing privé doit être enregistré auprès du service fiscal de l'**enregistrement** pour le **paiement** de **droits**. Les parties peuvent avoir intérêt à faire enregistrer certains actes pour que leur date d'établissement ne puisse être contestée. L'enregistrement donne en effet date certaine à l'acte.

 Art. 1322 et s., C. civ.

actes du palais

Ce sont les actes de procédure que les **avocats**, constitués dans une même cause, se notifient entre eux.

 Les **conclusions** (mémoires **écrits** échangés devant le **tribunal de grande instance**) et les pièces sont transmises à l'**avocat** adverse et au **greffe** par la voie d'un courrier interne, sous le cachet d'un huissier de justice.

 Tous les écrits entre auxiliaires de justice d'une juridiction sont transmis par courrier interne (*La voie du palais*).

 Art. 672, NCPC.

actif

L'actif – au **bilan** d'une entreprise – comprend l'ensemble des **biens** (**stocks, liquidités**), des moyens (**immobilisations** corporelles et financières) et des **droits** (**créances**, immobilisations incorporelles).

 Le bilan d'une entreprise comprend l'actif et le **passif**.

 L'actif se compose de l'**actif immobilisé** et de l'**actif circulant**.

actif circulant

Il s'agit des disponibilités à court **terme** dont dispose l'entreprise.

actif immobilisé

Ensemble des **biens, mobiliers** ou **immobiliers, droits** et valeurs de toutes sortes qui figurent au **bilan** de l'entreprise.

Fonds de commerce, matériels, dépôts de garantie.

 L'évaluation des **actifs** immobilisés figurant au bilan peut être différente de leur valeur vénale, c'est-à-dire de leur valeur de négociation sur le **marché**.

actifs

Biens et **droits** d'une personne physique ou morale ayant une valeur patrimoniale. Il s'agit de l'ensemble du patrimoine d'une **société**.

Biens **immobiliers, mobiliers**, valeurs de **placement, droits de propriété intellectuelle, littéraire ou artistique**...

action(s)

Titre qui correspond aux **droits** des associés dans le capital d'une **société par actions (société anonyme, société par actions simplifiée, société en commandite** par action). Ces **titres** sont en principe librement cessibles et négociables.

Une ou des actions donnent à leur propriétaire la qualité d'**actionnaire** de la **société**, il est qualifié de « petit » ou de « gros » actionnaire selon la quantité d'actions détenues.

action collective

Action qu'un groupement, doté de la personnalité morale, intente en son nom pour la défense d'intérêts collectifs spécifiques, distincte des actions tendant à défendre les intérêts individuels des membres du groupe.

> Il peut s'agir d'une action menée par un **syndicat** dans une profession donnée.

La notion d'action collective ne se réfère pas à des actions menées en groupe par des agriculteurs, des commerçants, pour protester, défendre, dans le cadre d'une manifestation, etc. L'action collective est une action judiciaire, c'est-à-dire engagée devant une juridiction.

action directe

Action en justice que la **loi** ou la **jurisprudence** ouvre à une personne contre le **débiteur** de son débiteur, en son nom personnel.

En pratique, il s'agit souvent de l'action directe du sous-traitant contre le maître de l'ouvrage pour le **paiement** des travaux exécutés en **sous-traitance**.

Monsieur X, artisan plombier, sous-traitant de l'Entreprise générale de plomberie, réclame le paiement direct de ses prestations et **factures** à Monsieur Y, propriétaire de la maison en construction.

Art. 11 et 15 loi n° 75-1334 du 31 décembre 1975 relative à la sous-traitance.

action en comblement de passif

Cette action met à la charge du ou des **dirigeants de droit** ou de fait d'une **société** en redressement ou en **liquidation judiciaire** tout ou partie du **passif** social lorsqu'ils sont les **auteurs** d'une faute de gestion ayant contribué à l'insuffisance d'**actif** de la société.

L'action en comblement de passif exige une **faute grave** de gestion et un **lien de causalité** entre la faute et l'insuffisance d'actif.

Art. 624-3, C. com.

action en justice

Terme couramment employé pour désigner la mise en œuvre d'une procédure **judiciaire**. Pour le **demandeur**, l'objectif visé est de faire reconnaître le bien-fondé de sa demande par une juridiction. Pour le **défendeur**, l'action est le droit de discuter les prétentions du demandeur. L'action en justice appartient à toute personne qui a un intérêt légitime au succès ou au rejet d'une prétention.

 Art. 30 et s., NCPC.

Le **créancier** engage une action en **paiement** à l'encontre de son **débiteur**. L'un et l'autre pourront faire valoir leurs droits devant la juridiction. C'est le juge qui se prononcera sur le bien-fondé de la demande.

 Dans le langage courant, agir en justice est synonyme d'assigner. L'**assignation** est l'un des modes, le plus fréquent, de **saisine** d'une juridiction pour trancher un différend.

 L'action en justice peut-être mise en œuvre par le **ministère public** qui se saisit d'office dans l'intérêt de la **société**.

 *Cf. demandeur, défendeur.*

action en répétition de l'indu

Action en justice ouverte à toute personne qui, ayant effectué un **paiement** alors qu'elle n'était pas débitrice, réclame la somme à celui qui l'a indûment reçue.

Ce peut être le cas d'une somme payée deux fois ou d'une somme payée à une personne autre que le véritable **créancier** (on doit être prudent avant de payer...).

 Art. 1235, C. civ.
Art. 1376, C. civ.

action oblique

Action indirecte qui permet au **créancier** d'exercer les droits et les actions de son **débiteur** négligent.

En lieu et place de son débiteur, le créancier peut demander une **indemnité** d'éviction, pratiquer une **saisie**... Il faut toutefois que la **créance** soit **certaine, liquide et exigible** et que la négligence du débiteur compromette les intérêts du créancier.

Tous les créanciers profitent de l'action oblique mise en œuvre à l'encontre du débiteur.

Art. 1166, C. civ.

action paulienne

Action qui permet au **créancier** de faire révoquer les actes accomplis en **fraude** par le **débiteur** dans le but d'appauvrir son patrimoine et qui lui portent **préjudice.** Cette action suppose que la **créance** soit antérieure à l'acte attaqué. Le créancier doit également établir la **mauvaise foi** du tiers contractant (dans le cas d'une **vente** par exemple). Toutefois, la mauvaise foi du tiers est présumée s'agissant des actes à titre **gratuit** (**donation** par exemple).

La vente conclue à vil prix, la donation d'un bien immobilier aux enfants.

Art. 1167, C. civ.

action publique

Action portée au nom de la société par le **ministère public**, le **parquet**, devant une **juridiction répressive**, dans le but de poursuivre et sanctionner l'auteur d'une **infraction** pénale, au nom de la société.

actionnaire

Nom donné à l'associé dans une **société de capitaux.**

actionnariat des salariés

Possibilité, pour les **sociétés par actions**, de distribuer gratuitement aux **salariés** une fraction du **capital social.**

Distribution d'actions en faveur des salariés : loi du 24 octobre 1980 n° 80-834.

actions concertées

Pratiques anticoncurrentielles prohibées lorsqu'elles tendent à limiter l'accès au **marché** ou le libre exercice de la concurrence par d'autres entreprises. Il ne faut pas faire obstacle à la fixation des **prix** par le libre jeu du marché en favorisant artificiellement leur hausse ou leur baisse, limiter ou contrôler la production, les débouchés, les investissements ou le progrès technique, répartir les marchés ou les sources d'approvisionnement.

Un fabricant qui préconise ou établit un prix public de vente.

Art. L. 420, C. com.

activité principale exercée (APE)

Code attribué par l'**INSEE** aux unités économiques caractérisant l'activité principale exercée à partir du niveau le plus détaillé de la **nomenclature des activités françaises.**

748 K, services annexes à la production.

http://www.insee.fr/fr/nom_def_met/nomenclatures/nomenclatures.htm

ad nutum

Pouvoir de libre **révocation**, à tout moment et sans justification particulière.

> Le **mandat** du **président du conseil d'administration** dans une **société anonyme** est révocable à tout moment, *ad nutum*. C'est une expression encore employée pour définir un **pouvoir discrétionnaire**.

adjudication

Procédure de passation des **marchés publics**, comprenant une **publicité** obligatoire permettant la mise en concurrence de candidats avec obtention du **marché** en faveur du **soumissionnaire** le moins cher.

Attribution d'un **bien meuble** ou immeuble par le **juge** ou un **officier public**, lors d'une **vente aux enchères**, à celui qui propose le **prix** le plus élevé (la vente aux enchères d'immeuble s'effectue nécessairement à la barre du tribunal de grande instance).

La presse publie de manière régulière les **appels d'offres**, étape de la procédure d'adjudication ; dans les salles des ventes, les **commissaires priseurs** adjugent un bien au plus offrant, au troisième fatidique coup de maillet.

administrateur

Terme générique employé pour désigner une personne qui a reçu pour mission de gérer un **bien** ou un ensemble de **biens**. Il agit généralement en qualité de **mandataire**.

L'administrateur est dans son contexte d'origine une personne qui appartient à l'Administration (corps des administrateurs civils).

administrateur *ad hoc*

Il n'existe pas de définition légale de l'administrateur *ad hoc* dont l'existence apparaît cependant dans divers domaines, en matières civile et pénale. On peut dire qu'il s'agit du nom donné à la personne désignée par une **décision judiciaire** pour représenter ou assister une autre personne.

L'administrateur *ad hoc* a une mission et une compétence limitées à la mission définie par la décision judiciaire.

Ad hoc signifie « pour cela ». Par voie de conséquence, la mission de l'administrateur *ad hoc* cesse en principe de plein droit à l'issue de la procédure.

> Désignation d'un administrateur *ad hoc* pour représenter un enfant dans le cadre d'une procédure judiciaire, lorsque ses intérêts risquent d'être en contradiction avec ceux de ses représentants légaux.

Incapacité : art. 388-2 et 389-3, C. civ.
Règlement amiable : art. L. 611-3, C. com.

administrateur de biens

Mandataire chargé de gérer le patrimoine de son **mandant** (c'est-à-dire principalement de louer, améliorer, entretenir, sauvegarder les **biens immobiliers** appartenant à ses clients). Il a un **devoir de conseil.** Il est **gérant** d'immeubles locatifs urbains ou ruraux, de locaux commerciaux ou mixtes. Les activités de ce mandataire sont strictement réglementées : il doit disposer d'une carte professionnelle, souscrire une **assurance** responsabilité professionnelle et une **garantie** financière.

La terminologie désigne également dans le langage courant la fonction de **syndic de copropriété** (l'administrateur de biens exerce souvent cumulativement les deux fonctions).

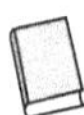
Loi du 2 janvier 1970 dite loi Hoguet ; art. 1984 et s., C. civ.

http://www.cnab.fr
http://www.fnaim.fr
http://www.csab.fr

administrateur de société

Mandataire social – personne physique ou morale – d'une **société anonyme** ou d'une **société par actions simplifiée**, nommé par les **statuts** ou par assemblée générale. Membre du **conseil d'administration**, il dispose en principe de pouvoirs de gestion étendus. Sa rémunération est constituée uniquement de **jetons de présence** attribués par l'assemblée des **actionnaires**.

Administrateur de SA : Le conseil d'administration, composé de 3 membres au moins et de 18 au plus, décide de la stratégie d'entreprise. Les administrateurs sont nommés par l'assemblée générale constitutive ou l'assemblée générale ordinaire.

Le président du conseil d'administration n'assume pas forcément la direction générale de la société, depuis la loi 2001-420 du 15 mai 2001.

Art. L. 225-17 et s., C. com.

administrateur de société anonyme

La **société anonyme** est administrée par un **conseil d'administration** composé de 3 membres au moins et de 18 au plus. Les administrateurs sont nommés par l'assemblée générale constitutive ou l'**assemblée générale ordinaire.**

administrateur judiciaire

Mandataire de **justice** chargé temporairement de l'administration d'un **bien** ou d'un patrimoine.

Dans le cadre du **redressement judiciaire**, mandataire chargé par **décision** de justice d'exercer les fonctions d'assistance, de surveillance de l'entreprise, ou de l'administrer. Il doit établir le **bilan** économique et social de l'entreprise et proposer un plan de redressement ou la liquidation. Il exerce une **profession libérale** strictement réglementée.

C'est l'homme clé du redressement par continuation ou cession de l'entreprise.

Liquidation des entreprises : art. L. 811-1 et s., C. com.

http://www.cnajmj.net

AFB

Cf. Association française des banques.

AFDCC

Cf. Association française des chefs de crédit.

affacturage

Technique de **financement** à court **terme** mise en œuvre par la **cession des créances** dues par les clients (**vente** des **factures**) à une **société** spécialisée (le ***factor***). L'affacturage favorise un apport de fonds immédiat dans la trésorerie de l'entreprise.

La société d'affacturage peut également assurer la gestion administrative du **compte clients** et du **contentieux.** Elle est très souvent représentée par des **courtiers** spécialisés. La société d'affacturage bénéficie du statut réservé aux établissements de crédit (à cet égard, elle est soumise à la **loi** bancaire et se trouve placée sous le contrôle de la **commission bancaire**).

Le terme affacturage est une traduction de *factoring*, technique développée à l'origine Outre-Atlantique et introduite en France dans les années soixante-dix.

affectio societatis

Élément essentiel du **contrat** de **société.** Il est de nature psychologique et concerne la **volonté** des associés de s'unir et de travailler en commun, de participer aux **bénéfices** et aux **pertes** de l'entreprise.

C'est la règle du jeu de l'**association** : tant que l'*affectio societatis* subsiste, les associés font passer leur but commun avant leurs divergences personnelles.

La **jurisprudence** impose la présence de l'*affectio societatis* pour reconnaître l'existence d'une société.

affichage

Obligation mise à la charge de tout vendeur de produit ou tout prestataire de services de marquer, étiqueter, afficher, pour informer les **consommateurs** sur les **prix**, les limitations éventuelles de la **responsabilité contractuelle** et les conditions particulières de la **vente.**

Affichage des tarifs dans les garages, chez les coiffeurs…

Il existe d'autres obligations d'affichage (permis de construire, informations sociales dans l'entreprise…).

Art. L. 113-3, C. com.

affrètement

Convention par laquelle une personne – le fréteur – s'engage, moyennant rémunération, à mettre à la disposition d'une autre personne – l'affréteur – un **matériel** de transport.

Un **commissionnaire** de transport fait transporter des marchandises par route en affrétant un camion.

Loi du 18 juin 1966 n° 66-420.

Conseil national des transports : http://www.cnt.fr
http://www.annuaire-des-transports.com

AFNOR

Cf. Association française de normalisation.

Agence nationale pour l'emploi (ANPE)

L'Agence nationale pour l'emploi, créée en 1967, est un **établissement public** administratif national. Elle offre ses services aux demandeurs d'emplois et aux **employeurs** : elle prospecte les emplois disponibles et s'occupe du placement des **salariés.**

http://www.anpe.fr

agent commercial

Mandataire indépendant qui négocie ou conclut des opérations d'achat, de **vente**, au nom et pour le compte d'une entreprise industrielle ou commerciale.

Le code de commerce définit, réglemente et protège le statut d'agent commercial, essentiel aux **échanges** commerciaux. L'agent commercial doit être inscrit au registre spécial des agents commerciaux tenu par le greffe du tribunal de commerce. Il peut, dans certains cas, bénéficier d'une **indemnité** en fin de **contrat**.

Art. L. 134-1 et s., C. com.

http://www.commerciaux.fr

agent d'affaires

Mandataire professionnel qui se charge des affaires d'autrui. Il exerce cette activité de manière habituelle. Il a un statut de **commerçant.**

Agent **immobilier**, administrateur de biens, agent de recouvrement.

L. 110-1, C. com.

agent de change

En matière boursière, il était le **commissionnaire** qui avait seul le **droit** de négocier et de **coter** les valeurs mobilières. Cet **officier ministériel**, nommé par le ministre de l'Économie et des Finances, titulaire de sa charge, ayant un statut de **commerçant**, a été remplacé par les **sociétés de Bourse** qui interviennent dans le cadre d'un **monopole** organisé par la **loi.**

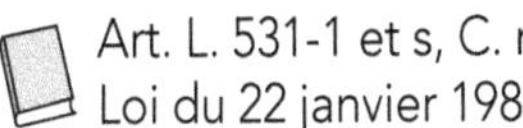

Art. L. 531-1 et s, C. mone. fin.
Loi du 22 janvier 1988.

agent de recouvrement

Agent d'affaire mandaté par des **créanciers** pour encaisser des **créances** civiles ou commerciales. L'activité des agents de recouvrement est réglementée.

Certains agents de recouvrement exercent corrélativement une activité tournée vers **l'information commerciale** aux fins de répondre à des interrogations sur la **solvabilité** des entreprises.

Avant de traiter avec un agent de recouvrement, s'assurer qu'il respecte bien la **réglementation**, vérifier sa compétence, son ancienneté, sa notoriété.

Art. 1984 et s, C. civ. ; décret du 18 décembre 1996.

http://www.ancr.com
http://www.figec.com

Un organe européen regroupe les organisations syndicales de **recouvrement de créances** de chaque pays, au sein de la Fedération of European National Collection Association (FENCA).

Une seule association professionnelle représente chaque pays (pour la France, l'ANCR).

http://www.fenca.com

agent de voyage

Activité commerciale réglementée relative à l'organisation et à la **vente** de voyages ou de séjours.

http://www.snav.org

agent général d'assurance

Mandataire qui distribue des **contrats d'assurance** pour le compte d'une **société** d'assurance. Il dispose d'un statut privilégié, et l'étendue de ses pouvoirs dépend de son **contrat** avec la **compagnie** qu'il représente.

 L'agent général d'**assurance** n'a pas le statut de **commerçant**. Il ne doit pas être confondu avec le **courtier** d'assurance qui est un commerçant. Il a une activité d'intermédiaire entre le candidat à l'assurance et les compagnies.

 Parmi les différents organes qui traitent de la profession, citons la Fédération des agents généraux d'assurance, créée en 1919 (siège : 104, rue Jouffroy-d'Abbans – 75847 Paris CEDEX 17) ; elle regroupe 22 chambres professionnelles régionales, 112 chambres professionnelles locales et 30 **syndicats** représentant les réseaux d'entreprises mandantes.

http://www.agea.fr

agent immobilier

Agent d'affaires spécialisé en matière de **transactions immobilières** : il est un **mandataire** qui exerce de manière habituelle une mission en qualité d'« intermédiaire » entre des personnes physiques ou morales qui vendent ou louent des **biens immobiliers** ou des **fonds de commerce.**

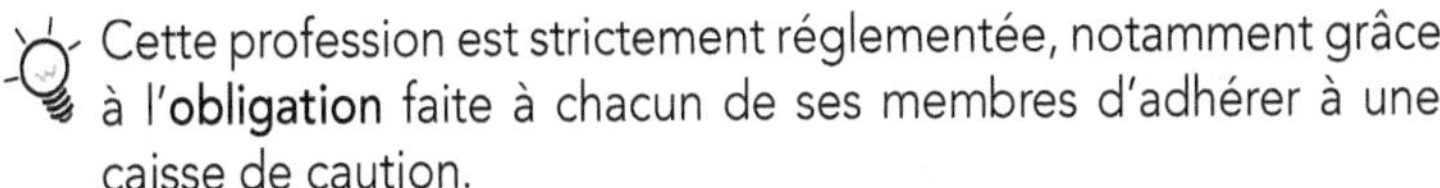

Cette profession est strictement réglementée, notamment grâce à l'**obligation** faite à chacun de ses membres d'adhérer à une caisse de caution.

Lorsque l'agent **immobilier** est exclusivement « un intermédiaire » entre le propriétaire et le locataire, en qualité de **gérant** d'immeubles, il est plutôt dénommé **administrateur de biens**.

Loi du 2 janvier 1970 dite loi Hoguet ; art. 1984 et s., C. civ.

http://www.fnaim.fr

agent privé de recherche

Activité réglementée, soumise à une déclaration à la préfecture, consistant à recueillir des informations sur des personnes physiques ou morales et de procéder à des **enquêtes** privées, civiles ou commerciales.

La dénomination des agences ne doit en aucun cas être susceptible d'entraîner une confusion avec celle d'un service public, en particulier d'un service de police.

Le terme couramment utilisé pour désigner le **professionnel** de cette activité est celui de **détective**. Le cinéma a fortement influencé l'imaginaire de cette activité…

http://www.cnsp.org
http://www.ordre-des-detectives.org

AGIRC

 *Cf. Association générale des institutions de retraites des cadres.*

agrément

Approbation ou **autorisation** à un projet (**contrat**, nomination, **cession de parts**...) donnée avec un pouvoir d'appréciation discrétionnaire.

AGS

Cf. Association pour la garantie des salaires.

aide judiciaire

Aide sociale comprenant l'aide à l'accès au **droit** (consultations juridiques...) et l'aide juridictionnelle, permettant à une personne qui a des ressources insuffisantes d'avoir recours à la **justice** par la prise en charge totale ou partielle des **honoraires** des **auxiliaires de justice** et la dispense de certains **frais**.

 Les honoraires des **avocats** et autres auxiliaires de justice (**huissier**, **avoué**...) sont pris en charge par l'État selon un barème qui varie en fonction du type de procédure.

 Loi du 10 juillet 1991 relative à l'aide juridique.

Accès direct sur l'aide judiciaire dans différents pays d'Europe : http://europa.eu.int/comm/justice_home/ejn/legal_aid/legal_aid_ec_fr.htm

Accès direct France : http://vosdroits.service-public.fr/ARBO/14020205-NXJUS130.html

aléa

Événement incertain, reposant sur le hasard, qui est un élément essentiel dans certains contrats, par exemple dans le **contrat d'assurance.**

C'est une chance de gain ou de perte, par exemple au jeu, sur un pari. Cela peut être la réévaluation d'un **bien** à une date future.

Contrats aléatoires : art. 1104 et 1964, C. civ.

aliénation

Transfert de **propriété** ou d'un autre droit, à titre onéreux en cas de **vente** ou à titre **gratuit** en cas de **donation.**

La **cession** d'un **bien**, d'une entreprise, le démembrement d'un **fonds de commerce** au profit d'un tiers.

ambulant

Personne physique exerçant une activité lucrative sur la voie ou dans un lieu public.

Les mairies ne peuvent accorder d'autorisation de séjour ou de parcours aux marchands ambulants qu'à la condition qu'ils justifient de leur **immatriculation** au registre de commerce.

amende

Sanction pécuniaire consistant au **paiement** d'une somme d'argent au **Trésor public.**

L'amende civile est celle prononcée par la **juridiction civile**.

L'amende fiscale sanctionne les **infractions** à la loi fiscale et les infractions à caractère financier.

L'amende pénale est prononcée en matière de **contravention**, de **peine** correctionnelle ou même en matière criminelle.

amiable

C'est ce qui est convenu d'un commun accord.

Mode de solution d'une situation donnée : c'est le cas lorsque le paiement intervient dans le cadre du **recouvrement amiable** d'une **créance** (par opposition à **recouvrement forcé**).

Constat amiable en matière d'accident matériel automobile ou de dégât des eaux (le constat porte sur les circonstances et non sur les responsabilités des parties).

amiable compositeur

Se dit de l'arbitre lorsque la **convention** d'**arbitrage** ou la **clause compromissoire** lui donnent pour mission de statuer en **équité**, c'est-à-dire en dehors des règles du **droit.** L'amiable compositeur dispose du pouvoir de définir les droits et les **obligations** sur lesquels les contractants ont omis de s'exprimer, en se référant à la conception qu'il a lui-même de ce qu'il eût été équitable qu'elles conviennent. Ce type de **clause** est utilisé en matière internationale.

Le Nouveau code de procédure civile français précise que le **juge** peut également recevoir des parties la mission de statuer comme « amiable compositeur ». Cette situation est très exceptionnelle et offre peu d'intérêt (cela suppose que les parties se mettent d'accord pour que le juge statue en qualité d'amiable compositeur).

Art. 1474, 1482, 1497, NCPC.

amnistie

C'est une loi qui ôte rétroactivement à certains faits leur caractère délictueux. Elle éteint l'**action publique** (poursuites pénales) et efface la **peine** prononcée, sans effacer les faits. C'est une sorte de pardon légal traditionnellement adopté après des élections présidentielles.

Art. 133-9 à 133-11, C. pén.

amortissement

L'amortissement correspond à la perte de valeur d'un bien du fait de l'usage ou du temps. L'amortissement comptable est la constatation au **bilan** de cette dépréciation.

La durée de l'amortissement peut varier de 1 à 30 ans suivant la nature du bien.

> Un **logiciel** peut être amorti en 1 an, un bien **immobilier** en 30 ans.

analogie

Face à une situation juridique donnée, le raisonnement par analogie consiste à utiliser une solution existante pour un cas similaire.

analyse financière

Technique d'étude des **bilans** et **comptes de résultat** des entreprises permettant un diagnostic de **solvabilité** et de rentabilité.

Les banques, les établissements financiers, les **sociétés** spécialisées qui disposent de **bases de données** sur les entreprises utili-

sent des logiciels d'analyse financière qui leur permettent d'établir et de comparer des **résultats** et d'en tirer des **ratios**.

http://www.dfcg.com

Cf. information commerciale.

anatocisme

Règle de droit qui, lorsqu'elle s'applique, revient à la **capitalisation** des **intérêts** pour que ceux-ci produisent à leur tour des intérêts.

Art. 1154, C. civ.

annexe

En matière comptable, partie intégrante des **comptes annuels**. Ce document complète le **bilan** et le **compte de résultat**.

L'annexe contient des éléments détaillés qui favorisent une meilleure connaissance de l'entreprise analysée ou qui permettent de mieux comprendre certains postes du bilan.

annulation

Disparition **rétroactive** d'un **acte juridique**, résultant soit de l'accord des parties, soit d'une **décision** du tribunal constatant l'existence d'une cause de **nullité**.

L'annulation d'un contrat pour cause de **vice de consentement** ou encore l'annulation d'une **procédure de licenciement** pour motif irrégulier.

Nullité des conventions : art. 1108, C. civ.

ANPE

☞ *Cf. Agence nationale pour l'emploi.*

APE

☞ *Cf. activité principale exercée.*

APEC

☞ *Cf. Association pour l'emploi des cadres.*

apparence

Théorie en vertu de laquelle la simple apparence peut produire des effets juridiques à l'égard du tiers de **bonne foi.**

La **signature** d'un **contrat** par le **gérant de fait** d'une entreprise, l'apposition d'un cachet commercial par celui qui commande au nom de l'entreprise engagent l'entreprise qui ne pourra prétendre que seul le gérant pouvait signer (excuse **dilatoire** parfois invoquée...).

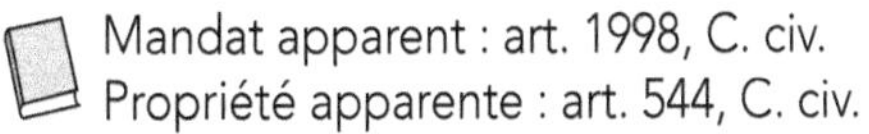

Mandat apparent : art. 1998, C. civ.
Propriété apparente : art. 544, C. civ.

appel

Voie de recours qui permet à une personne non satisfaite par un **jugement** rendu en premier **ressort** et susceptible d'appel de faire réexaminer l'affaire en fait et en **droit** par la **cour d'appel** compétente. La personne qui fait appel est « l'appelant », l'autre partie étant « l'intimé ».

En fonction du montant du litige en matière civile ou commerciale, la **décision** du tribunal peut être rendue en premier et dernier ressort. Dans ce cas, elle n'est pas susceptible d'appel mais peut néanmoins faire l'objet d'un **recours** fondé sur une violation d'une règle de droit devant la **Cour de cassation**.

appel d'offres

Technique qui consiste à recueillir plusieurs propositions pour l'exécution d'un **marché** afin, ensuite, d'effectuer un choix entre elles. En **droit** administratif, procédure réglementée de passation des **marchés publics.**

L'appel d'offres ouvert comporte un appel public à la concurrence, alors que l'appel d'offres restreint s'adresse aux seuls candidats que l'Administration décide de consulter.

apport en industrie

L'apport en industrie permet d'attribuer une part des bénéfices à un associé qui, bien qu'il n'apporte ni somme d'argent, ni biens en nature, fera profiter la société de son activité future (travail manuel ou intellectuel).

Art. 1844-1, C. civ.
Art. L. 223-7, C. com. pour les SARL.

apport en nature

Apport à une **société** de **biens mobiliers** ou **immobiliers**, que ce soit en **jouissance** ou en **propriété**.

apport en numéraire

Apport à une **société** d'une somme d'argent.

 Le capital doit toujours être souscrit lors de la constitution mais les apports peuvent être libérés de façon échelonnée.

C'est le cas de la société civile.

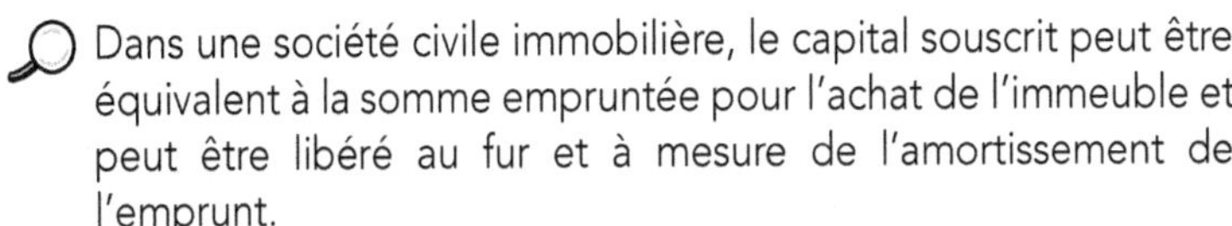

Dans une société civile immobilière, le capital souscrit peut être équivalent à la somme empruntée pour l'achat de l'immeuble et peut être libéré au fur et à mesure de l'amortissement de l'emprunt.

apport en société

Biens ou valeurs qu'une personne – morale ou physique – apporte en **société** en contrepartie de l'attribution de **parts sociales** ou **actions.**

 Il peut s'agir d'un apport en numéraire (somme d'argent), d'un **apport en industrie** (connaissances, travail) ou d'un apport en nature (biens **mobiliers**, **immobiliers** ou **incorporels**, par exemple apport d'un **fonds de commerce**).

 Art. 1832 et s., C. civ.

apport partiel d'actif

Opération ayant pour effet de transmettre une partie de l'**actif** d'une **société** à une autre, préexistante ou nouvellement constituée, en contrepartie de l'attribution de **titres** de la **société** bénéficiaire. Cet apport peut être assimilé à une **fusion** partielle par **absorption.**

Une société apporte une branche d'activité à une autre société et reçoit des **parts sociales** ou des **actions** en contrepartie.

arbitrage

L'arbitrage est le fait de confier à des personnes privées – les arbitres – le soin de trancher un litige ou un différent. C'est une procédure contentieuse de règlement. La **décision** rendue – appelée sentence – peut faire l'objet d'une **exécution forcée** sur **autorisation** du **juge.**

L'arbitrage a la faveur de certaines entreprises pour des raisons qui tiennent à la rapidité d'intervention des arbitres – désignés pour leur compétence et leur spécialisation – et à la confidentialité des débats.

Il peut être organisé en deux degrés d'arbitrage, pour permettre aux parties la **saisine** de nouveaux arbitres, dans l'hypothèse où la décision des premiers arbitres ne donne pas satisfaction à l'une des parties. L'arbitrage doit être distingué de la **médiation.**

Les parties au **contrat** ont préalablement décidé – d'un commun accord – d'avoir recours à l'arbitrage en cas de conflit. Cet accord est contenu dans une **clause compromissoire** (mécanisme impossible à envisager dans le **contrat de travail**).

Il est également fait appel de manière courante à l'arbitrage pour régler des différents entre entreprises en droit international privé.

Art. 1442, NCPC.

http://www.arbitrage.org

http://www.cmap.asso.fr

arbitre

☞ *Cf. arbitrage.*

arrangement

Mode **amiable** pour le règlement d'un différend.

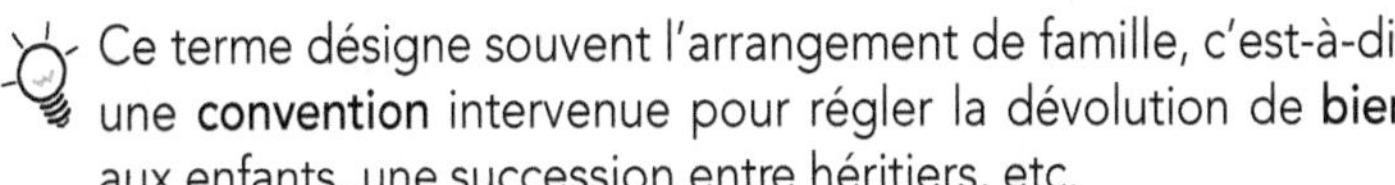

Ce terme désigne souvent l'arrangement de famille, c'est-à-dire une **convention** intervenue pour régler la dévolution de **biens** aux enfants, une succession entre héritiers, etc.

ARRCO

Cf. Association des régimes de retraite complémentaires.

arrêt

C'est la terminologie employée pour désigner une **décision** de **justice** rendue par le **Conseil d'État**, les **cours d'appel**, la **Cour de cassation** et la cour d'assises.

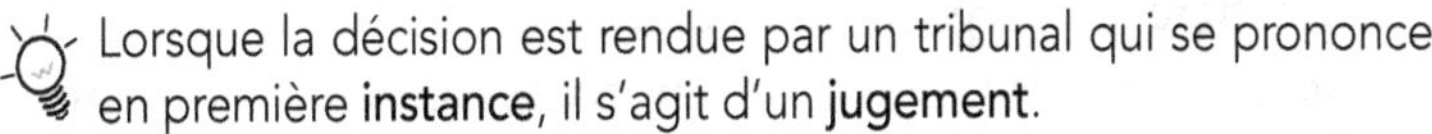

Lorsque la décision est rendue par un tribunal qui se prononce en première **instance**, il s'agit d'un **jugement**.

Le commentaire d'arrêt est un exercice pratiqué par d'éminents professeurs de droit ou juristes, qui analysent les décisions rendues et les critiquent parfois ; ces commentaires ont le mérite de montrer l'évolution de la **jurisprudence** ou d'influer sur elle...

arrhes

Somme d'argent qu'une partie remet à l'autre au moment de la conclusion d'un accord, en **garantie** de son exécution, et qui sera perdue par celui qui se dédit ou restituée au double par l'autre partie si le **dédit** vient de son fait. La somme viendra s'imputer sur le **prix** en cas d'exécution.

En pratique, la distinction entre arrhes et **acompte** est parfois ignorée… Les arrhes permettent de changer d'avis alors que l'acompte versé correspond à une **vente** ferme.

Art. 1590, C. civ. ; art. L. 131-1 à L. 131-3, C. consom.

artisan

L'artisan exerce une activité civile – généralement un métier dit manuel – qui ne devient commerciale qu'en cas de spéculation sur les machines ou le personnel (le nombre de **salariés** ou compagnons est limité). L'artisan doit s'inscrire au **répertoire des métiers**, tenu par les **chambres de métiers**. Bien qu'il soit écarté des règles du **droit commercial**, le statut de l'artisan est proche – par certains aspects seulement – de celui du **commerçant**. Il est notamment propriétaire d'un fonds artisanal et bénéficie du régime des baux commerciaux. Il peut également faire l'objet d'un **redressement judiciaire**, d'une **liquidation judiciaire**, d'une **faillite** personnelle. Il bénéficie d'un régime fiscal particulier. Sous certaines conditions d'aptitude professionnelle, l'artisan peut-être qualifié de maître artisan.

Dans le cadre des difficultés nées de l'exécution d'un contrat, l'artisan relève des **juridictions civiles**.

Il est ainsi important pour le vendeur de savoir si son acheteur est commerçant, inscrit au registre du commerce, ou artisan, inscrit au répertoire des métiers.

http://www.apcm.com

ASSEDIC

Cf. Association pour l'emploi dans l'industrie et le commerce.

assemblée générale extraordinaire

Assemblée des associés ou **actionnaires** d'une **personne morale**, qui a pour **objet** essentiel la modification des **statuts.**

C'est l'assemblée générale extraordinaire qui décide de l'**augmentation de capital**, du changement de **raison sociale**, de la continuation de la **société** malgré la perte de plus de la moitié du capital.

assemblée générale ordinaire

Assemblée d'**actionnaires** ou d'associés ayant pouvoir de prendre toute décision intéressant la **société**, à l'exception des modifications statutaires.

Elle doit avoir lieu au moins une fois par an dans les sociétés commerciales pour approuver les comptes de l'exercice antérieur (dans les 6 mois de la clôture de l'exercice social).

Art. 227-9, C. com.

assignation

C'est un acte délivré par un **huissier** (le plus souvent rédigé par un **avocat**), par lequel le **demandeur** invite son adversaire (le **défendeur**) à comparaître devant le tribunal compétent pour voir trancher le litige qui les oppose.

En pratique, il est souvent dit que cette assignation délivrée par huissier est signifiée par huissier. Le sens du mot est identique.

Assignation en **paiement** d'une ou plusieurs **factures**, assignation en **dommages et intérêts**.

association

Groupe de personnes physiques ou morales réunies dans une structure sociale avec un objectif commun autre que de partager des **bénéfices.**

Dans le langage courant, l'association généralement visée est celle régie par la loi du 1er juillet 1901. Elle bénéficie d'une **réglementation** souple : ses **statuts** doivent être déposés à la préfecture de son **siège social** (dans ce cas il est dit que l'association est déclarée à la préfecture de...) et son existence doit être publiée au *Journal officiel.* L'association peut faire l'objet d'une **procédure collective.**

L'association régie par la loi de 1901 est dite sans but lucratif. Son statut est parfois utilisé pour maquiller des ambitions pécuniaires.

Sous réserve de répondre à certains critères, une association de 1901 peut être « transformée » en association reconnue d'utilité publique (la reconnaissance de cette extension fait l'objet d'un décret en Conseil d'État).

Les membres d'une association sont des **sociétaires** et non des **associés**.

Loi du 1er juillet 1901.

http://www.vie-associative.gouv.fr

Association des régimes de retraite complémentaires (ARRCO)

Association des régimes de **retraite complémentaires** regroupant l'ensemble des régimes complémentaires de retraite et de prévoyance afin de les coordonner pour les **salariés** et les cadres.

Concerne la tranche inférieure au plafond de la Sécurité sociale.

http://www.arrco.fr

Association française de normalisation (AFNOR)

Elle assure la promotion de la **normalisation**, moyen de progrès technique, de développement économique et d'amélioration de la vie.

L'AFNOR est le guichet unique qui permet d'accéder aux **normes** françaises et du monde entier, ainsi qu'aux informations de référence en normalisation, **réglementation** et **certification**.

http://www.afnor.fr

Association française des banques (AFB)

Syndicat professionnel patronal, dont la mission est exclusivement tournée vers le domaine social et, plus particulièrement, le champ d'application de la **convention collective** du 10 janvier 2000 pour les banques commerciales et le groupe des banques populaires. Elle est également **personne morale** fondatrice de la Fédération bancaire française (FBF).

http://www.afb.fr

Association française des chefs de crédit (AFDCC)

Cette association – créée en 1970 – regroupe les professionnels de la gestion du risque du client. Elle a son siège au 11, rue du Chevalier Saint-Georges – 75008 Paris. Elle édite une publication, assure des formations et joue un rôle consultatif lors de l'élaboration de certains textes concernant le **risque client.** Elle assure la promotion de la fonction **crédit manager** dans les entreprises, auprès des étudiants et des institutionnels.

http://www.afdcc.com

Association générale des institutions de retraites des cadres (AGIRC)

Organisme créé pour gérer les **cotisations retraite** sur la partie de rémunération située au-delà du **plafond de la Sécurité sociale.**

http://www.agirc.fr

Association pour la garantie des salaires (AGS)

L'Association pour la garantie des salaires, gérée par le **MEDEF** et le **CGPME**, est financée exclusivement par les cotisations versées par les employeurs. Elle sert à assumer les créances salariales en cas de redressement et de liquidation judiciaire des entreprises.

C'est le représentant des créanciers qui accomplit l'ensemble des démarches pour obtenir le règlement des créances salariales.

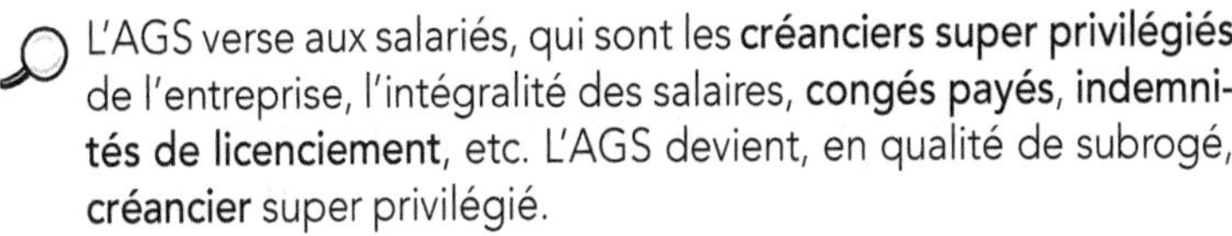
L'AGS verse aux salariés, qui sont les **créanciers super privilégiés** de l'entreprise, l'intégralité des salaires, **congés payés**, **indemnités de licenciement**, etc. L'AGS devient, en qualité de subrogé, **créancier** super privilégié.

Art. L. 621-43 et L. 621-132, C. com.
Art. L. 143-10 à L. 143-11-9, C. trav.

Association pour l'emploi dans l'industrie et le commerce (ASSEDIC)

Association paritaire chargée d'indemniser les chômeurs grâce aux **cotisations** patronales et ouvrières.

http://www.assedic.fr

Association pour l'emploi des cadres (APEC)

Cette association s'adresse à toutes les entreprises du secteur privé, à tous les **cadres** en activité ou en recherche d'emploi, ainsi qu'aux jeunes diplômés de l'enseignement supérieur (bac + 4).

http://www.apec.fr

associé

Personne morale ou physique titulaire de **parts sociales** d'une **société**, ayant notamment vocation à participer aux **bénéfices**. Selon le type de société, celui-ci peut être également tenu de tout ou partie du **passif**.

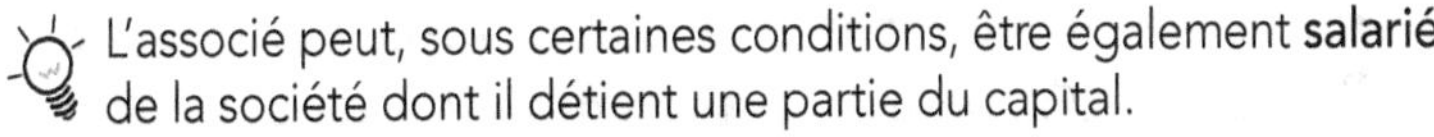
L'associé peut, sous certaines conditions, être également **salarié** de la société dont il détient une partie du capital.

associé de fait

Ce terme désigne la personne qui se comporte « comme un **associé** ». C'est le cas dans une **société de fait**, c'est-à-dire une entreprise exploitée par plusieurs personnes qui n'ont toutefois pas établi de **statuts** ou ont omis d'immatriculer leur **société**.

Cela peut être le cas de deux personnes exerçant une activité en **commun** avec une seule **enseigne**, une gestion commune et une seule **comptabilité**.

assurance

Mécanisme de couverture des **risques** par une **compagnie** d'assurance (l'assureur), moyennant le versement de **primes** ou **cotisations** par l'assuré. La caractéristique du **contrat d'assurance** est l'**aléa** dans la réalisation du risque. Il faut distinguer « le souscripteur » (celui qui adhère au **contrat**) du bénéficiaire (celui qui recevra l'indemnisation).

En ce qui concerne l'entreprise, prévoir au minimum un contrat multirisque, incendie-dégât des eaux, une **responsabilité civile**, une perte d'exploitation…

http://www.ffsa.fr

assurance crédit

L'assurance crédit est une activité spécifique, intermédiaire entre l'assurance et la banque. Le **contrat d'assurance** crédit n'est pas régi par le **droit commun** de l'assurance ; il permet à une entreprise de couvrir les **risques** de **défaillances** de ses clients pour tous les crédits à court **terme** accordés à l'occasion d'une **vente** de marchandises ou de **prestations de service.** Le contrat d'assurance crédit classique suppose que l'assuré demande, pour chacun de ses clients, un **agrément** préalable.

http://www.credit-insurance.com

assurance décès

Assurance qui garantit le versement d'un capital lors du décès de l'assuré.

Les compagnies d'assurance trouvent plus sympathique d'utiliser le terme assurance-vie.

astreinte

L'astreinte est la condamnation à payer une somme déterminée par jour de retard pour le cas où la condamnation ne serait pas exécutée dans le **délai** fixé par le **juge.** Elle est prononcée par celui-ci et a pour but de faire pression sur le **débiteur** dans l'exécution de ses **obligations.** L'astreinte est indépendante des **dommages et intérêts.**

Une **assignation** peut être délivrée à un adversaire pour faire cesser un trouble commercial avec une demande d'astreinte. L'astreinte peut aussi être prononcée « par **infraction** constatée », à compter de la **décision** ou de sa **notification.**

atermoiement

Convention par laquelle un **délai** est accordé par un ou plusieurs **créanciers** à un **débiteur** en cas d'impossibilité de payer à l'échéance. Il s'agit tout simplement de **délais de paiements** accordés par le ou les créanciers.

Un **juge** ne peut accorder des délais de paiement que dans la limite de 24 mois.

Art. 1244-1, C. civ.

attestation

C'est l'affirmation, par une tierce personne, de l'évidence d'un fait ou d'une **obligation.**

L'article 202 du NCPC précise que l'attestation contient la relation des faits auxquels son auteur a assisté ou qu'il a personnellement constatés. L'attestation mentionne les noms, prénoms, date et lieu de naissance, demeure et profession de son auteur ainsi que, s'il y a lieu, son lien de parenté ou d'alliance avec les parties, de subordination à leur égard, de collaboration ou de communauté d'intérêts avec elles. Elle indique en outre qu'elle est établie en vue de sa production en **justice** et que son auteur a connaissance qu'une fausse attestation de sa part l'expose à des **sanctions pénales**.

L'attestation est écrite, datée et signée de la main de son auteur. Celui-ci doit lui annexer en original ou en photocopie tout document officiel justifiant de son identité et comportant sa signature (carte d'identité ou passeport).

L'attestation est un moyen simple d'apporter un **témoignage écrit** devant une juridiction.

Art. 200 et s., NCPC.

audience

Séance au cours de laquelle le ou les **juges** interrogent les parties, entendent les **plaidoiries** (audience de plaidoirie) et prononcent leur **jugement**. Le jugement est rarement rendu le jour de l'audience de plaidoirie. Il est prononcé lors d'une audience ultérieure, après que les juges ont délibéré. Les audiences sont en principe publiques mais peuvent, dans certains cas seulement, se tenir à **huis clos** (ou en **chambre du conseil**).

 Art. 430 et s., NCPC.

audit

Contrat consistant à confier à un professionnel la mission soit de vérifier la conformité d'une situation aux règles du **droit** en général ou dans un domaine particulier (audit fiscal, social…), soit d'évaluer les **risques** de l'activité ou son efficacité. L'auditeur devra élaborer un rapport nommé « audit », remis au prescripteur.

> La **certification** qualité selon la norme ISO 9001 est accordée à une entreprise par un organisme indépendant qui fait procéder à un audit de certification pour vérifier la conformité du système qualité à la norme.

http://www.afaq.org

augmentation de capital

L'augmentation de capital se réalise soit par l'**émission** d'**actions** (ou **parts sociales**) nouvelles (résultant par exemple de nouveaux apports, de l'incorporation des **réserves** ou des **bénéfices**), soit par l'élévation du montant nominal des actions existantes (résultant le plus souvent de l'incorporation de ressources propres à la **société** comme les réserves). Inversement, la réduction du capital résulte soit de la diminution du nombre d'actions, soit de la réduction de la **valeur nominale** des actions. De telles modifications supposent la tenue d'une **assemblée générale extraordinaire** ou d'une **majorité** qualifiée.

SARL. : art. L. 223-32 et s., C. com.
SA : art. L. 225-127 et s., C. com.

auteur

C'est celui qui accomplit un acte.

D'une manière générale, sont ainsi nommés les auteurs d'une œuvre littéraire, artistique, musicale, ayant des **droits** patrimoniaux ou moraux sur une œuvre.

L'expression est également utilisée en **droit pénal** pour désigner celui qui commet – ou tente de commettre – une **infraction**.

Auteur d'une reconnaissance de **dette**, d'une **attestation**.

http://www.sacem.fr

authentique

Signature authentique, c'est-à-dire en **original**, sur un document, de la main du signataire.

Cf. acte authentique.

autofinancement

Correspond au **résultat** de l'exercice, diminué des **dividendes** distribués, que l'entreprise conserve pour réaliser des investissements.

autorisation

Permission donnée à une personne d'accomplir un acte qu'elle ne pourrait faire seule.

> Autorisation des représentants légaux (parents) pour l'accomplissement d'un **acte juridique** par un mineur.
>
> Acte par lequel l'Administration permet à un bénéficiaire d'exercer une activité ou de jouir de certains **droits**.

autorité de chose jugée

Effets attachés aux **jugements** rendus.

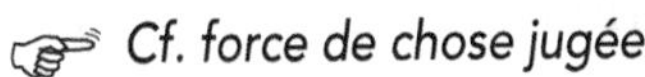

Cf. force de chose jugée.

auxiliaire de justice

Terme générique désignant les professionnels qui concourent à l'administration de la **justice.**

Ces professionnels sont soumis à des statuts variés : **officiers ministériels** ou professions judiciaires réglementées (**avocats**, **avoués**, **huissiers**…).

avance

Somme versée par anticipation, **paiement** partiel et préalable à l'exécution d'une **obligation.**

> Avance de loyer.

avant dire droit

Décision judiciaire prise en cours de **procès** dans le cadre d'une mesure préparatoire ou provisoire.

Expertise pour évaluer l'étendue du **préjudice** subi.

avantage acquis

Avantage social découlant d'une **convention collective** et acquis à un ensemble de **salariés** de manière définitive lorsqu'il a fait l'objet d'une **clause** de maintien.

L'usage d'entreprise est une pratique instaurée par l'employeur (prime annuelle, congé supplémentaire, pauses) qui peut être dénoncé par l'employeur moyennant le respect de certaines formes.

avantage en nature

Biens, services, tels que la nourriture, le logement, fournis gratuitement par l'**employeur** ou moyennant une participation (inférieure à la valeur réelle) du **salarié**. Ces avantages s'ajoutent à la rémunération pour le calcul des **cotisations** de Sécurité sociale.

avenant

Accord modifiant une **convention** en l'adaptant, en la complétant par une ou plusieurs nouvelles **clauses**.

aveu

Reconnaissance par une personne de l'exactitude d'un fait allégué contre lui. En matière pénale, l'aveu est laissé à l'appréciation du **juge** et peut être rétracté.

avis à tiers détenteur

Procédure spécifique au **Trésor public** qui lui permet d'obliger les tiers détenteurs ou **débiteurs** de deniers envers le redevable d'impôts à reverser ceux-ci à l'État à concurrence du montant dû.

> Monsieur X doit une somme d'argent à Monsieur Z qui est débiteur d'impôts. Monsieur X reçoit un avis à tiers détenteur qui lui impose de régler l'État en lieu et place de Monsieur Z.

avis de sort

Le bénéficiaire d'un chèque ou d'un effet de commerce peut demander à sa banque un avis de sort afin de savoir dans les meilleurs délais, verbalement ou par écrit, si le chèque ou l'effet de commerce a été payé à sa présentation par le débiteur.

avocat

Auxiliaire de justice qui fait profession de représenter les parties et de plaider en **justice**. L'avocat exerce aussi une mission de conseil et de représentation dans les actes de procédure.

Un avocat-conseil est celui qui limite traditionnellement son activité à la consultation en matière juridique.

http://www.cnb.avocat.fr

Cf. barreau.

avocat général

Magistrat du **parquet** général qui représente le **ministère public** devant la **cour d'appel**, la **Cour de cassation**, la cour d'assises, la cour des comptes, la Cour de sûreté de l'État.

http://www.conseil-superieur-magistrature.fr

avocat près le Conseil d'État et la Cour de cassation

Avocat bénéficiant d'un **monopole** de représentation et d'assistance des parties devant les juridictions du dernier degré de l'**ordre administratif** et de l'**ordre judiciaire**.

Ordonnance du 10 septembre 1817 relative aux avocats, aux conseils et à la Cour de cassation.

http://www.ordre-avocats-cassation.fr

avoir

Crédit découlant d'un retour de marchandises, d'une remise sur le prix ou la facture, matérialisé par un document comptable.

avoir fiscal

Technique fiscale permettant, en cas de distribution de **bénéfice** aux **actionnaires**, d'éviter une double imposition : imposition du bénéfice de la **société** puis imposition de l'actionnaire sur ses propres revenus.

avoirs

Ensemble des **biens** d'une personne.

avoué

Auxiliaire de justice ayant pour mission de représenter les parties dans les procédures devant la **cour d'appel**. C'est l'intermédiaire obligé dans le cadre des procédures civiles (sauf en matière prud'homale).

aval

Signature apposée sur une **lettre de change** ou un **billet à ordre** pour garantir le **paiement** de l'effet. Cette **garantie** est fournie par un tiers ou le signataire, par les mots « bon pour aval », en indiquant pour le compte de qui il est donné. L'aval peut être donné par acte séparé.

ayant cause ou ayant droit

Personne qui tient son **droit** d'une autre, appelée **auteur**. On distingue l'ayant cause universel, qui a vocation à recueillir l'ensemble d'un patrimoine, de l'ayant cause à titre universel, qui recueille une fraction de patrimoine, et de l'ayant cause à titre particulier, qui n'a qu'un ou plusieurs droits déterminés.

Enfant.

B

bail

Contrat par lequel une personne – le **bailleur** – cède la **jouissance** d'un **bien meuble** ou immeuble à une autre personne – le preneur – pour un **prix** – le loyer – et une durée déterminés.

Le bailleur a – en principe – l'**obligation** de procéder à « l'entretien normal » de la chose louée et, de manière générale, de procéder aux réparations qui sont « nécessaires » ou qui peuvent le devenir (aux fins de permettre à la chose louée de présenter toutes les caractéristiques d'usage).

Les **droits** et les obligations du propriétaire et du locataire sont modifiés ou adaptés selon la destination ou l'usage du bien loué.

> Le bail d'habitation, le bail professionnel, le **bail commercial** ou le bail à ferme...

En principe, le locataire se doit de restituer le **bien** loué, à l'issue du bail, dans l'état où il se trouvait au moment de la prise de possession.

Art. 1709, 1713 et s., C. civ.

bail à construction

Contrat de location de longue durée (18 à 99 ans) par lequel le preneur (locataire) s'engage, moyennant le **paiement** d'un loyer souvent modique, à édifier des constructions sur le terrain du **bailleur** (propriétaire) et à les entretenir au long du bail.

En pratique, dans ce cas, le bail déroge au régime de **droit commun** puisque la chose louée ne pourra pas être restituée à l'identique en fin de bail.

Art. L. 251-1 et s., C. constr. et habit.

bail commercial

C'est un **contrat** conclu pour une durée de 9 ans entre un propriétaire et un locataire qui exploitera les lieux à des fins commerciales, industrielles ou artisanales. Le loyer peut-être révisable à l'issue de chaque période triennale.

Le locataire peut, à l'issue de chaque période de 3 ans, donner congé (si le locataire décide de quitter les lieux de façon anticipée, il reste redevable de la période commencée).

Un statut protecteur confère au locataire un **droit** au renouvellement à l'expiration du bail, appelé **propriété commerciale**. Le **bailleur** ne peut refuser le renouvellement qu'à la condition de payer une **indemnité** d'éviction. Par ailleurs, si le loyer initial est libre, les augmentations de loyer sont, en revanche, strictement réglementées.

Le bail commercial confère un droit au bail (propriété commerciale) qui constitue l'un des éléments du **fonds de commerce**.

Le statut du bail commercial s'applique impérativement à l'immeuble ou au local dans lequel un fonds industriel, commercial ou artisanal est exploité et concédé pour un usage permanent de plus de 2 ans.

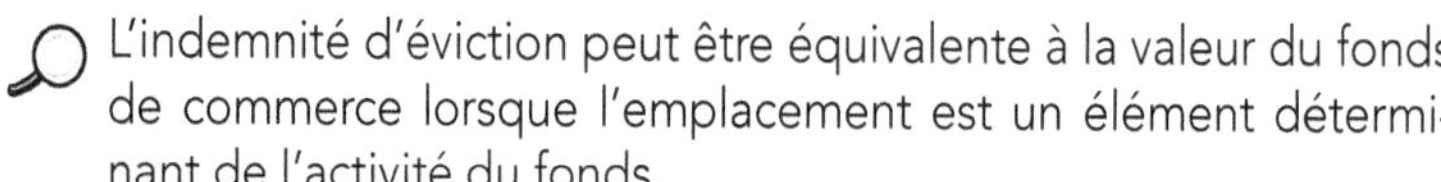

L'indemnité d'éviction peut être équivalente à la valeur du fonds de commerce lorsque l'emplacement est un élément déterminant de l'activité du fonds.

Art. L. 145 et s., C. com.

bail emphytéotique

Il s'agit d'un bail de longue durée (de 18 ans minimums à 99 ans maximums), conférant un **droit réel** sur les plantations ou constructions. Ainsi, le preneur pourra hypothéquer les constructions édifiées pendant la durée du bail.

> Une ville qui possède des terrains et équipements sportifs les met à disposition d'une **association**. En contrepartie, l'association doit, par exemple, assurer l'entretien et conserver la destination des lieux tout en réalisant un programme de constructions dans un certain **délai**, qui deviendra **propriété** de la commune à l'issue du bail.

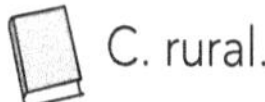

C. rural.

bailleur

Personne propriétaire d'un bien meuble ou immeuble qui en confère, par **contrat** de **bail**, la jouissance à un locataire, moyennant le **paiement** d'un loyer. Dans certains cas, le bailleur peut ne pas être propriétaire mais lui-même locataire (**sous-location**) ou usufruitier.

balance

C'est une méthode utilisée dans le cadre de la **comptabilité** pour vérifier l'équilibre entre les débits et les crédits des différents comptes établis. La balance désigne également le document qui contient les éléments comptables.

Les fournisseurs, les clients.

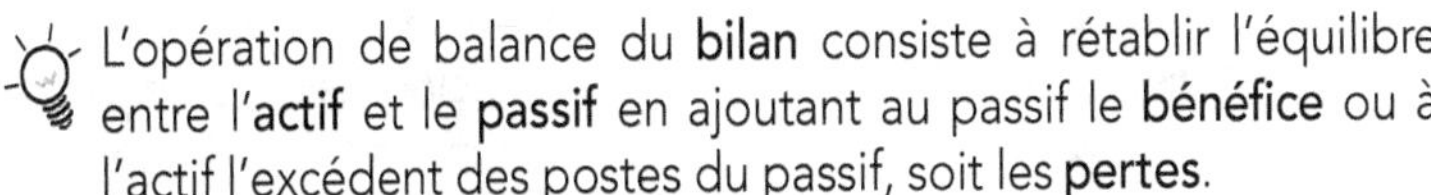

L'opération de balance du **bilan** consiste à rétablir l'équilibre entre l'**actif** et le **passif** en ajoutant au passif le **bénéfice** ou à l'actif l'excédent des postes du passif, soit les **pertes**.

banque

Entreprise faisant profession de recevoir des fonds du public, d'effectuer des opérations de crédit, de mettre à disposition et de gérer les **moyens de paiement** de ses clients.

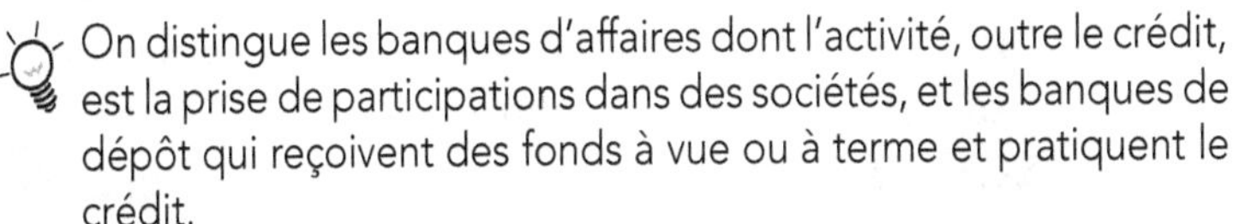

On distingue les banques d'affaires dont l'activité, outre le crédit, est la prise de participations dans des sociétés, et les banques de dépôt qui reçoivent des fonds à vue ou à terme et pratiquent le crédit.

C. mone. fin.

banque de données

Centre serveur informatisé d'un ensemble de données pouvant être consultées par de multiples utilisateurs, notamment par voie informatique ou **internet**.

En pratique, il est possible d'obtenir les renseignements concernant une **société** sur des sites internet spécialisés.

Banque de France

Institution centrale du système monétaire et bancaire français.

C'est à la Banque de France que sont centralisées les informations concernant les incidents de **paiement** civils et le **surendettement** des particuliers (FICP : **fichier des incidents civils de paiement**), mais également les incidents commerciaux (**cotation** donnée par la Banque de France) ainsi que le fichier des chèques impayés et interdits bancaires que toute banque doit consulter avant la **délivrance** d'un chéquier.

http://www.banque-france.fr

banqueroute

Délit constitué lorsque, dans le cadre d'une procédure de redressement ou **liquidation judiciaire**, certaines personnes (commerçant, artisan, représentant de personne morale...) ont commis des actes limitativement énumérés par la **loi** tels qu'avoir augmenté le passif du débiteur, avoir tenu une comptabilité fictive...

L'**escompte** de fausses **factures** et de **traites** de complaisance dont le coût ne peut qu'aggraver la situation financière de l'entreprise constitue le délit de banqueroute par emploi de moyens ruineux pour se procurer des fonds.

Art. L 626-1 et s., C. com.

barreau

Il est constitué par l'ensemble des **avocats** établis auprès d'un même **tribunal de grande instance**. Le barreau est organisé en **ordre professionnel** dirigé par un **bâtonnier** entouré du conseil de l'ordre.

 Les avocats inscrits au barreau du tribunal de grande instance de la ville X disposent d'un **monopole** de représentation devant ce tribunal. Toute procédure ordinaire engagée devant ce tribunal supposera de constituer un avocat sur place (appelé avocat postulant).

 Décret du 27 novembre 1991.

http://www.cnb.avocat.fr

base de données

Fichier d'entreprises ou de particuliers permettant la sélection de listes selon des critères de tri sélectionnés, par exemple, par activité (code **NAF**), le **chiffre d'affaires**, le secteur géographique, le nombre de **salariés**, ou l'âge, l'activité professionnelle, le nombre d'enfants.

 La base de données est un outil de développement commercial de l'entreprise.

base légale

Tout **jugement** doit être motivé, c'est-à-dire faire référence aux **moyens** de **droit** justifiant la **décision** prise.

Il y a « manque de base légale » lorsque la motivation insuffisante d'un jugement empêche la **Cour de cassation** de contrôler le bien-fondé de la décision.

Le manque de base légale est un motif de **cassation** de la décision soumise à la Cour de cassation et le renvoi devant une **cour d'appel**.

 Lorsqu'une décision a été rendue en dernier **ressort**, il convient d'examiner sa motivation pour déterminer les **risques** d'un **pour-**

voi en cassation, c'est-à-dire d'un recours devant cette juridiction pour sanctionner une erreur de droit.

bâtonnier

Responsable d'un **barreau** d'**avocats**, élu par ses pairs pour une durée de 2 ans. Il est désigné comme le chef de l'ordre. À ce titre, il exerce des fonctions disciplinaires. Historiquement, le bâtonnier était, sous l'ancien régime, celui qui portait « le bâton » – signe de son autorité – au premier rang des processions de la confrérie.

Le bâtonnier doit justifier d'une expérience professionnelle en qualité d'avocat d'au moins 4 ans au 1er janvier de l'année au cours de laquelle a lieu l'élection.
Le bâtonnier qui est pressenti pour succéder au bâtonnier élu est souvent désigné sous le nom de « dauphin ».

Loi du 31 décembre 1971 et décret du 27 novembre 1991.

bénéfice

Au **bilan** comptable, excédent des éléments d'**actifs** sur les éléments **passifs** de l'entreprise.

Le bénéfice doit être distingué du **résultat** de l'activité de l'entreprise.

bénéfice de discussion

Droit accordé à la caution d'exiger que le **créancier** poursuive d'abord le **débiteur principal** et la vente de ses biens.

C'est à la **caution** d'avancer les **frais** de poursuite. En pratique, les **créanciers** prévoient le plus souvent une stipulation de renonciation au bénéfice de division et au bénéfice de discussion.

Art. 2021 et s., C. civ.

bénéfice de division

Droit pour une caution d'exiger que la somme due soit divisée entre les différentes **cautions.**

La **caution solidaire** perd le bénéfice de division, c'est-à-dire qu'elle ne peut prétendre de ne payer que la moitié ou le quart de la **dette** selon qu'il y a deux ou quatre autres cautions par exemple.

Art. 2025 et s., C. civ.

besoin en fonds de roulement (BFR)

Désigne le **financement** nécessaire à l'entreprise pour couvrir les emplois liés à son activité industrielle ou commerciale, non couverts par ses ressources. Correspond à la valeur des **stocks**, augmentée des **créances** sur les clients et diminuée des **dettes** d'exploitation.

La trésorerie joue un rôle important dans la détermination du BFR. Ainsi, plus une entreprise consent des délais importants à ses clients, plus son besoin en fonds de roulement est important.

BFR

Cf. besoin en fonds de roulement.

bien

Chose matérielle – **meuble** ou immeuble – qui fait l'**objet** d'un **droit réel.**

Art. 516 et s., C. civ.

biens

Éléments **mobiliers** et **immobiliers** qui composent le patrimoine d'une personne. Il peut s'agir de biens corporels (ayant une existence matérielle) ou incorporels (tels que **marque**, **brevet**...). Il peut s'agir de biens communs (cas de biens appartenant à des personnes mariées sous le régime de la communauté) ou encore de biens indivis (détenus par plusieurs personnes) ou de biens propres (patrimoine personnel d'un des époux).

Les biens matériels sont ceux qui peuvent être transportés d'un lieu vers un autre ; les biens immatériels consistent au contraire en des droits comme le droit de **propriété industrielle ou intellectuelle**.

bilan

Tableau comptable faisant apparaître la situation patrimoniale de l'entreprise, d'un point de vue **actif** et d'un point de vue **passif**, à un instant donné.

C'est une photographie instantanée de la situation financière de l'entreprise.

Définition : art. L. 123-13, C. com.
Sociétés commerciales : art. L 232-1, C. com.

billet à ordre

C'est un **écrit** par lequel une personne (le souscripteur) s'engage à payer une somme déterminée au bénéficiaire désigné ou au porteur.

À la différence de la **lettre de change**, le billet à ordre n'est pas un **acte de commerce** par la forme.

Art. L. 512-1 et s., C. com.

Cf. warrant.

billet de fonds

Billet à ordre souscrit par l'acquéreur d'un **fonds de commerce** en paiement du prix ou du solde du prix de **cession**. Le souscripteur s'engage en général au titre de plusieurs billets à différentes échéances.

Le privilège du vendeur est reconnu au porteur du billet dès lors que sa création a été prévue dans l'acte de vente du fonds de commerce.

blanc-seing

Signature apposée sur un acte **écrit** avant qu'il ne soit rédigé.

Apposer sa signature sur un **chèque** sans que le montant et le bénéficiaire ne soient indiqués.

Dans la pratique il est courant de désigner un chèque ainsi signé de « chèque en blanc ». Il s'agit d'une pratique très imprudente.

BODACC

 *Cf. Bulletin officiel des annonces civiles et commerciales.*

bon de commande

Document établi par le vendeur ou l'acheteur décrivant les **biens** ou services objets du **contrat de vente** ; c'est un élément de **preuve** de l'accord des parties sur la chose et le **prix.**

 C'est sur ce document que doivent figurer de manière lisible les **conditions générales de vente** de l'entreprise. Il est conseillé de faire signer le bon de commande par l'acheteur et d'y faire apposer son cachet commercial.

bon de livraison

Document établi par le vendeur ou le transporteur permettant d'apporter la **preuve** de la délivrance des marchandises objets de la vente.

 La preuve résulte de la **signature** et de l'apposition du cachet commercial. Quand c'est le transporteur qui fait signer ce bon de livraison, il est prudent que le vendeur en ait communication dans l'année de la **livraison** afin de garder la preuve de celle-ci au-delà du **délai** de **recours** de 1 an, en matière de transport.

 *Cf. conditions générales de vente.*

bon pour

Mention manuscrite apposée au-dessous de la **signature** pour attester du montant ou de la portée de l'engagement.

Bon pour (X ou Y euros en chiffres et en lettres) sur une **reconnaissance de dette**.

bonne foi

Agissement loyal, dans la conclusion et l'exécution des actes juridiques. La notion de bonne foi est essentielle dans l'appréciation du comportement des parties avant et après la **signature** d'un **contrat**. Le Code civil précise que les **conventions** font la **loi** des parties et doivent être exécutées de bonne foi.

Celui qui tente de profiter d'une simple **erreur** matérielle de rédaction dans un contrat est de **mauvaise foi** et pourra être sanctionné par le **juge**.

Art. 1134, C. civ.

bordereau de cession de créances

Ce titre appelé aussi bordereau **Dailly** (du nom du parlementaire) permet à un entrepreneur de céder des **créances** professionnelles à **terme** à un établissement de crédit qui lui en paie comptant le **prix** (diminué de la rémunération de la banque). Il a l'avantage de permettre la **cession** de plusieurs créances sur un seul document. Il nécessite toutefois le respect d'un formalisme.

Art. L. 313-23 et s., C. mone. fin.

Cf. Dailly.

Bourse

Lieu où sont effectués les achats et les **ventes** de marchandises dont le cours résulte de l'offre et de la demande.

bourse des valeurs

Lieu d'achat et de **vente** des valeurs mobilières (**actions**, obligations). Ce sont des intermédiaires officiels – les **sociétés de Bourse** – qui sont chargés des **transactions** portant sur des **titres** cotés, c'est-à-dire admis « à la **cote** ». C'est la **Commission des opérations de Bourse** – COB – qui contrôle l'activité et les **échanges.**

 *Cf. agent de change.*

http://www.bourse-de-paris.fr

bourse du travail

Lieu de réunion des **syndicats**, mis à leur disposition par les municipalités.

 Art. L. 312-2, C. trav.

brevet

Titre de **propriété industrielle** délivré en France par l'**Institut national de la propriété industrielle** à l'inventeur qui dépose son invention en vue d'une exclusivité d'exploitation temporaire (de 6 à 20 ans).

Il existe aussi un brevet européen dont le dépôt est effectué auprès de l'Office européen des brevets.

Art. L. 611-1 et s., CPI.

http://www.inpi.fr

bulletin de paie

Document obligatoire que doit délivrer l'**employeur** au **salarié** au moment de la **paie.** Il comporte un certain nombre de mentions obligatoires.

Art. R 143.2, C. trav.

Bulletin officiel des annonces civiles et commerciales (BODACC)

Ces initiales désignent une parution officielle, le *Bulletin officiel des annonces civiles et commerciales,* qui contient un **extrait** de toutes les déclarations faites au **registre du commerce et des sociétés** (**immatriculation, mutations, cession** de fonds ou d'activité, **location-gérance**...).

C'est un mécanisme sûr et fidèle d'**information** des tiers mais d'une lecture assez difficile pour les non-initiés...

Décret du 23 mars 1967 n° 67-238.

C

cadastre

Ensemble de documents établis par la commune qui donnent l'état de la propriété bâtie et non bâtie de France. Il comporte le plan cadastral, les états de section et les matrices cadastrales qui énumèrent les parcelles appartenant à chaque propriétaire.

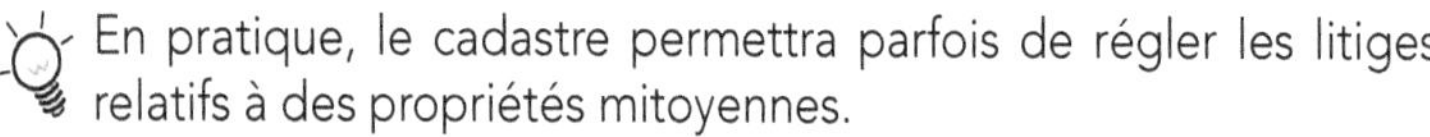

En pratique, le cadastre permettra parfois de régler les litiges relatifs à des propriétés mitoyennes.

cadre

Salarié exerçant une responsabilité dans une entreprise en raison de son niveau de formation ou de l'exercice d'un **commandement.**

cahier des charges

Document établi par l'Administration déterminant les conditions d'une **autorisation** ou d'un **marché public.**

Acte faisant connaître aux intéressés les conditions d'une **vente** par **adjudication** publique, c'est-à-dire une **vente aux enchères.**

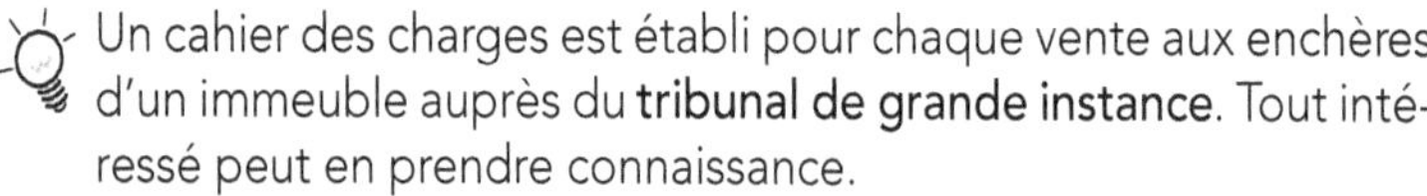

Un cahier des charges est établi pour chaque vente aux enchères d'un immeuble auprès du **tribunal de grande instance**. Tout intéressé peut en prendre connaissance.

Caisse des dépôts

C'est un établissement financier public créé en 1816 pour gérer en toute sécurité des dépôts d'origine privée réclamant une protection particulière et les employer à des finalités sociales ou économiques d'intérêt public.

> Dépôts sur les livrets d'épargne, particulièrement le livret A.
> Dépôts réglementés : les consignations, les fonds détenus par les **notaires** pour le compte de leurs clients, etc.
> Les trois grands régimes de retraites par répartition pour les personnels des trois fonctions publiques (collectivités publiques, hôpitaux, État).

http://www.caissedesdepots.fr

cambiaire

Le **droit cambiaire** est le **droit** spécifique relatif aux **effets de commerce.**

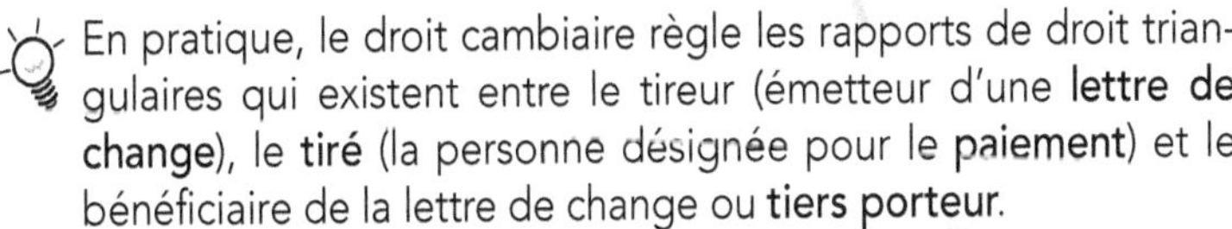
En pratique, le droit cambiaire règle les rapports de droit triangulaires qui existent entre le tireur (émetteur d'une **lettre de change**), le **tiré** (la personne désignée pour le **paiement**) et le bénéficiaire de la lettre de change ou **tiers porteur**.

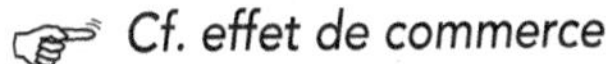
Cf. effet de commerce.

capacité

C'est l'aptitude à être titulaire d'un **droit** et à l'exercer.

> Le droit d'être **commerçant** : un mineur, même émancipé, ne peut acquérir la qualité de commerçant.

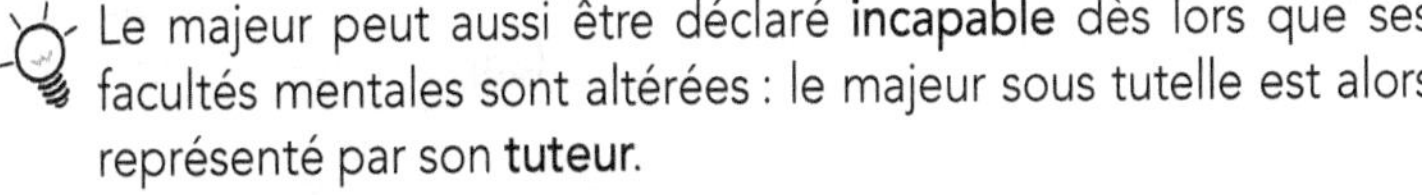
Le majeur peut aussi être déclaré **incapable** dès lors que ses facultés mentales sont altérées : le majeur sous tutelle est alors représenté par son **tuteur**.

Contrat : art. 1123, C. civ.
Personnes : art. 3-388 et s. (mineurs) ; 3-488 et s. (majeurs), C. civ.

capacité d'autofinancement

C'est une forme de **résultat** qui permet d'établir des calculs de rentabilité globale pour comparer différentes entreprises.

Elle permet d'avoir une vision du résultat de l'entreprise plus financier que comptable.

capital social

Dans les **statuts** d'une **société**, montant total de la **valeur nominale** des **parts sociales** ou **actions** détenues par les associés en contrepartie de leurs apports qui est, en théorie, le gage des créanciers. Le capital minimum de certaines sociétés est fixé par la **loi**.

40 000 euros pour la SA.

capital risque

Système de **financement** par apport de **capitaux propres** à des **petites et moyennes entreprises**. Cette technique est utilisée pour apporter les ressources stables nécessaires à la création, la continuation ou le développement d'une **société**. Elle est mise en œuvre par des sociétés de capital risque, indépendantes ou institutionnelles, qui opèrent par prises de **participation** minoritaires.

Ces sociétés de capital risque s'intéressent à certains secteurs, en particulier ceux à fort potentiel de développement et de rentabilité.

capitalisation

Technique de calcul des **intérêts** qui consiste à ajouter les intérêts d'une année entière au moins au capital afin qu'ils soient eux-mêmes productifs d'intérêts.

Art. 1154, C. civ.

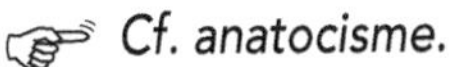
Cf. anatocisme.

capitaux propres

Ensemble de fonds mis à la disposition de la **société** par les associés (capital, **réserves, report à nouveau**, situation nette).

carambouille

Manœuvre frauduleuse qui désigne le fait de revendre des marchandises dont le **prix** n'a pas été payé, et de partir avec le prix de revente.

carence

- État d'**insolvabilité** d'un **débiteur.**

> Le **procès-verbal** de carence est dressé par l'**huissier** lorsque le débiteur ne dispose pas de **biens** saisissables.

- Manquement à une **obligation** de faire, de prouver un fait, de prendre une **disposition.**

> Carence de l'Administration. Il s'agit en réalité, en ce sens, tout simplement d'une faute.

carry back

Cf. report en arrière.

carte d'identité de commerçant étranger

Il est interdit à tout étranger, sauf aux ressortissants d'un État membre de la Communauté européenne ou d'un État partie à l'accord sur l'espace économique européen, d'exercer sur le territoire français une profession commerciale, industrielle ou artisanale sans justifier de la possession d'une carte d'identité spéciale portant la mention « **commerçant** » délivrée par le préfet du département où l'étranger doit exercer son activité.

Art. L. 122-1 et s., C. com.

carte de crédit

Document ouvrant à une personne une **autorisation** de crédit pour un montant déterminé par l'émetteur.

Carte bancaire à débit différé, carte revolving qui peut être utilisée jusqu'à un certain montant fixé par l'établissement financier.

Art. L. 132-1, L. 132-2, C. mone. fin.

carte de paiement

Document délivré par une banque à son client lui permettant de payer ses dépenses par le débit de son **compte bancaire**. Le paiement de ces dépenses est garanti jusqu'à un certain montant.

La carte Visa à débit immédiat.

Le **contrat** conclu en vue de l'obtention d'une carte de paiement peut aussi prévoir « le paiement différé ». Dans ce cas, toutes les dépenses seront débitées – par exemple – au 30 du mois.

Art. L. 132-1, L. 132-2, C. mone. fin.

carte grise

Certificat d'immatriculation d'un véhicule, délivré par la préfecture du **domicile** du propriétaire. Il comporte le descriptif technique, le numéro minéralogique et les **obligations** du contrôle technique.

En pratique, la **vente** d'un véhicule nécessite la production de la carte grise ainsi que du certificat de non-gage, délivré lui aussi par la préfecture.

Posséder la carte grise du véhicule est indispensable pour circuler avec un véhicule immatriculé.

cas fortuit

Événement qui permet d'exonérer celui qui le subit de sa responsabilité. Il doit présenter trois caractères : il est imprévisible, irrésistible et extérieur à celui qui l'invoque.

> La destruction de **matériel** par la survenance d'un événement météorologique imprévu, d'un incendie…

Contrat : art. 1148, C. civ.

Cf. force majeure.

cash-flow

Terme anglais pour désigner la **capacité d'autofinancement** d'une entreprise.

casier judiciaire

Relevé systématique des condamnations pénales et de certaines **décision**s prononcées en France. Il peut également s'agir de décisions civiles, commerciales et administratives qui privent les personnes de certains **droits.** Ce casier est tenu pour les personnes physiques et morales. Trois niveaux d'informations (bulletins) sont délivrés aux tiers selon leur qualité.

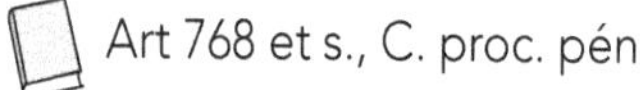

Art 768 et s., C. proc. pén.

http://www.cjn.justice.gouv.fr/cjn

cassation

Annulation, en tout ou partie, par la **Cour de cassation** ou le **Conseil d'État**, d'une décision rendue en dernier **ressort.**

Art. 604, NCPC.

http://www.courdecassation.fr

☞ *Cf. arrêt, pourvoi en cassation.*

cassation (pourvoi en)

Voie de recours extraordinaire exercée à l'encontre d'un **jugement** rendu en dernier **ressort** (**cour d'appel,** cour administrative d'appel) ou juridiction de premier degré si le seuil d'**appel** n'est pas atteint, c'est-à-dire pour un jugement rendu en premier et dernier ressort.

Le **pourvoi** a pour but la mise à néant, par la **Cour de cassation** ou le **Conseil d'État**, d'un jugement entaché de certains vices (violation de la **loi**, **incompétence** du **juge**, manque de **base légale**, etc.).

cause

La cause de l'**obligation**, dans un contrat, est la contre-prestation (ou le motif déterminant qui a amené la personne à contracter). Le **juge** peut en apprécier l'existence, la moralité, la licéité. Tout contrat est présumé avoir une cause **licite** et morale, mais la **preuve** contraire pourra être apportée par tous **moyens.**

Le contrat sera annulable dès lors que sa cause consiste en la **vente** de produits interdits par la **loi** tels que les organes du corps humain.

Art. 1131 et s., C. civ.

caution

Engagement pris par une personne envers le **créancier**, à titre de **garantie**, consistant à remplir l'**obligation** du **débiteur principal**, pour le cas où celui-ci serait défaillant.

L'acte de caution est soumis à un certain formalisme, la mention obligatoire : « En me portant caution de X..., dans la limite de la somme de... (en chiffres et en lettres) couvrant le **paiement** du **principal**, des **intérêts** et, le cas échéant, des pénalités ou intérêts de retard pour la durée de..., je m'engage à rembourser au prêteur les sommes dues sur mes revenus et mes biens si X... n'y satisfait pas lui-même. En renonçant au **bénéfice de discussion** défini à l'article 2021 du Code civil et en m'obligeant **solidairement** avec X..., je m'engage à rembourser le créancier sans pouvoir exiger qu'il poursuive préalablement X... » L'acte de caution doit être suivi de la date et de la **signature** de celui qui s'engage.

Le **cautionnement** commercial n'obéit pas à ce formalisme. Certains textes prévoient en revanche des mentions spécifiques (par exemple en matière de caution de **bail** d'habitation).

caution réelle

Personne qui s'engage en qualité de caution en constituant sur un de ses **biens** un gage ou une **hypothèque**.

La conclusion d'un **prêt immobilier** auprès d'un établissement de crédit implique généralement la constitution d'une hypothèque sur un **bien immobilier** de l'emprunteur ou, à défaut, sur celui de la caution. Il s'agit dans ce cas d'une caution hypothécaire **conventionnelle**.

Art. 2011 et s., C. civ.

Cf. sûretés, hypothèque conventionnelle.

caution solidaire

Caution ayant envers le **créancier** la qualité de co**débiteur solidaire** (le créancier peut ainsi directement actionner la caution).

La caution solidaire perd tout **bénéfice de division** s'il y a plusieurs cautions ainsi que le bénéfice de la discussion.

La caution d'un tiers est très souvent demandée lors de la location d'un **bien immobilier**.

cautionnement

Contrat par lequel une personne se porte caution.

cavalerie

Effet de commerce – **traite** – créé par des parties à titre réciproque et de complaisance pour se procurer frauduleusement du crédit par l'**escompte** de celui-ci.

La **signature** puis l'**escompte** d'un effet de commerce de complaisance peut entraîner notamment des poursuites pour **banqueroute**.

CCI

Cf. chambres de commerce et d'industrie.

CDD

Cf. contrat à durée déterminée.

CDI

Cf. contrat à durée indéterminée.

cédant

Personne qui détient et transmet un **droit** à titre **gratuit** ou onéreux à une autre personne.

 En pratique, le cédant répond à plusieurs qualifications selon la nature du **contrat** : vendeur dans le cas d'un **contrat de vente**, cédant dans le cadre d'une **cession de créance** ou encore donateur dans le cas d'un **legs**.

centrale d'achat

Entreprise, dans le cadre de la grande distribution, chargée de négocier des conditions de **vente** (**prix**, **délai de paiement**, de **livraison**...) et autres avantages auprès des fabricants ou fournisseurs pour en faire bénéficier ses affiliés. Elle intervient en principe à titre de **commissionnaire** car elle passe des commandes en son nom et pour le compte de ses affiliés.

centrale de référencement

Elle poursuit le même objet que la **centrale d'achat**. Elle comporte la notion distincte de référencement qui implique qu'elle a sélectionné auparavant ses fournisseurs et ses adhérents.

 Le fonctionnement de la centrale de référencement repose sur deux types de **contrat** : un contrat de **stipulation pour autrui**, relatif à l'engagement de contracter à des tarifs prédéterminés, et un contrat de **courtage**, par lequel la centrale tâche de rapprocher des fournisseurs de leurs adhérents distributeurs.

 Le contrat de commission : art. L. 132-1 et s., C. com.

Centre d'enregistrement et de révision des formulaires administratifs (CERFA)

Service public chargé de la gestion et de la fourniture des formulaires administratifs.

 Les déclarations d'impôt se font sur des imprimés CERFA. Les formulaires CERFA sont souvent désignés par leurs numéros.

Accès direct aux formulaires :
http://www.cerfa.gouv.fr/cerfa/vigueur.nsf/HomePro?OpenForm

Centre de formalités des entreprises (CFE)

Service géré par la **chambre de commerce** pour les **commerçants** et qui adopte le principe du guichet unique. Ainsi l'ensemble des **formalités** nécessaires à la création d'une entreprise se fait en un seul lieu.

La demande d'**immatriculation** au registre du commerce, déclaration à l'**URSSAF**, au **Trésor public**, à l'**ASSEDIC**, aux caisses de retraite.

 Il existe également un centre de formalités pour les **artisans**, géré par chaque **chambre des métiers**.

 Loi du 11 février 1994 n° 94-126.

http://213.30.146.62/CFECompJSP/Controleur.jsp

centre de gestion agréé

Association de **professions libérales**, **artisans**, agriculteurs ou **commerçants**, agréée par l'administration fiscale pour tenir la **comptabilité** de ses membres et permettant d'obtenir des abattements sur les **bénéfices** imposables (20 %).

 Une entreprise adhérente à un centre de gestion agréé doit impérativement accepter les règlements par **chèque**.

Centre interministériel de renseignements administratifs (CIRA)

Sa mission principale est de renseigner par téléphone le public sur :

- les droits auxquels il peut prétendre,
- les démarches qu'il doit accomplir,
- les obligations qu'il lui faut respecter,

... dans les domaines suivants : fiscalité, douanes, Trésor, concurrence et consommation, travail, emploi et formation professionnelle, fonction publique, Europe, affaires sociales et santé, Sécurité sociale, urbanisme et logement, justice, éducation nationale, intérieur et collectivités locales.

Le CIRA est ouvert du lundi au vendredi de 8 h à 19 h et le samedi de 8 h à 12 h au numéro suivant : 0821 08 09 10 (0,12 €/min).

CERFA

Cf. Centre d'enregistrement et de révision des formulaires administratifs.

certain

Ne pouvant être mis en doute car vérifié, incontestable.

Une **créance certaine** permettant de pratiquer une **saisie** exécution.

certificat d'irrécouvrabilité

Attestation délivrée par un **professionnel** affirmant le caractère **irrécouvrable** d'une **créance** et justifiant la passation comptable des **pertes** correspondantes.

Le **mandataire liquidateur**, l'**agent de recouvrement**, l'**huissier** établissent de tels certificats.

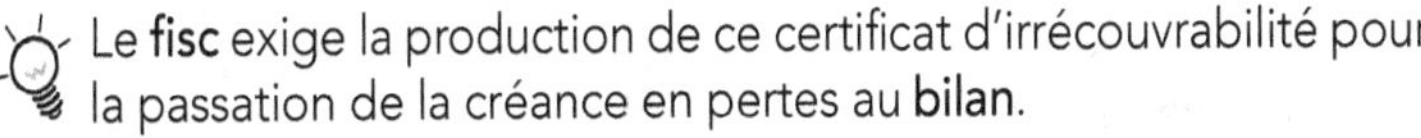

Le **fisc** exige la production de ce certificat d'irrécouvrabilité pour la passation de la créance en pertes au **bilan**.

certificat de non-paiement

À défaut de **paiement** d'un **chèque** dans un **délai** de 30 jours à compter de sa première présentation, le **tiré** (la banque) adresse un certificat de non-paiement au bénéficiaire du chèque qui lui en fait la demande.

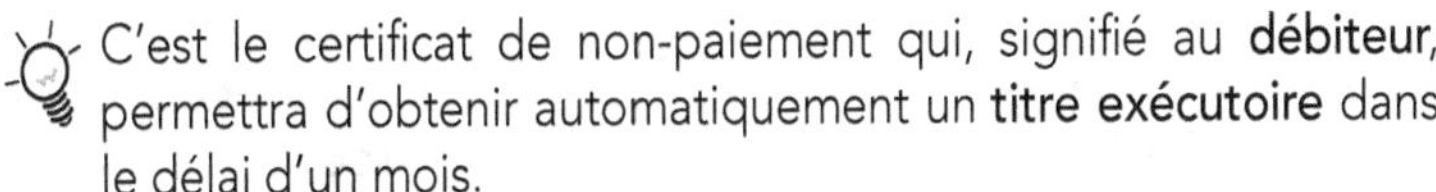

C'est le certificat de non-paiement qui, signifié au **débiteur**, permettra d'obtenir automatiquement un **titre exécutoire** dans le délai d'un mois.

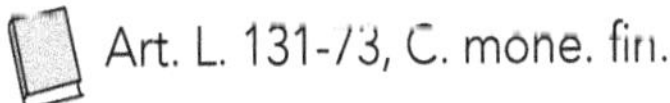

Art. L. 131-73, C. mone. fin.

certificat de travail

Nom du document devant obligatoirement être remis au **salarié** par l'**employeur** suite à la rupture du **contrat de travail** et comprenant un certain nombre de mentions impératives.

Art. L. 122-16, C. trav.

Cf. droit du travail.

certification

La certification s'obtient d'un organisme spécialisé lorsqu'il est constaté que l'entreprise se conforme aux règles définies par des **normes** réglementaires.

> La mise en œuvre d'un système de **management** de la qualité, selon la norme ISO 9001 version 2000 de l'organisation internationale de normalisation ISO pour améliorer l'organisation, le fonctionnement et la satisfaction des clients de l'entreprise.
> La norme ISO 14001 qui concerne le système de management environnemental.

http://www.iso.ch

cessation d'activité

Date à laquelle prend fin une activité, qu'elle soit salariée, libérale, commerciale, artisanale…

> Le retrait de la vie professionnelle pour un **commerçant** doit être mentionné au **registre du commerce et des sociétés** ; c'est la radiation. Il en est de même pour l'**artisan** au répertoire des métiers.

cessation de paiements

C'est l'impossibilité pour une entreprise de faire face au **passif** exigible avec son **actif** disponible. Il doit être procédé à la **déclaration de cessation de paiements** au **greffe** du tribunal dans les 15 jours, sous peine de sanction personnelle contre le dirigeant social.

 Art. L. 621-1 et L. 621-7, C. com.

cession

Toute transmission d'un **droit réel** ou personnel entre le **cédant** et le **cessionnaire**, que le transfert s'opère à titre onéreux ou à titre gratuit.

Vente, **cession de créance**, legs.

cession de créance

Convention conclue entre un **créancier cédant** et le **cessionnaire** à qui est transmise la **créance** contre le **débiteur** cédé. Cette cession est soumise à une **signification** par huissier pour être opposable au cédé.

Art. 1689 et s., C. civ.

cession de parts

Cession de **droits** dans une **société** correspondant à une certaine **participation** au capital.

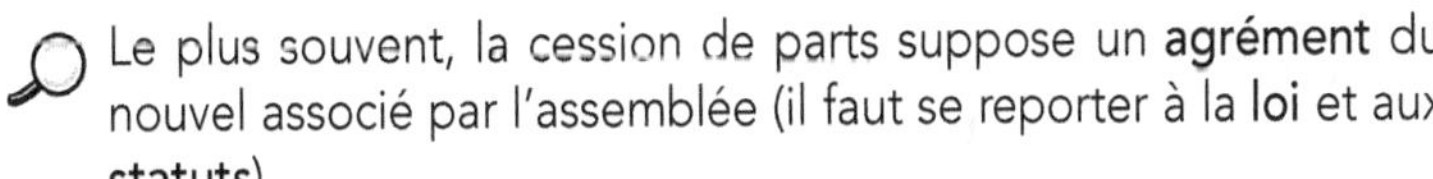

Le plus souvent, la cession de parts suppose un **agrément** du nouvel associé par l'assemblée (il faut se reporter à la **loi** et aux **statuts**).

Agrément dans les sociétés par action : art. L. 228-24, C. com.

cession de rémunération

Attribution d'une partie du salaire (même montant que pour les **saisies** des rémunérations) par le **salarié** à un **créancier** qui sera directement payé par l'**employeur**.

 Le salarié ne peut céder son salaire que dans la limite d'une fraction applicable aux saisies sur salaire et déterminée à l'article R 145-2 du code du travail.

 Art. L. 145-1 et s., C. trav.

 *Cf. saisie.*

cessionnaire

Personne qui devient titulaire de façon **gratuite** ou onéreuse d'un **droit.**

Acquéreur dans un **contrat de vente**, cessionnaire dans le cadre d'une **cession de créance**, légataire dans le cadre d'un **legs**.

CFE

 *Cf. Centre de formalités des entreprises.*

CGPME

 *Cf. Confédération générale des petites et moyennes entreprises.*

chambre

Nom qui désigne la section d'un tribunal ou d'une cour.

Chambre civile, **chambre commerciale**, chambre correctionnelle.

chambre commerciale

Section de la **cour d'appel** qui connaît des affaires commerciales. C'est aussi une des cinq chambres civiles de la **Cour de cassation** statuant dans cette matière.

On parle de cinq chambres civiles de la Cour de cassation (1re, 2e, 3e, commerciale et sociale), par opposition à la chambre criminelle statuant sur les **pourvois** formés en matière pénale.

chambre de l'instruction

Formation de la **cour d'appel** qui connaît notamment de tous les **recours** exercés contre les **décisions** du **juge d'instruction** et du juge des libertés. Elle examine obligatoirement l'**instruction** des affaires en matière criminelle. Elle exerce un contrôle sur l'activité des officiers de police **judiciaire.**

Elle statue sur les demandes de réhabilitation et les **requêtes** quant à l'exécution des **peines** prononcées par une cour d'assises.

Art L. 711-1 et s. ; art. L. 713-1 et s., C. com.
Art. L. 612-1, COJ ; art. 191 à 193, CPP.

chambre du conseil

Modalité exceptionnelle du déroulement de l'**audience** à laquelle le public n'est pas admis par exception au principe de la **publicité** des débats (synonyme de **huis clos**).

Certaines audiences de **redressement judiciaire** ou de liquidation se déroulent à huis clos car il ne serait pas judicieux de rendre public les éléments économiques et financiers de l'entreprise en difficulté.

Art. 433, NCPC.

Cf. tribunal de commerce.

chambres de commerce et d'industrie (CCI)

Les chambres de commerce et d'industrie sont des **établissements publics** ayant pour mission de représenter les **commerçants** et de défendre les intérêts du commerce et de l'industrie auprès des pouvoirs publics. Ainsi, elles représentent les intérêts des commerçants dans la commission d'installation des grandes surfaces. Elles jouent un rôle important dans la désignation des **juges** du **tribunal de commerce.** Les chambres de commerce assurent aussi certaines missions administratives. Elles gèrent les aéroports et on trouve dans chaque chambre de commerce un centre de formalités des entreprises (**CFE**).

Les commerçants sont électeurs et éligibles de chambres de commerce (encore appelées chambres consulaires).

Art. L. 711-1 et s. ; art. L. 713-1 et s., C. com.

http://www.aCfci.cci.fr

chambres de métiers

Elles correspondent aux **chambres de commerce** dans le monde de l'artisanat. Elles assurent la gestion du registre des métiers auquel doivent s'inscrire les **artisans.** Elles gèrent également un service de centre de formalités permettant la création d'une entreprise par un système de guichet unique.

C. artisanat.

http://www.apcm.com

chantage

Délit consistant à obtenir ou tenter d'obtenir une **signature**, un engagement, une renonciation, la révélation d'un secret, la remise de fonds, de valeur ou d'un **bien** quelconque sous la menace de révélation ou d'imputations de nature à porter atteinte à l'honneur ou à la considération.

Prévue à l'article 312-10 du code pénal, l'**infraction** de chantage est notamment passible de 5 ans d'emprisonnement.

Art. 312-10, C. pén.

chef de crédit

Personne responsable dans une entreprise de la gestion du **compte clients**, c'est-à-dire de l'octroi d'une ligne de crédit aux clients, de sa surveillance, de son encaissement.

Les entreprises utilisent souvent la terminologie anglaise de **credit manager**.

http://www.afdcc.com

chèque

Écrit par lequel une personne – le tireur – donne l'ordre à sa banque ou établissement de crédit – le **tiré** - de payer une somme déterminée soit à lui-même – il s'agit d'un de chèque de retrait – soit au bénéficiaire désigné. Dans ce cas il s'agit d'un chèque de **paiement**.

Art. L. 131-2 et s., C. mone. fin.

Cf. lettre de change, chèque sans provision.

chèque certifié

Formule apposée par la banque sur le **chèque** du tireur, par laquelle elle s'engage à bloquer la **provision** pendant 8 jours pour le chèque émis et payable en France métropolitaine, 20 ou 70 jours s'il est émis hors de France et payable en France métropolitaine.

Le vendeur peut demander un chèque certifié par la banque du tireur du chèque. La banque bloque ainsi la **provision** : sorte de privilège au bénéfice du porteur du chèque.

chèque de banque

Chèque tiré sur le banquier lui-même, qui constitue ainsi une **garantie** de **paiement** pour le bénéficiaire.

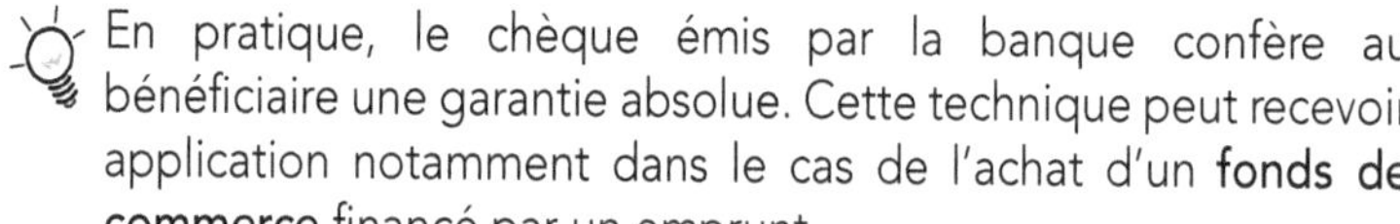

En pratique, le chèque émis par la banque confère au bénéficiaire une garantie absolue. Cette technique peut recevoir application notamment dans le cas de l'achat d'un **fonds de commerce** financé par un emprunt.

Art L. 131-5, C. mone. fin.

chèque de voyage ou traveller's chèque

Titre de **paiement** qui permet à une personne de régler ses dépenses ou d'obtenir des **espèces** à l'étranger dans une agence de l'émetteur du chèque de voyage.

Les traveller's chèques d'American Express.

chèque postal

Titre de **paiement** géré par l'exploitant public La Poste, pour le compte d'un client titulaire d'un compte courant postal.

chèque sans provision

Le **chèque** est un **instrument de paiement** qui nécessite, pour être émis, une **créance** préalable du **tireur** sur le **tiré** et la **provision** dès l'**émission.** L'émission d'un chèque sans provision est interdite.

 Le chèque ne peut pas être utilisé comme instrument de crédit...

L'émission d'un chèque sans provision, à moins d'une régularisation dans le mois, fait l'objet d'une interdiction bancaire prononcée par la **Banque de France**.

 Art. L. 131-69 et s., C. mone. fin.

 *Cf. certificat de non-paiement, interdiction bancaire.*

chiffre d'affaires

C'est la somme correspondant à l'ensemble des **prix de vente** et **prestations de service** réalisés par une entreprise pour une période donnée.

En pratique, le **résultat** de l'entreprise est égal au chiffre d'affaires réalisé auquel on soustrait les charges d'exploitation.

chirographaire

Créancier démuni de toute **garantie** particulière, créancier ordinaire n'ayant que les **droits** attachés à toute **créance.**

Le créancier chirographaire qui déclare sa créance au **passif** d'une entreprise en redressement ou en **liquidation judiciaire** est celui qui a le moins de garantie d'être payé (de 1 à 5 % de chance de récupération). Il cède la place aux **créanciers** mieux armés tels les créanciers titulaires de sûreté ou les créanciers privilégiés ou super-privilégiés.

chômage

État d'une personne qui n'a pas de travail sur le **marché** de l'emploi.

Le chômage cyclique résulte d'une crise économique, le chômage fonctionnel est dû à une insuffisante mobilité de la **main d'œuvre** ou à un manque de formation.

CIRA

Cf. Centre interministériel de renseignements administratifs.

citation

Acte de procédure invitant une partie à un litige à se présenter devant une juridiction pour faire valoir ses **moyens.**

Cet acte est signifié par **huissier.**

Cf. assignation.

civilement responsable

Obligation d'une personne de répondre d'un dommage, c'est-à-dire de le réparer en nature ou de l'indemniser par le versement d'une somme d'argent (dommages et intérêts).

Un même incident peut entraîner la **responsabilité civile** de son **auteur** ou de celui qui doit en répondre (parents d'un mineur), ainsi qu'une condamnation de l'auteur sur le **fondement** d'une **responsabilité pénale**.

clause

Disposition insérée par les parties dans la rédaction d'un **acte juridique** afin de préciser les **obligations** de chacun et les modalités d'exécution de l'acte.

clause abusive

Dans les **contrats** conclus entre **professionnels** et non-professionnels ou **consommateurs**, sont abusives les **clauses** qui créent un déséquilibre significatif des **droits** et **obligations** des parties, au détriment du non-professionnel ou du consommateur. Une annexe au code de la consommation comprend une liste de clauses qui peuvent être considérées comme abusives. Par ailleurs, le **juge** pourra qualifier une clause d'abusive si elle répond aux critères de définition.

> Dans le cadre d'un contrat conclu entre un professionnel et un non-professionnel, la clause ayant pour **objet** ou pour effet de réserver au professionnel le droit de modifier unilatéralement les caractéristiques du **bien** à livrer est une clause abusive.

Art. L. 132-1 et s., C. consom.

http://www.clauses-abusives.fr

clause attributive de compétence

C'est une **clause** contractuelle qui désigne le tribunal compétent en cas de litige. Cette clause attributive de juridiction n'est valable que dans les **contrats** passés entre **commerçants.**

En pratique, la clause attributive de compétence permet de déroger au principe selon lequel le tribunal territorialement compétent est celui du **domicile** du **défendeur** et de centraliser tous les litiges d'une entreprise en un lieu unique : le tribunal du lieu du **siège social** de l'entreprise, par exemple.

Art. 48, NCPC.

Cf. conditions générales de vente.

clause compromissoire

Clause contractuelle par laquelle les parties décident de confier leurs éventuels différends à un **arbitre** qu'ils désignent. Cette clause n'est valable qu'entre **commerçants** ou en matière internationale.

Le fait pour un non-commerçant de participer sans réserve à l'**arbitrage** vaut renonciation de sa part au **droit** d'invoquer la **nullité** de la clause d'arbitrage en soutenant qu'elle est insérée dans un **acte mixte**.

Art. 1442, NCPC.

clause d'exclusivité

Clause par laquelle l'acheteur, **cessionnaire** ou locataire de **biens meubles** s'engage vis-à-vis de son vendeur, **cédant** ou **bailleur**, à ne pas faire usage d'**objets** semblables ou complémentaires en provenance d'un autre fournisseur ; elle est limitée à un maximum de 10 ans.

Le vendeur, cédant ou bailleur doit fournir, préalablement au **contrat**, un document donnant des **informations** sincères et détaillées selon les exigences de l'article L 330-3 du code de commerce, par exemple, le contrat de distribution, de **concession**, de **franchise**…

clause d'indexation

Clause contractuelle qui a pour objet la **compensation** des effets de la dépréciation monétaire. L'**indice** choisi, pour être **licite**, doit avoir une relation directe avec l'objet de la **convention** ou avec l'activité de l'une des parties.

En matière de **bail**, que ce soit d'habitation ou **commercial**, il est le plus souvent fait référence à l'indice trimestriel du coût de la construction publié par l'**INSEE**.

clause d'intérêts conventionnels

Clause du **contrat de vente** ou de crédit prévoyant le taux des **intérêts** à appliquer au **prêt**. En cas de retard de **paiement**, en matière commerciale, selon l'article L 441-6 du code de commerce, le taux d'intérêt prévu ne doit pas être inférieur à une fois et demie le taux de l'intérêt légal ou au taux de la Banque centrale européenne majoré de sept points.

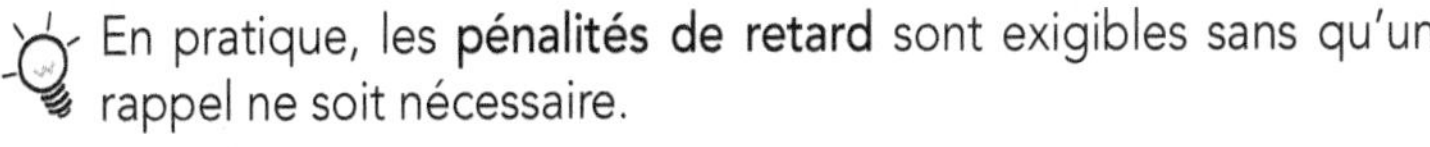

En pratique, les **pénalités de retard** sont exigibles sans qu'un rappel ne soit nécessaire.

Art. 1907, C. civ.

clause de déchéance du terme

Clause prévoyant qu'en cas d'impayé d'une seule échéance, la totalité des sommes deviendra exigible de plein **droit.**

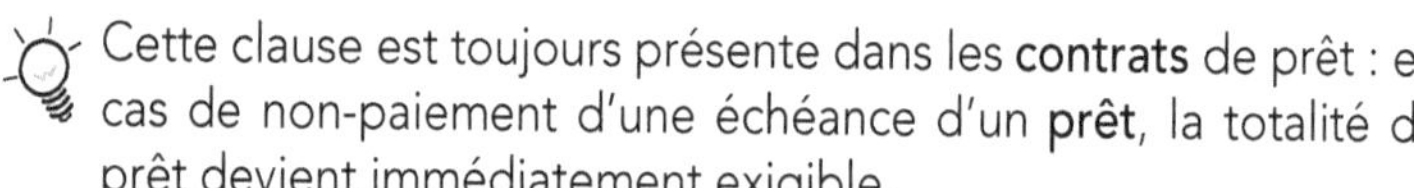
Cette clause est toujours présente dans les **contrats** de prêt : en cas de non-paiement d'une échéance d'un **prêt**, la totalité du prêt devient immédiatement exigible.

Il est fortement conseillé de l'inclure dans les **conditions générales de vente** des entreprises.

clause de garantie de passif

Clause par laquelle le vendeur de parts ou d'**actions** d'une **société** s'engage à supporter les dettes antérieures à la cession selon sa quote-part de capital, le **passif**, c'est-à-dire les **dettes** qui se révéleront ultérieurement à sa **cession.**

En pratique, en cas de redressement fiscal, le **cédant** devra relever et garantir le **cessionnaire** des conséquences d'un redressement fiscal ou social.

Il est également souvent prévu une **garantie** d'**actif** par laquelle le cédant garantit la réalité des valorisations de l'actif du **bilan**.

clause de non-concurrence

Clause contractuelle par laquelle une partie s'interdit de faire concurrence à l'autre. La clause doit, en principe, pour être valable, être limitée dans le temps, dans l'espace (zone géographique) et à une activité déterminée.

La clause de non-concurrence insérée dans le **contrat** de **cession** d'un **fonds de commerce** oblige le **cédant** à ne pas réinstaller une activité similaire à celle cédée dans une zone géographiquement limitée et pendant une certaine durée.

La clause est d'application très stricte en matière de **contrat de travail**. Celle-ci doit également être légitime pour être opposée au **salarié** et donner lieu au versement d'une contrepartie. Le salarié doit conserver la possibilité d'exercer son activité professionnelle. Le nouvel **employeur** qui engage le salarié au mépris de la clause de non-concurrence peut être poursuivi pour **concurrence déloyale** par l'ancien employeur.

clause de préemption

Clause contractuelle selon laquelle en cas de **cession** d'un **bien**, de **droits** sociaux, le **cédant** doit en premier lieu proposer la **vente** au(x) **bénéficiaire(s)** de la clause qui pourra par préférence se porter acquéreur.

Dans des **statuts** de **SARL**, il peut être prévu une préférence aux associés en place pour se porter acquéreur au lieu du candidat présenté par le cédant.

clause de réméré

Clause incluse dans un **contrat de vente** permettant au vendeur de reprendre dans un certain **délai** la chose vendue moyennant le remboursement du **prix** de **vente** augmenté de certains **frais**.

Clause peu fréquente en pratique.

clause léonine

Clause déséquilibrée par laquelle l'un des cocontractants bénéficie d'un avantage exorbitant au détriment de l'autre (en langage courant : « la part du lion »).

La clause par laquelle une **société** prévoit d'attribuer l'ensemble des **bénéfices** réalisés à l'un des associés est une clause léonine.

clause limitative de responsabilité

Clause qui limite par avance à une somme ou à un taux déterminé le montant des **dommages et intérêts.**

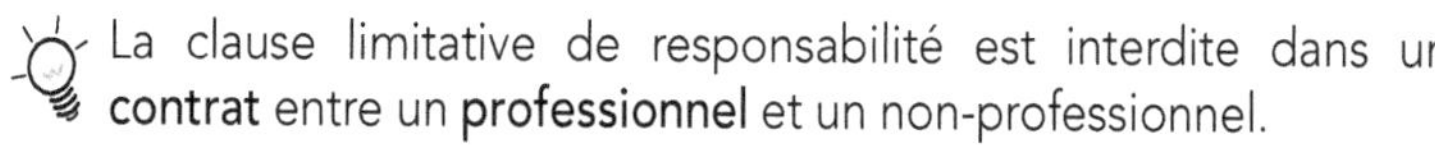

La clause limitative de responsabilité est interdite dans un **contrat** entre un **professionnel** et un non-professionnel.

Contrat de vente : art. L. 113-3, C. consom.
Contrat de construction : art. 1792-5, C. civ.
Responsabilité des produits défectueux : art. 1386-15, C. civ.

Cf. clause abusive.

clause pénale

Clause insérée dans un **contrat** et par laquelle le **débiteur**, s'il manque à son engagement, doit verser au **créancier** une somme d'argent dont le montant, fixé à l'avance, est indépendant du **préjudice** causé. Le **juge** a un pouvoir modérateur : il peut diminuer ou augmenter la somme mise à la charge du débiteur.

En matière de **crédit à la consommation**, elle est limitée à 7 %. Dans les rapports entre **commerçants**, elle est généralement prévue par les **conditions générales de vente**. Le pourcentage varie entre 10 et 20 %.

 Art. 1152, C. civ.

 *Cf. dommages et intérêts.*

clause résolutoire

Clause par laquelle les parties prévoient que le **contrat** sera résolu de plein **droit** du fait de l'inexécution par l'une des parties de son **obligation.**

En matière de contrat de fourniture, le contrat d'approvisionnement pourra être résilié de plein droit après écoulement d'un certain **délai** et une **mise en demeure**, ou encore en cas de défaut de **paiement** au **terme** convenu.

 Art. 1184, C. civ.
Condition résolutoire : art. 1183, C. civ.

clientèle

Ensemble de personnes qui sont en relations d'affaires avec un **professionnel, commerçant** ou civil.

 La clientèle est un élément indispensable à l'existence du **fonds de commerce**. Si le commerçant cède un élément qui attire la clientèle (**marque**), on peut considérer que le fonds de commerce disparaît avec la clientèle. La **cession** de marque pourra alors être requalifiée en cession de fonds de commerce.

CNIL

 *Cf. Commission nationale informatique et libertés.*

COB

☞ *Cf. Commission des opérations de Bourse.*

code

Ensemble de textes regroupés par matière, issus de **lois** ou de **réglementations.**

Code civil, Nouveau code de procédure civile, code pénal, code de procédure pénale, code de commerce.

http://www.legifrance.gouv.fr/WAspad/ListeCodes
http://droit.org/jo/codes.html

code APE

☞ *Cf. activité principale exercée (APE).*

CODEFI

☞ *Cf. Comité départemental d'examen des problèmes de financement des entreprises.*

collocation

Classement des **créanciers** qui détermine l'ordre dans lequel ils seront payés : super privilégiés, privilégiés, titulaires de **sûretés** réelles, **chirographaires**.

Pour déterminer la répartition du prix d'un **fonds de commerce** entre les différents créanciers inscrits et opposants.

comité d'entreprise

Institution représentative du personnel. Obligatoire dans les entreprises employant plus de 50 **salariés**, il est placé sous la présidence de l'**employeur**. Les représentants élus du personnel sont dotés d'attributions informatives, consultatives, décisionnelles dans les domaines économiques et professionnels.

 Art. 431-1 et s. ; R 432-1 et s., C. trav.

Comité départemental d'examen des problèmes de financement des entreprises (CODEFI)

Commission des chefs de services financiers chargée d'une mission générale de détection et prévention des difficultés des entreprises.

 Le CODEFI a vocation à examiner les demandes de **délai** en matière sociale et fiscale présentées par les entreprises de l'industrie et des services industriels, de l'industrie agroalimentaire, du bâtiment et des travaux publics.

http://www.euro.gouv.fr/recherche/index.phtml

commandement

Acte d'**huissier** de **justice** faisant ordre à une personne de s'acquitter d'une **obligation**.

> Commandement d'avoir à quitter les lieux, commandement de payer une certaine somme en vertu d'une **décision** de justice.

commencement de preuve

Conséquence tirée par le **juge** d'une déclaration d'une partie, de son absence ou de son refus de répondre. Lorsqu'il existe un titre signé qui, pour des raisons de forme ou de **fond**, ne peut constituer la **preuve** d'un **acte juridique**, il est considéré comme un commencement de preuve par **écrit**.

Un courrier peut ne pas suffire à constituer une reconnaissance de **dette** au sens du Code civil mais peut cependant servir de commencement de preuve de l'**obligation** de remboursement de son **auteur**. Dans ce cas, ce commencement de preuve devra nécessairement être corroboré par d'autres éléments pour emporter la preuve de l'obligation du **débiteur**.

commerçant

Le commerçant est celui qui accomplit des actes de commerce, en son nom et pour son compte, de manière habituelle. Il est soumis, de part son statut, au **droit commercial**.

En pratique, le commerçant doit s'inscrire au **registre du commerce et des sociétés**. Le commerçant peut être une personne physique (nom, prénom, date et lieu de naissance, adresse) ou une **personne morale** (**raison sociale**, forme sociale, **siège social**). La personne morale sera commerçante par sa forme (**SARL**, **société par actions**...) ou par son **objet** (**société civile** exerçant en fait une activité commerciale).

Art. L. 121-1, C. com.

commerce maritime

Les différents textes relatifs au commerce maritime ne sont pas codifiés et sont publiés en annexes du code de commerce sous les rubriques : le navire, l'exploitation de navire, l'assurance maritime, les événements de la mer, le personnel de la navigation, les infractions maritimes, les dispositions générales diverses.

commissaire à l'exécution du plan

Personne chargée de veiller à l'exécution du plan de redressement de l'entreprise en difficulté. Elle est nommée par le **tribunal de commerce** : il s'agit le plus souvent du représentant des **créanciers** ou de l'administrateur.

commissaire aux comptes

Professionnel ayant notamment pour mission de contrôler la régularité et la sincérité des comptes sociaux, de rédiger des rapports sur les principaux événements de la vie sociale, destinés aux associés et aux **actionnaires.** Sa nomination est obligatoire dans les **sociétés** de capitaux et dans les sociétés franchissant certains seuils.

Le commissaire aux comptes est forcément titulaire du diplôme d'**expert comptable** et figure sur une liste officielle.

SNC : art. L. 221-10, C. com.
SARL : art. L. 223-35, C. com.
SA : art. L. 225-218, C. com.

http://www.cncc.fr

Cf. procédure d'alerte.

commissaire priseur

Officier ministériel qui estime et vend aux **enchères** des **biens**. Ceux-ci sont l'**objet** de **vente volontaire** ou proviennent de **saisies**, liquidations **judiciaires**, etc. Le commissaire priseur est très souvent considéré comme un spécialiste du **marché** de l'art.

http://www.cidj.asso.fr/Viewdoc.aspx?docid=528&catid=1
http://www.conseildesventes.com

Cf. vente aux enchères, adjudications.

commission

Rémunération due à un intermédiaire ou **mandataire.**

Cf. contrat de commission.

commission bancaire

Désigne la somme prélevée par la banque à titre de rémunération lors de la réalisation d'une opération financière

Commission des clauses abusives

Commission placée auprès du ministre chargé de la consommation qui recherche si les **modèles** de **convention** habituellement proposés par les **professionnels** à leurs contractants non professionnels ou **consommateurs** présentent un caractère abusif. La commission recommande la suppression ou la modification de ces **clauses.** Elle propose les modifications législatives ou réglementaires qui lui paraissent souhaitables.

Commission des opérations de Bourse (COB)

Autorité administrative indépendante, la Commission des opérations de Bourse joue un rôle de contrôle et de régularité des opérations effectuées en **Bourse.** Elle est composée de neuf membres et d'un président, nommé en conseil des ministres. La COB dispose de pouvoirs étendus : elle peut procéder à des recommandations, réglementer ou prendre des sanctions à l'encontre de **sociétés** qui font appel public à l'épargne et ont des comportements contraires au bon fonctionnement du **marché.**

La COB a été créée par une ordonnance du 28 septembre 1967. Les lois du 2 août 1989 et du 2 juillet 1996 ont organisé et renforcé ses pouvoirs.

Art. L. 621-1 et s., C. mone. fin.

http://www.cob.fr

Commission nationale informatique et libertés (CNIL)

Chargée de veiller au respect des règles établies en matière de protection des **droits** individuels au regard des **fichiers** informatiques.

En pratique, certains fichiers sont ainsi interdits (**bases de données** contenant des indications raciales, politiques ou religieuses), d'autres sont soumis à une déclaration préalable ou encore à une **autorisation** donnée par la CNIL.

Loi du 6 janvier 1978 n° 78-17.

http://www.cnil.fr

commission rogatoire

Mission donnée par un **magistrat** à un autre ou à un officier de police judiciaire d'accomplir en son nom des mesures d'**instruction.**

Une **saisie**, une perquisition…

Procédure civile : art. 730 et s., NCPC.
Procédure pénale : art. 151 et s., C. proc. pén.

commissionnaire

Commerçant qui joue le rôle d'intermédiaire, en réalisant des opérations en son propre nom, mais pour le compte d'un tiers, le commettant.

Cf. commission.

commun

C'est la désignation du **bien**, **propriété** de plusieurs personnes.

La copropriété immobilière, par opposition à la propriété privée. Le bien en communauté pour des époux mariés sous le régime légal de la communauté.

On dit que le bien est indivis dans le cadre d'une indivision classique (succession, achat d'un immeuble par plusieurs personnes…).

compagnie

- Appellation commerciale qui figure souvent dans les **dénominations** commerciales de sociétés.

Compagnie d'**assurance**.

- Organisation corporative et professionnelle.

Compagnie des **commissaires aux comptes**.

comparution personnelle

Présentation personnelle de l'intéressé pour accomplir un acte, fournir un **témoignage** ou comparaître en **justice**, notamment dans le cadre d'une mesure d'**instruction** ordonnée par le **juge**.

Dans certains cas, la personne dont la comparution personnelle est exigée peut toutefois être assistée d'un **avocat**.

comparution volontaire

Présentation spontanée d'une personne devant une juridiction pénale. Dans le cadre d'une procédure civile, on parle d'intervention volontaire.

Art. 388 et 531, C. proc. pén.

compensation

Extinction de deux **obligations** réciproques **certaines**, liquides et exigibles.

La compensation peut être légale (de plein **droit**) ou **judiciaire** (prononcée par le **juge**).

Dettes d'argent ou choses de même espèce.

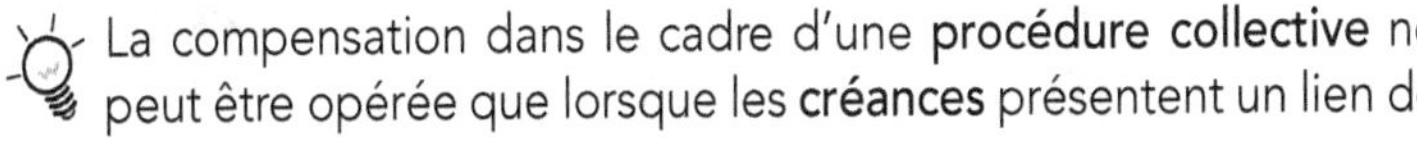

La compensation dans le cadre d'une **procédure collective** ne peut être opérée que lorsque les **créances** présentent un lien de connexité, c'est-à-dire qu'elles résultent d'un même **contrat** ou, plus largement, d'un ensemble contractuel unique.

Art. 1289, C. civ.

compromis d'arbitrage

Convention par laquelle des parties soumettent à un **arbitre** un litige déjà né.

Art. 1447 et s., NCPC.

comptabilité

Technique de tenue des comptes enregistrant journellement les recettes et les dépenses servant à établir à la fin de l'exercice le **bilan** et les **comptes de résultat**, après **inventaire.** Ensemble des documents comptables d'une personne physique ou morale.

La comptabilité en matière commerciale (par opposition à la comptabilité des ménages) correspond à une comptabilité d'engagement et doit être établie dans le respect de plusieurs documents comptables : le livre journal, le grand livre, le livre inventaire, le bilan, le compte de résultat et les **annexes**.

Art. L. 123-12, C. com.

http://www.experts-comptables.fr

compte bancaire

Tout **commerçant** immatriculé au **registre du commerce et des sociétés** (RCS) a l'**obligation** légale d'ouvrir un compte bancaire ou postal. Une convention de compte doit être établie par écrit prévoyant notamment les conditions générales et tarifaires des services bancaires.

 Art. L. 311-1-1, C. mone. fin.

compte clients

Totalité des encours facturés par une entreprise à ses clients et non réglés.

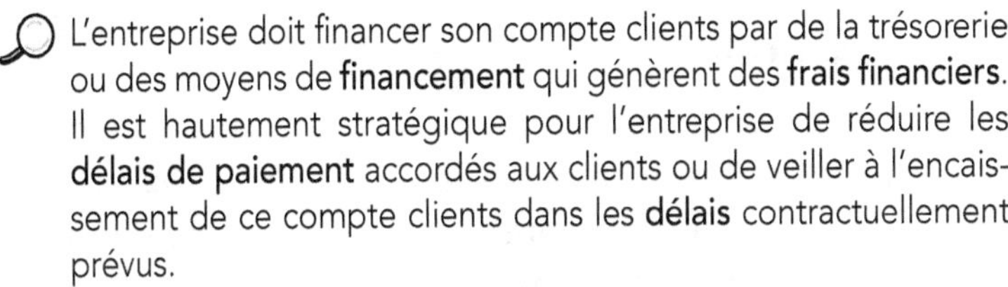

L'entreprise doit financer son compte clients par de la trésorerie ou des moyens de **financement** qui génèrent des **frais financiers**. Il est hautement stratégique pour l'entreprise de réduire les **délais de paiement** accordés aux clients ou de veiller à l'encaissement de ce compte clients dans les **délais** contractuellement prévus.

 *Cf. chef de crédit.*

compte de résultat

Compte retraçant les charges et les produits d'une période.

 Le compte de résultat est un compte de synthèse annuel qui permet de faire apparaître le **bénéfice** ou la perte réalisé par l'entreprise au cours de l'exercice.

 Art. L. 123-13, C. com.

compte prévisionnel

Anticipation d'un **compte de résultat** d'une entreprise sur un ou plusieurs exercices ultérieurs afin de déterminer une stratégie de développement.

compte prorata

Technique utilisée principalement dans le secteur du bâtiment pour faire supporter par les différentes entreprises une quote-part de charges de fonctionnement du chantier selon l'importance de leur **marché**.

Celui-ci donne lieu à de nombreux **contentieux** en pratique et il est nécessaire de s'assurer de son suivi dès le début du chantier.

comptes annuels

Les comptes annuels comprennent plusieurs documents comptables enregistrant les mouvements affectant le patrimoine d'une entreprise dans une période donnée. Ils comprennent le **bilan**, le **compte de résultat** et l'**annexe**.

Art. L. 123-12, C. com.

comptes consolidés

Technique qui consiste à établir une **comptabilité** unique regroupant l'ensemble des **sociétés** d'un groupe. Elle constitue une **obligation** pour les entreprises qui contrôlent de manière exclusive d'autres entreprises ou qui exercent une influence notable sur elles. Le périmètre de consolidation englobe la **société mère** et ses **filiales** consolidées.

Art. L. 233-16, C. com.

concentration

Toute opération de rapprochement d'entreprises dans le but de diminuer leur nombre et d'augmenter leur puissance. Le terme est parfois entendu comme la création d'une unité de direction entre plusieurs entreprises.

La concentration d'entreprise est réglementée et ne doit pas porter atteinte au principe de la libre concurrence en créant une situation de déséquilibre entre les acteurs économiques.

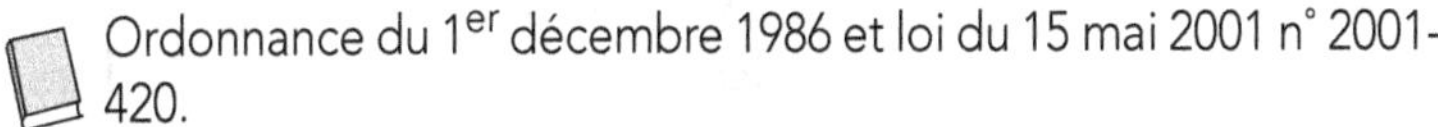

Ordonnance du 1er décembre 1986 et loi du 15 mai 2001 n° 2001-420.

Cf. fusion, groupe de sociétés.

concession

Contrat par lequel un concédant confie à un concessionnaire la **jouissance** d'un **droit**, par exemple sur un terrain, un service, etc.

La concession de plage, la concession de travaux publics.
Le contrat de concession dans le domaine de la distribution automobile.

conciliateur

Le conciliateur de justice est un bénévole nommé par le premier président de la cour d'appel afin de faciliter le règlement de conflits entre personnes. Le conciliateur peut également être désigné par un juge afin de trouver une solution amiable à un litige. C'est également le nom de la personne désignée par le président du **tribunal de commerce** dans le cadre de la procédure de **règlement amiable** d'une entreprise en difficulté. Son rôle est de favoriser le fonctionnement de l'entreprise et de rechercher la conclusion d'un accord avec les **créanciers.**

conclusions

Ce sont les écritures et mémoires rédigés par les **avocats.** Elles reprennent les éléments de fait et de **droit** concernant une affaire évoquée devant un tribunal. Ces conclusions font également référence à la **jurisprudence.** Elles sont déposées sur le bureau du **juge** afin que celui-ci puisse retrouver tous les arguments développés lors des **plaidoiries.** Elles font obligatoirement l'**objet** d'un **échange** avec le (ou les) **avocat**(s) de la partie adverse, tout comme l'intégralité des **pièces** d'un dossier contenues dans les cotes.

Dans le respect du **principe du contradictoire** intéressant la procédure, les conclusions d'un avocat doivent être communiquées à la partie adverse.

Art. 15 et 16, NCPC.

Devant le **tribunal administratif** et la cour administrative d'appel, les **écrits** échangés sont dénommés « mémoires », tout comme devant la **Cour de cassation** et le **Conseil d'État.**

concurrence déloyale

Toute personne qui par un manquement aux **usages** du commerce cause à autrui un dommage est tenue de le réparer. L'action en concurrence déloyale est une action en **responsabilité civile** pour faute.

Un **commerçant** qui utilise un **nom commercial** proche de celui d'un concurrent pour tenter de détourner une partie de sa **clientèle**.

Art. 1382, C. civ.

conditions générales de vente

Ce sont les conditions de **vente** – de produits ou services – qui comportent diverses **clauses** établies par le vendeur pour l'ensemble de ses clients. Elles figurent au bas ou au verso du **devis, bon de commande, bon de livraison, facture.** Leur validité tient à leur **acceptation** expresse (**signature** et cachet commercial). À défaut, l'**acceptation tacite** doit être démontrée.

Clauses contenues dans des conditions générales : clause concernant le risque lié au transport, **clause pénale, clause attributive de juridiction, clause de déchéance du terme**, clause de **réserve de propriété**...

Certaines **sociétés** établissent également des conditions générales d'achat pour régler les rapports avec leurs fournisseurs. Par ailleurs, l'entreprise peut déroger à ses conditions générales de vente par des conditions, dites conditions particulières, expresses.

Certaines entreprises ne font apparaître leurs conditions générales que sur la **facture**. Une **erreur** à éviter car la facture n'est pas un document contractuel. En ce sens, il convient impérativement de faire apparaître les conditions générales sur le devis, bon de commande ou bon de livraison.

Confédération générale des petites et moyennes entreprises (CGPME)

Syndicat patronal créé en 1944. Exerce une mission de représentation et de défense des intérêts des **PME**. La CGPME joue un rôle de concertation sur le plan économique et social entre les différents partenaires sociaux.

http://www.cgpme.org

confusion des peines

Cela consiste à réunir les différentes **peines** prononcées à l'égard d'une même personne pour que celle-ci n'exécute que la plus lourde. Elle peut être de **droit** ou facultative. Elle est impossible en cas de récidive. En matière de **contravention**, le contrevenant doit payer toutes les **amendes** infligées…

Art. 132-1 et s., C. pén.

congés payés

Période annuelle de repos dispensée par la **loi** au bénéfice du **salarié**. Au cours de cette période, le **contrat de travail** est suspendu mais continue de faire courir la rémunération habituelle dudit salarié.

Art. L. 223-1 et s., C. trav.

conglomérat

Groupe de sociétés aux activités diversifiées.

conjoint

La personne qui aide son conjoint dans la gestion de son **fonds de commerce** risque d'être considérée comme co-exploitante, c'est-à-dire comme commerçante, si elle effectue des actes de commerce à titre **professionnel.**

 Il existe un statut spécifique du conjoint collaborateur d'un **artisan** ou d'un **commerçant**.

 Art. L. 121-6, C. com.

conseil d'administration

Organe collégial des **sociétés anonymes** composé au minimum de trois administrateurs et comprenant un **président du conseil d'administration.** La direction de la société elle-même est confiée au président ou au directeur général. Pour prendre ses décisions, le conseil d'administration doit atteindre un **quorum** et une **majorité** déterminés.

 Art. L. 225-17 et s., C. com.

Conseil d'État

Juridiction suprême de l'**ordre administratif** (équivalent de la **Cour de cassation**). Il connaît notamment des **recours** exercés contre les **décisions** des **tribunaux administratifs** et des cours administratives d'appel.

 Loi du 31 décembre 1987 n° 87-1127.

http://www.conseil-etat.fr

conseil de prud'hommes

Juridiction de premier degré, composée paritairement de **juges employeurs** et **salariés** élus, ayant pour fonction de trancher les litiges nés du **contrat de travail.** Préalablement à l'**audience** de **jugement**, deux conseillers prud'hommes (un représentant employeur et un représentant salarié) convoquent les partie en bureau de conciliation en vue de trouver une solution au litige (à défaut d'accord lors de cette conciliation, l'affaire est portée devant le bureau de jugement). Le conseil de prud'hommes peut être saisi, en cas d'urgence, par **référé.**

Le conseil de prud'hommes qui statue en premier **ressort** – avec possibilité d'**appel** – et en dernier ressort jusqu'à un montant de 3 270 euros – sans possibilité d'appel – traite des litiges individuels entre salariés ou apprentis et employeurs, à l'exception des litiges collectifs, comme l'exercice du **droit** de **grève**.

Art. L. 511-1, C. trav.

Ministère du travail, accès direct :
http://www.travail.gouv.fr/infos_pratiques/html/ins8.html
http://www.justice.gouv.fr/justorg/csph.htm

Cf. degré de juridiction.

conseil de surveillance

Organe des **sociétés anonymes** à **directoire** qui exerce un contrôle permanent de l'opportunité et de la régularité des opérations de gestion de la société. Pour prendre ses décisions, il doit atteindre un **quorum** et une **majorité** déterminés.

SA : art. L. 225-57 et s., C. com.
Société en commandite par actions : art. L. 226-4, C. com.

conseil en propriété industrielle

Professionnel inscrit sur une liste nationale établie par l'**Institut national de la propriété industrielle.**

http://www.cncpi.fr/html/index.htm

consentement

Volonté déclarée de façon expresse ou **tacite**, réelle, émanant d'une ou des parties d'un **acte juridique**. Le consentement est une condition de validité de l'acte juridique. Le consentement doit être libre, exempt des vices du consentement que sont l'**erreur**, le **dol**, la **violence**.

En pratique, un document signé sous la contrainte physique peut être annulé pour **vice du consentement**.

Art. 1108 et s., C. civ.

conservation des hypothèques

Service administratif assurant la **publicité** de tous les actes relatifs aux immeubles, c'est-à-dire leur inscription sur la fiche de propriété. La conservation des hypothèques est chargée de recouvrer la taxe de publicité foncière.

Tous les actes de **cession**, de **donation**, de **legs**, de partage d'immeubles, d'**hypothèques** doivent toujours être enregistrés et publiés au registre des hypothèques établi selon les références cadastrales.

Art. 2196 et s., C. civ.

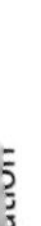

consommateur

Personne contractant avec un **professionnel** dans un but autre que professionnel.

Partie à un **contrat** que le **droit** de la consommation s'engage à protéger et à défendre contre les abus parfois commis par certains professionnels.

Art. L. 111-1 et s., C. consom.

contentieux

Désigne l'ensemble des litiges soumis à une juridiction : contentieux administratif, contentieux de la Sécurité sociale. Désigne également le service d'une entreprise ou d'une administration, chargé des affaires litigieuses.

> Service contentieux d'une banque, d'une **compagnie** d'**assurance**.

L'appellation d'agence ou de cabinet contentieux a été abandonnée au profit de la terminologie « agence de recouvrement ».

contradictoire (principe du)

Principe directeur du **procès** selon lequel tous les éléments produits devant la juridiction par une partie doivent être connus et en mesure d'être discutés par l'autre.

Les **pièces** sont communiquées en premier par le **demandeur** au **défendeur**, puis le défendeur transmet les siennes au demandeur avec ses **conclusions**, c'est-à-dire son argumentation. Le demandeur répond alors par ses conclusions transmises au défendeur. C'est le **juge** qui doit veiller au respect du principe du contradictoire.

contrat

Le contrat est une **convention** par laquelle une ou plusieurs personnes s'engagent à donner, à faire ou ne pas faire quelque chose.

> Contrat de travail, contrat de location, contrat de vente, contrat de prestation de service...

Art. 1101, C. civ.

contrat à durée déterminée (CDD)

Contrat de travail conclu pour une durée limitée.

En **droit** social, le CDD doit être **écrit** ; il n'est conclu que pour des tâches précises, temporaires et dans des cas limitativement énumérés par la **loi**.

> Le CDD pour le remplacement d'une personne salariée en congé de maternité.

Art. L. 122-1 et s., C. trav.

☞ *Cf. travail temporaire, droit du travail.*

contrat à durée indéterminée (CDI)

Contrat de travail conclu pour une durée indéterminée (ou illimitée). Chaque cocontractant peut le résilier unilatéralement et avec préavis. En droit social, le CDI est le contrat de droit **commun**.

☞ *Cf. droit du travail.*

contrat administratif

Contrat dont en principe au moins l'une des parties est une personne de droit public.

Si le contrat est passé entre une personne publique et une personne privée, il n'est administratif que si son **objet** comprend une mission de service public ou s'il contient une **clause** exorbitante du **droit commun**.

contrat d'apprentissage

Ce **contrat de travail** particulier doit procurer aux jeunes de 16 à 25 ans une formation professionnelle pratique et théorique.

Art. L. 117-1 et s., C. trav.

contrat d'assurance

Contrat **écrit**, très formaliste qui comprend nécessairement un **aléa**. Son **objet** est de garantir le bénéficiaire d'un éventuel sinistre relatif à sa personne ou ses **biens**, moyennant le **paiement** d'une **prime.**

Contrat d'assurance en **responsabilité civile**, dégât des eaux, incendie, perte d'exploitation, **assurance décès**, assurance dommages d'ouvrage, **assurance crédit**, etc.

Art. L. 111-1 et s., C. assur.

Cf. proposition d'assurance.

contrat de commission

Contrat par lequel une personne (le **commissionnaire**) se charge d'accomplir une opération en son nom pour le compte d'une autre personne (le commettant).

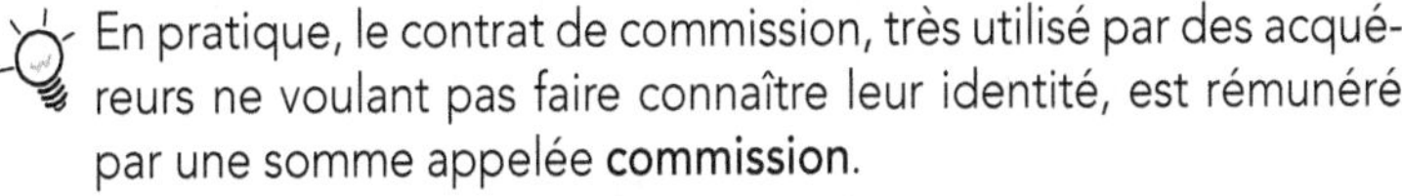
En pratique, le contrat de commission, très utilisé par des acquéreurs ne voulant pas faire connaître leur identité, est rémunéré par une somme appelée **commission**.

Art. 132-1, C. com.

contrat de franchise

Contrat par lequel le franchiseur, moyennant le **paiement** d'un **droit** d'entrée et d'une redevance, fournit à un **commerçant** indépendant un **savoir-faire**, des signes distinctifs (**enseigne**, licence de **marque**…), une assistance technique et commerciale.

La **franchise** est devenue un mode d'exploitation très répandu en raison de la forte image des marques auprès de la **clientèle** (les franchiseurs et les franchisés disposent d'une organisation professionnelle au rôle significatif : la Fédération française de la franchise).

http://www.franchise-fff.com

contrat de location

Louage de chose, contrat par lequel une partie s'oblige à mettre à disposition de l'autre une chose pendant un certain temps, moyennant une rémunération.

Le contrat de **bail** peut porter sur des **biens meubles** – location de **matériel**, d'automobile – ou sur des biens immeubles à usage d'habitation ou professionnel.

Art. 1709, 1713 et s., C. civ.

contrat de qualification

Formation en alternance pour les jeunes de 16 à 25 ans. Ce **contrat à durée déterminée** associe l'exercice d'une activité professionnelle à une formation théorique conduisant à l'obtention d'un diplôme, d'une qualification.

> Un étudiant préparant le brevet de technicien supérieur en action commerciale passe 2 jours par semaine en formation et 3 jours en entreprise.

Art. L. 981-1 et s., C. trav.

contrat de travail

Convention par laquelle le **salarié**, qui se trouve en état de subordination vis-à-vis de son **employeur**, fournit une prestation déterminée en contrepartie de laquelle il perçoit une rémunération.

Il faut distinguer le **contrat** de travail **à durée indéterminée** qui est le **droit commun** et le **contrat à durée déterminée** qui doit être obligatoirement **écrit** et motivé.

contrat de vente

Convention par laquelle une partie, le vendeur, s'engage à transférer la **propriété** d'un **bien** à l'autre partie, l'acquéreur, moyennant le **paiement** d'un **prix de vente.**

Art. 1582 et s., C. civ.

contravention

Infraction de faible gravité. La matière contraventionnelle relève du **tribunal d'instance** statuant en matière pénale appelé **tribunal de police.**

L'exemple le plus répandu est la contravention de stationnement.

Art. 111-1 ; 131-12 et s. ; 131- 40, C. pén.

contrefaçon

C'est la reproduction, la représentation ou la diffusion d'un **écrit,** d'une composition musicale, d'un **dessin,** d'une peinture ou de toute autre production, imprimée ou gravée en entier ou en partie, au mépris des **droits de l'auteur.** C'est également la reproduction illicite d'un procédé breveté, d'une **marque,** d'un dessin ou d'un **modèle** déposé.

En pratique, les dessins, modèles, **brevets** et marques sont protégés par un dépôt à l'**Institut national de la propriété industrielle**.

Les sacs à main, les montres, les parfums sont la proie des contrefacteurs mais aussi les pièces de rechange automobile...

CPI.

convention

Nom générique donné à tout accord de **volonté** entre deux ou plusieurs personnes en vue de la production d'un effet de **droit.** Le **contrat** est un type de convention. La convention est aussi le terme pouvant désigner l'**écrit** matérialisant l'accord de volontés.

convention collective

Acte conclu entre un ou plusieurs **syndicats** de **salariés** reconnus au plan national et un ou plusieurs syndicats ou regroupements d'**employeurs.** Cet acte, nécessairement **écrit**, traite des conditions d'emploi, de travail des salariés, et de leurs **garanties** sociales. Elle concerne tous les salariés exerçants l'activité à laquelle la convention collective s'applique, qu'ils appartiennent ou non aux syndicats signataires.

> La **convention** collective établit notamment une grille des emplois de l'activité concernée avec des coefficients qui permettent de définir les salaires.

Art. L. 132-1 et L. 136-1, C. trav.

convention de conversion

Convention conclue entre l'**ASSEDIC** et l'entreprise en cas de **licenciement économique.** L'**employeur** peut ou doit proposer cette convention au **salarié** licencié pour motif économique. Si ce dernier accepte, il bénéficiera pendant 6 mois d'une allocation et d'une action de reclassement.

Art. L. 122-14 ; L. 321-4 ; L. 322-3, C. trav.

convention de porte-fort

Contrat par lequel une personne, le porte-fort, s'engage envers une autre personne à ce qu'un tiers accomplisse une prestation donnée. Seul le porte-fort s'oblige ; il est garant du fait du tiers qui, lui, est libre d'accomplir ou non la prestation.

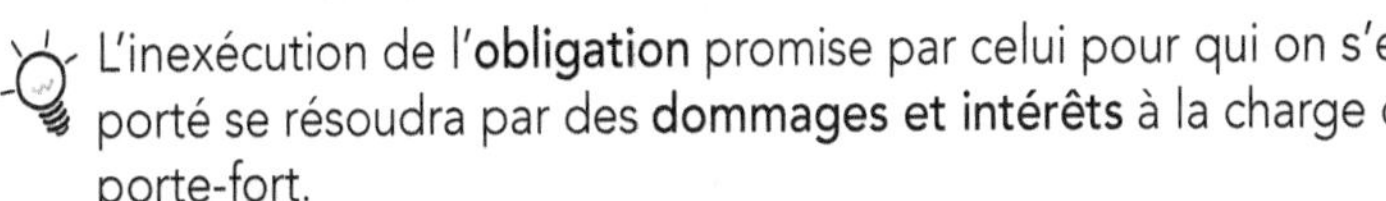
L'inexécution de l'**obligation** promise par celui pour qui on s'est porté se résoudra par des **dommages et intérêts** à la charge du porte-fort.

Art. 1120, C. civ.

convention prohibée

Il est interdit aux administrateurs personnes physiques, aux directeurs généraux, aux représentants permanents des **personnes morales** d'une **SA** ou d'une SAS, aux **gérants**, associés personnes physiques, aux représentants légaux des personnes morales associées d'une **SARL**, ainsi qu'aux descendants, ascendants de toutes ces personnes, de contracter auprès de la **société** (autre qu'un établissement bancaire ou financier) des emprunts, de se faire consentir un **découvert**, de faire cautionner ou avaliser un engagement auprès d'un tiers.

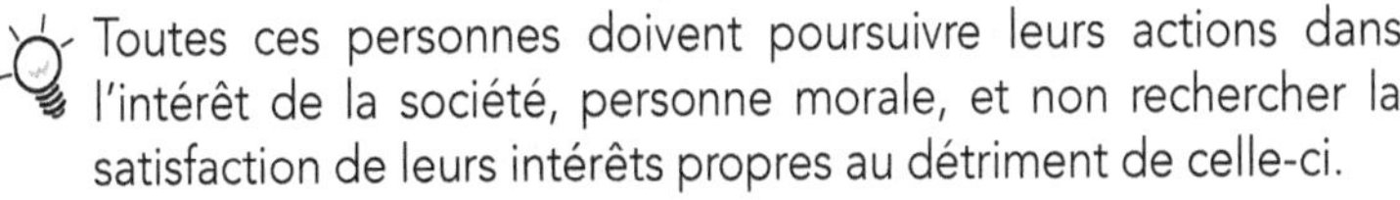
Toutes ces personnes doivent poursuivre leurs actions dans l'intérêt de la société, personne morale, et non rechercher la satisfaction de leurs intérêts propres au détriment de celle-ci.

convention réglementée

Toute convention conclue directement ou par personne interposée entre une **SARL** et l'un de ses **gérants** ou associés est soumise à l'accord de l'assemblée des associés. Toute convention intervenue directement ou indirectement entre une **SA** et l'un de ses administrateurs ou directeurs généraux est soumise à l'**autorisation** préalable du **conseil d'administration** et à l'approbation de l'assemblée générale. Les règles ne sont pas applicables aux **conventions** relatives à des opérations courantes, conclues dans des conditions normales.

> Location d'un local à une **SARL** par une SCI dont les associés sont également présents dans le capital de la **société commerciale**.

coopérative

Société civile ou commerciale soumise à un statut particulier dont l'objectif est de réaliser des services au **prix** le plus bas afin d'en faire bénéficier ses membres.

> Coopérative d'achat, d'agriculture, coopérative d'habitation…

cooptation

Mode de nomination d'une personne au sein d'une assemblée par des membres qui en font déjà partie. Dans certaines hypothèses, la cooptation peut être utilisée pour nommer un **administrateur** ou un membre du **conseil de surveillance** dans une **SA**.

La cooptation est basée sur l'appréciation des qualités de la personne cooptée. La plupart du temps elle doit être confirmée par un vote de la prochaine assemblée générale.

corporels

Cf. biens.

cotation

Cours des valeurs négociées en **Bourse.** Note accordée à une entreprise par une agence de renseignements en fonction de **ratios** d'**analyse financière** visant à évaluer le **risque** du fournisseur.

Cette cotation est souvent fonction de la publication ou non du **bilan**, des chiffres du dernier bilan publié, ancien de plusieurs mois…

cotation Banque de France

Ensemble de trois notes accordées par la **Banque de France** aux entreprises en fonction de leur **chiffre d'affaires**, de leur **bilan** et du sérieux de leurs engagements de **paiement**.

cote

C'est le nom donné aux chemises dans lesquelles sont classées les **pièces** d'un dossier de **plaidoirie**. Le dossier, comprenant les **conclusions** et les cotes, sera remis au **juge** par l'**avocat** à l'issue de la plaidoirie.

cotisation

Contribution à des dépenses communes d'une **association**, d'un **syndicat**, de la Sécurité sociale ou d'une mutuelle.

C. séc. soc.

cotisations sociales

Prélèvement d'une quote-part des revenus **salariés** ou professionnels affectée obligatoirement au **financement** de la Sécurité sociale et des autres organismes sociaux obligatoires ou conventionnels.

Ces cotisations sont réparties pour partie à la charge des **employeurs** et pour partie à la charge des assurés, travailleurs salariés ou indépendants.

cour d'appel

Juridiction de droit commun et de second degré. La Cour, composée de **magistrats professionnels**, est amenée à statuer sur les **recours** formés contre les **décisions** des juridictions de premier degré. Ainsi, par exemple, des actions contre les **jugements** du **tribunal de commerce**, **conseil de prud'hommes**, **tribunal d'instance**, **tribunal de grande instance** (les **contentieux** administratifs sont élevés devant les cours administratives d'appel).

Art. L. 211-1 COJ.

http://www.justice.gouv.fr/justorg/courappe.htm

Cf. degré de juridiction.

cour d'assises

Juridiction qui connaît des **crimes** de **droit commun.** Elle est composée de trois **magistrats professionnels** et d'un jury populaire de neuf citoyens tirés au sort sur les listes électorales.

En matière criminelle, les appels contre les verdicts rendus par une cour d'assises sont examinés par une nouvelle cour d'assises composée de 12 jurés (loi du 15 juin 2000, **disposition** applicable au 1er janvier 2001).

Art. 231 et s., C. proc. pén.

http://www.justice.gouv.fr/justorg/courassi.htm

Cour de cassation

C'est la juridiction suprême de l'**ordre judiciaire** français. Elle a pour mission de juger en **droit**, c'est-à-dire d'annuler les **décisions** prises en violation de la **loi** et d'unifier les règles de droit. Dans l'hypothèse d'une **cassation**, la Cour renvoie, en principe, l'affaire devant une juridiction de même degré que celle qui a rendu le **jugement** objet du **pourvoi**, afin qu'elle statue en fait et en droit. La Cour de cassation comprend cinq chambres civiles et une chambre criminelle.

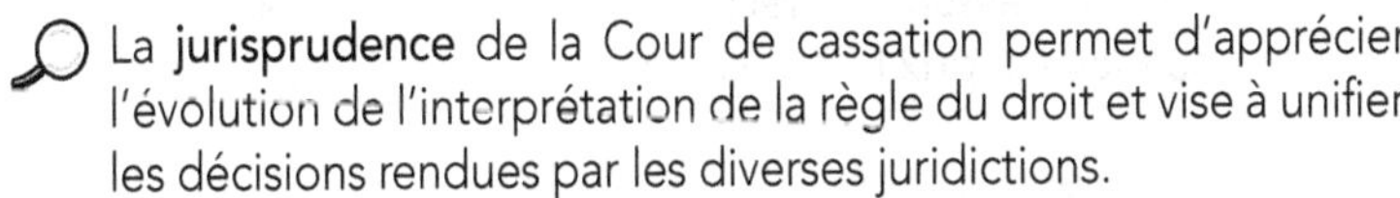
La **jurisprudence** de la Cour de cassation permet d'apprécier l'évolution de l'interprétation de la règle du droit et vise à unifier les décisions rendues par les diverses juridictions.

Art. L. 111-1 et s., COJ ; art. 973 et s., NCPC.

Cf. Conseil d'État.

Cour de justice des Communautés européennes

Organe juridictionnel chargé de faire respecter le **droit** par les États membres. Elle peut être saisie par les États, leurs ressortissants, les institutions communautaires ou les juridictions nationales.

 Art. 222 à 224, traité CE.

http://www.info-europe.fr/europe.web/document.dir/fich.dir/QR000870.htm

Cf. droit communautaire.

courtage

Opération consistant à mettre en relation deux personnes en vue de la conclusion d'un **contrat.**

Courtage matrimonial.

courtier

Commerçant dont le rôle est de mettre en rapport deux cocontractants éventuels, mais qui n'est pas partie à l'acte.

Le **courtier** en **assurance** recherche la meilleure police d'assurance au meilleur **prix** pour le compte de son client.

 Art. L. 131-1 et s., C. com.

coût marginal

Pour une entreprise, le coût marginal est la dépense nécessaire à la production supplémentaire d'une unité.

 *Cf. droit de créance.*

créance

Droit personnel dont est titulaire une personne.

créance (abandon de)

Renonciation par le **créancier** à un **droit** de **créance.** Cette situation peut naître d'un engagement conventionnel du créancier ou se trouver imposée par un **jugement.** Cette renonciation se rencontre très souvent dans le cadre d'une procédure de **surendettement.**

Dans une procédure de surendettement, le créancier qui apprend l'impossibilité pour le **débiteur** de payer sa **dette** décide d'abandonner sa créance, c'est-à-dire de l'éteindre. Dans ce cas, il ne sera pas payé de sa fourniture de produits ou services.

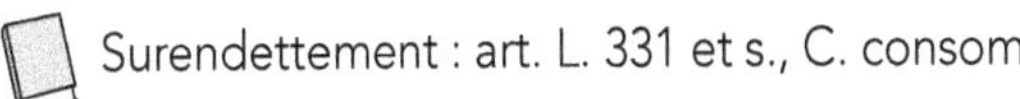
Surendettement : art. L. 331 et s., C. consom.

créance (accessoires de)

Ce sont les droits qui garantissent le paiement de la créance tels que caution, privilège et hypothèque. Les accessoires de la dette sont toutes les sommes légalement exigibles pouvant être réclamées au débiteur (intérêts légaux, dommages et intérêts contractuels, frais…).

En matière de relations commerciales, la **loi** impose que les modalités de calcul des intérêts contractuels figurent dans les **conditions générales de vente** des entreprises.

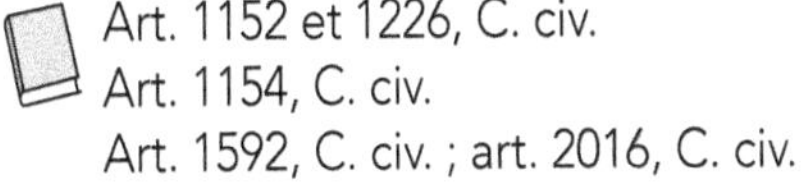
Art. 1152 et 1226, C. civ.
Art. 1154, C. civ.
Art. 1592, C. civ. ; art. 2016, C. civ.

créance (admission de)

Dans le cadre d'une **procédure collective**, le **juge commissaire**, après examen des propositions du représentant des **créanciers** et de la position des créanciers antérieurs au redressement judiciaire, admet ou rejette la **créance.** Cette **décision** a autorité de la chose jugée ; la créance admise ne pourra plus être contestée dans son existence, sa validité, son montant.

Tout créancier d'une personne placée en redressement ou en **liquidation judiciaire** doit déclarer sa créance au **passif**, c'est-à-dire, en pratique, au représentant des créanciers ou au **liquidateur** (**mandataire judiciaire**) nommé par le tribunal pour recevoir et vérifier les créances.

Art. L. 621-102 et s., C. com.

créance (vérification de)

Dans le cadre d'une **procédure collective**, la vérification est effectuée par le représentant des **créanciers** qui propose l'admission ou le rejet des **créances** déclarées au **passif** de l'entreprise.

Le représentant des créanciers convoque le **débiteur** qui fournit des explications sur son **acceptation** ou sa contestation sur la créance déclarée par le créancier.

En cas de maintien de ses demandes par un créancier dont le **mandataire judiciaire** propose le rejet de la créance, le sort de celle-ci est apprécié par le **juge commissaire** (**magistrat** spécialement désigné par le tribunal).

Art. L. 621-102 et s., C. com.

créance antérieure

C'est la **créance** née avant la date du **jugement** de **redressement judiciaire** et qui doit faire l'objet d'une déclaration au **passif** entre les mains du **représentant des créanciers** ou du **liquidateur.**

 Art. L. 621-32, C. com.

 *Cf. déclaration de créance.*

créance certaine

Créance qui existe de manière actuelle et incontestable, condition de validité et de saisissabilité.

créance exigible

On peut en réclamer l'exécution immédiate car la **créance** n'est pas affectée d'un **terme** ou d'une condition en suspendant l'exécution, condition de validité et de saisissabilité.

créance liquide

Son montant doit être chiffré en argent, condition de validité et de saisissabilité.

créancier

Le créancier est la personne titulaire d'un **droit personnel.** Dans le cadre d'une **procédure collective**, il faut distinguer les créanciers antérieurs et les créanciers postérieurs, selon que leur **créance** est née avant ou après le **jugement** d'ouverture du **redressement judi-**

ciaire. Cette distinction est essentielle car les créanciers ne disposent pas des mêmes **droits.**

Le créancier antérieur sera en principe payé selon son rang à l'aide du produit de la **cession** de l'entreprise (**plan de cession** ou **liquidation judiciaire**) ou dans le cadre des engagements pris par le **débiteur** en cas de continuation de l'activité (**plan de continuation**).
Les créanciers postérieurs sont en principe payés à l'échéance normale. Ce mécanisme a été mis en place pour favoriser le redressement de l'entreprise.

créancier chirographaire

Cf. chirographaire.

créancier privilégié

Créancier muni d'une sûreté qui lui assure le recouvrement de sa **créance** avant les créanciers ordinaires (**chirographaires**). Il est donc en situation de supériorité par rapport aux autres créanciers.

En pratique, les créanciers tels que le Trésor, les organismes sociaux (unions de recouvrement, **ASSEDIC**, caisses de retraite) sont privilégiés : ils récupèrent en moyenne 60 % de leurs créances en matière de **procédure collective**.

créancier super-privilégié

Le salarié est un créancier super-privilégié. Sa créance lui sera réglée, en cas de redressement ou de liquidation judiciaire, par l'AGS subrogée dans ses droits.

Art. L. 621-32, L. 621-78, L. 621-132, C. com.

crédit à la consommation

Toute opération de crédit et son **cautionnement** éventuel ainsi que la **location-vente**, la location avec option d'achat, les **ventes** ou **prestations de services** dont le **paiement** est échelonné, différé ou fractionné, consentie à titre habituel par des personnes physiques ou morales, que ce soit à titre onéreux ou **gratuit**. Ne sont pas des crédits à la consommation les **prêts**, **contrats** et opérations de crédit passées en la forme authentique, les prêts d'une durée égale à 3 mois, les prêts destinés à financer les besoins d'une activité professionnelle, les prêts aux **personnes morales** et de **droit** public, les opérations de crédit portant sur les immeubles.

Art. L. 311-1 et s., C. consom.

crédit-bail

La **société** de crédit-bail achète un **bien** et le met à disposition du preneur qui lui paie des redevances. En fin de bail, le preneur pourra acquérir le bien moyennant le **paiement** d'une somme résiduelle.

Le **contrat** de crédit-bail doit faire l'objet d'une publication au **greffe du tribunal de commerce** pour être opposable aux tiers en cas de **procédure collective**.

Art. L. 313-7 et 515-2, C. mone. fin.

crédit documentaire

C'est un engagement irrévocable de la banque de l'acheteur, à la demande de son client (donneur d'ordre) de payer le montant à l'échéance convenue contre remise par l'exportateur de documents prévus contractuellement.

C'est la banque qui paiera le vendeur qui ne prend ainsi pas de risque commercial. L'engagement du banquier peut également intervenir à titre de garantie, en cas de défaillance de l'acheteur (lettre de crédit).

crédit manager

Cf. chef de crédit.

crime

Infraction particulièrement grave sanctionnée par la **loi** d'une **peine** afflictive ou infamante (réclusion ou détention criminelle). Le crime relève de la cour d'assises.

Meurtre, viol...

Art. 111-1, 131-2 et 131-37, C. pén.

cumul de fonction

Fait pour une personne d'occuper en même temps plusieurs fonctions au sein d'une entreprise.

Une même personne peut être titulaire d'un **mandat** social et d'un **contrat de travail**. Ce cumul est réglementé par la **loi** ; des conditions spécifiques et distinctes sont requises selon les types de **société**. Des conditions générales valent pour toutes les sociétés : pour avoir la qualité de **salarié**, les éléments constitutifs du contrat de travail doivent être réunis, l'emploi doit être effectif.

Le **gérant** est aussi directeur commercial.

cybercriminalité

Ensemble des **infractions** pénales qui se commettent sur le réseau internet.

> L'envoi de virus, l'utilisation frauduleuse de **cartes de crédit** sur **Internet**, le piratage informatique, etc.

D

Dailly

Procédé qui permet la **cession** ou le **nantissement** de **créances** professionnelles au profit d'un établissement de crédit pour obtenir de celui-ci un **financement** à court **terme.**

En pratique, le banquier va accorder une ligne d'en-cours Dailly d'un certain montant. Le client va céder à la banque une ou plusieurs **factures** certifiées conformes et la cession sera signifiée au tiers cédé par lettre recommandée avec accusé de réception. Il devra alors payer la banque titulaire de la créance, à l'échéance.

Art. L. 313-23 et s., C. mone. fin.

Cf. bordereau de cession de créances.

date certaine

Date indubitable d'un **acte juridique** résultant de la **formalité** de l'**enregistrement**, de son caractère authentique ou du décès d'une partie.

Cette date ne peut pas – en principe – être contestée.

Art. 1328, C. civ.

dation en paiement

Paiement effectué par la remise d'une chose différente de celle qui était due en accord avec le créancier et le débiteur.

Transfert d'un **bien** au lieu d'une somme d'argent, d'une valeur équivalente.

Art. 1243, C. civ.

débiteur

C'est la personne tenue d'une **obligation** envers le **créancier.**

Le débiteur peut être débiteur d'une somme d'argent, mais aussi d'une obligation de faire ou de ne pas faire.

Achever un **marché** de construction ; ne pas faire de **concurrence déloyale**…

Dans le cadre du mécanisme de la caution, le débiteur principal est celui à qui incombe initialement l'obligation.

débours

Dépenses exposées à titre d'**avance** par les **avocats, officiers publics ou ministériels** pour le compte d'un justiciable et qui devront leur être remboursées.

décharge

Désigne la libération par voie légale ou conventionnelle d'une **obligation.**

La décharge d'un **mandat** consiste à décharger le **mandataire** de son obligation d'exécuter le mandat.

décision

De manière générale, ce terme vise les actes par lesquels un **juge** tranche un litige. En ce sens, une décision est synonyme d'un **jugement**, d'un **arrêt** de la **cour d'appel**, de la **Cour de cassation**, du Conseil d'État, etc. Tous les actes juridictionnels sont visés par cette terminologie.

La décision peut émaner de l'administration à l'égard des particuliers. Elle doit impérativement s'appliquer, sauf à être mise à néant par l'Administration elle-même, ou par le juge.

déclaration d'appel

Acte par lequel une partie à un **procès** fait **appel**, dans le **délai** imparti, d'une **décision** rendue en premier **ressort**.

Le délai de l'appel court à compter de la **notification** ou de la signification et non de la remise de la copie de la **décision judiciaire** au destinataire. Le délai d'appel peut également courir à compter du prononcé de la décision (en matière pénale par exemple).

Art. 900 et s., NCPC.

déclaration de cessation de paiements

L'état de **cessation de paiements** est le fait de ne pas pouvoir, avec son **actif** disponible, faire face à l'actif exigible.

Déclaration qui doit être faite par l'**artisan**, l'agriculteur, le **commerçant** dans les 15 jours de son état de cessation de paiements auprès du **greffe du tribunal de commerce** afin de demander à bénéficier d'une procédure de **redressement judiciaire** ou de **liquidation judiciaire**.

Cette déclaration de cessation de paiements est souvent retardée de jour en jour avant que le chef d'entreprise ne se décide à cette **formalité** qui lui apparaît souvent comme un constat d'échec révélant ses difficultés au grand jour. En pratique, ce retard pénalise les chances de redressement de l'entreprise.

Art. L. 621-1 et L. 625, C. com.

déclaration de conformité

Document déposé au **greffe** par les fondateurs ou dirigeants d'une **société commerciale** attestant de l'ensemble des opérations effectuées en vue de constituer régulièrement la **société** ou d'en modifier les **statuts.**

déclaration de créances

Formalité obligatoire d'envoi des **justificatifs** de leur **créance** par les **créanciers** d'une entreprise en redressement ou en **liquidation judiciaire** entre les mains du **mandataire judiciaire** désigné, dans le **délai** de 2 mois de la **publicité** au BODACC, sous peine de **forclusion.**

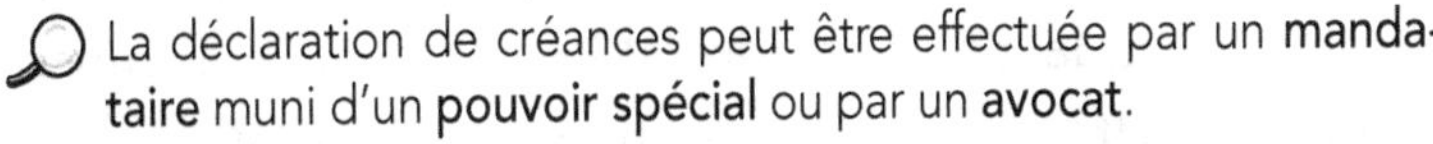

La déclaration de créances peut être effectuée par un **mandataire** muni d'un **pouvoir spécial** ou par un **avocat**.

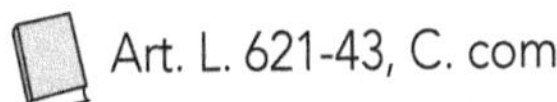

Art. L. 621-43, C. com.

déclaration fiscale

Acte par lequel le contribuable communique à l'administration fiscale l'ensemble des éléments nécessaires au calcul de l'impôt. Le défaut de déclaration fiscale entraîne de lourdes sanctions.

déconfiture

État d'un **débiteur** (personne physique) civil qui ne peut plus honorer son **passif**. Sous conditions, il peut bénéficier de la **loi** relative au **surendettement** des particuliers.

Art. L. 331-2, C. consom.

découvert bancaire

Forme de crédit consistant en l'autorisation donnée par la banque de faire fonctionner un compte courant avec un solde débiteur.

Ce découvert peut donner lieu à une **autorisation écrite** avec une **convention** signée des parties ; il ne peut être révoqué que sous condition d'une **notification** écrite et du respect d'un **préavis**, sauf en cas de comportement gravement répréhensible du **débiteur** et de situation financière irrémédiablement compromise.

décret

Décision administrative à portée générale ou individuelle signée par le président de la République, le Premier ministre ou adoptée après avis du Conseil d'État.

Les décrets sont réglementaires lorsqu'ils visent des **dispositions** générales. Les décrets peuvent aussi viser des mesures individuelles.

Des mesures d'application de la **loi**, dans le premier cas ; nomination d'un préfet, d'un fonctionnaire, dans le second.

dédit

Faculté ouverte à un cocontractant de ne pas exécuter son **obligation** moyennant le versement d'une somme d'argent, selon une **clause** de dédit.

La faculté de se dédire ne peut être exercée de **mauvaise foi**.

défaillance

Défaut de **paiement** ou d'exécution d'un engagement pris dans le cadre de relations commerciales ou financières.

Le défaut de **livraison** du fournisseur, le défaut de paiement à l'échéance convenue.

défaut

Situation d'une partie à un **procès** qui ne se présente pas ou ne se fait pas représenter. Dans ce cas, le **jugement** est prononcé par défaut.

défendeur

Personne contre laquelle une **action en justice** est engagée.

Le défendeur peut devenir lui aussi **demandeur**, par exemple s'il formule une **demande reconventionnelle** qu'il fait pour obtenir des **dommages et intérêts** pour procédure abusive.

déficit

Désigne la situation d'une entreprise ou d'un particulier dans laquelle les charges sont supérieures aux produits d'une période ou d'un exercice.

Cette situation ne peut se renouveler sans entraîner de grands **risques** de **défaillance**.

défiscalisation

Série de mesures donnant lieu à réduction ou abattement fiscal accordées soit à titre définitif soit à titre provisoire. Généralement utilisée en matière d'imposition du revenu ou des **bénéfices**, elle permet par exemple à l'entreprise nouvelle de se prévaloir d'une **exonération** d'impôt sur les **sociétés**, dégressive pendant les premières années de son installation.

degré de juridiction

Après le prononcé d'un **jugement** par une juridiction du premier degré (**tribunal d'instance**, **tribunal de grande instance**, **tribunal de commerce**, **conseil de prud'hommes**, etc.), il est dans certains cas possible d'exercer un **recours** par la voie de l'**appel**. La **cour d'appel** constitue alors le second degré de juridiction. La **Cour de cassation** ne constitue pas un troisième degré de juridiction car elle n'est amenée à statuer qu'en **droit** (elle ne se prononce pas sur les faits).

☞ *Cf. arrêt, pourvoi en cassation.*

dégrèvement

Remise totale ou partielle d'une imposition.

Lorsqu'une entreprise conteste un redressement fiscal suivi d'une mise en recouvrement par la Recette des impôts, elle doit obtenir un dégrèvement total ou partiel de l'imposition par le biais des **recours** prévus par les textes.

délai

Lorsqu'une **formalité** doit être accomplie avant l'expiration d'un délai, celui-ci a pour origine la date de l'acte, de l'événement, de la **décision** ou de la **notification** qui le fait courir.

Lorsqu'un délai est exprimé en jours, celui de l'acte, de l'événement, de la décision ou de la notification qui le fait courir ne compte pas (en matière civile).

Tout délai expire le dernier jour à 24 heures (minuit). Le délai qui expirerait normalement un samedi, un dimanche ou un **jour férié** ou **chômé** est prorogé jusqu'au premier **jour ouvrable** suivant.

Art. 640 et s., NCPC.

délai de grâce

Report ou échelonnement de **paiement** accordé par le **juge** en raison de la situation du **débiteur.**

Lorsqu'un débiteur sollicite un tel délai, il est nécessaire qu'il produise tous les **justificatifs** de sa situation, de ses engagements, etc. Le délai maximum qui peut être accordé par le juge est de 24 mois.

Art. 1244-1, C. civ. ; art. 510 et s., NCPC.

délai de paiement

Fait pour le **créancier** de repousser l'échéance de la **dette** de son **débiteur**.

La négociation d'un délai de paiement doit se faire à l'initiative du débiteur qui propose un **paiement** échelonné de sa dette sur plusieurs échéances, en raison de ses difficultés.

délégation de créance

Opération juridique par laquelle une personne, le déléguant, donne l'ordre à une personne, le délégué, de s'obliger envers une troisième, le délégataire. Appliquée à la **créance**, la délégation opère un transfert de l'**obligation** à la créance sur la personne du délégué (sans pour autant décharger le délégant).

Art. 1275, C. civ.

délégation de pouvoir

Elle permet au commettant (ou **employeur**), le délégant, de transmettre l'exercice de son pouvoir à un préposé, le délégataire, dans le cadre d'une mission précise. La délégation de pouvoir, acceptée auparavant par le délégataire, est valable s'il dispose de la compétence nécessaire, de l'autorité, d'une liberté de décision, de moyens financiers et disciplinaires.

La délégation du pouvoir d'embaucher les **salariés** donnée au directeur des relations humaines de l'entreprise par le **président du conseil d'administration** de la **SA**.

délégué consulaire

Commerçants élus par leurs pairs formant le collège élisant les **juges consulaires.**

Art. L. 713-4, C. com.

Cf. tribunal de commerce.

délégués du personnel

Institution représentative du personnel. Ils doivent obligatoirement être élus par les **salariés** de l'entreprise lorsqu'elle comprend au moins 11 salariés. Leur mission est de rendre compte à la direction des revendications individuelles, collectives, relatives aux salaires, à la protection sociale…

Les délégués du personnel font l'objet d'une protection particulière contre le **licenciement** qui ne peut être effectué qu'avec l'accord de l'inspection du travail.

Art L. 421-1, C. trav.

délibération

- Désigne à la fois la discussion par laquelle on examine une question donnée et la **décision** prise au terme de cette discussion.
- Examen d'un texte de **loi** par une assemblée en vue de son adoption.
- Examen d'un dossier par les autorités **judiciaires.**

délibéré

Faisant suite aux débats, le délibéré désigne la phase du **procès** durant laquelle les **magistrats** examinent l'ensemble du dossier et se concertent dans le secret avant de rendre leur **décision** à la **majorité**.

La durée du délibéré est à la convenance des magistrats. Certaines juridictions précisent la date du délibéré, c'est-à-dire la date à laquelle le **jugement** sera rendu, lorsque l'affaire est plaidée. Ce délibéré peut être prolongé...

Art. 447 et s., NCPC.

délit

En **droit pénal**, toute infraction sanctionnable par le **tribunal correctionnel** (se situant entre la **contravention** et le **crime**). Le délit civil est celui par lequel une personne cause un dommage à autrui intentionnellement.

L'**homicide** involontaire.

Cf. quasi-délit, responsabilité civile.

délit d'entrave

Infraction qui consiste à porter atteinte ou tenter de porter atteinte à la désignation et aux fonctions des **délégués du personnel**, à la constitution et au fonctionnement des **comités d'entreprise**, à l'exercice du **droit** syndical au sein de l'entreprise, à l'action de l'inspection du travail.

Le délit d'entrave est puni de 1 an ou plus d'emprisonnement et/ ou d'une **amende** de 3 750 euros.

Art L. 483-1, C. trav.

délit d'initié

Délit constitué lorsque des personnes dites initiées utilisent ou transmettent des informations privilégiées relatives au **marché** boursier. Sont initiées les personnes telles que le **président**, les administrateurs, les directeurs généraux… d'une **société**, qui ont une connaissance présumée irréfragable d'informations privilégiées, et les personnes qui en ont eu connaissance de par leur fonction ou leur profession.

Art. L. 465-1, C. mone. fin.

délivrance

Obligation du vendeur de remettre la chose à la disposition de l'acheteur au moment et au lieu convenu.

Art. 1604 et s., C. civ.

demande accessoire

Désigne la réclamation de la reconnaissance de droits en sus de la demande principale.

Des intérêts de retard depuis la mise en demeure.

demande reconventionnelle

Fait, pour le **défendeur**, de formuler une demande en vue de la condamnation du demandeur.

> Demande reconventionnelle en **dommages et intérêts** pour procédure abusive.

 Art. 63 et s., NCPC.

demandeur

Personne qui prend l'initiative d'un **procès.**

 *Cf. assignation, clause attributive de compétence.*

démarchage

Activité consistant à se rendre au domicile des personnes en vue de conclure un **contrat.**

Le démarchage à domicile d'une personne physique est réglementé dans le code de la consommation, ainsi que le démarchage dans les lieux non destinés à la commercialisation du **bien** ou du service proposé (réunions, excursions), sur le lieu de travail. Le **contrat de vente** à domicile doit comporter à peine de **nullité** des mentions obligatoires ainsi qu'un formulaire détachable destiné à faciliter l'exercice de la faculté de renonciation dans les 7 jours. Aucun **acompte** ne peut être perçu, aucune **signature** de **prélèvement automatique** ne peut être faite.

 Art. L. 121-21 et s., C. consom.

démembrement (de propriété)

Droit réel issu de la dissociation de la pleine **propriété** donnant à son bénéficiaire certains attributs du **droit de**

propriété : distinction entre la **nue propriété** et l'**usufruit.**

démission

Acte par lequel une personne prend l'initiative de rompre un engagement. Terme utilisé notamment pour le **salarié** ou le dirigeant qui choisit de mettre fin à ses fonctions.

 Art. L. 122-4 et s., C. trav.

déni de justice

C'est le fait pour toute personne siégeant dans une formation juridique ou pour toute autorité administrative de refuser de rendre la justice lorsque cela lui a été demandé. Le déni de justice est puni de 7 500 € d'amende et de l'interdiction de l'exercice des fonctions publiques pour une durée de 5 à 20 ans.

 Art. 4, C. civ. ; art. 434-7-1, C. pén.

dénomination sociale

Nom désignant une **société** par un nom de personne, une appellation de fantaisie ou l'indication de son **objet.**

Christian Dior, La Belle Jardinière, Conforama.

dénonciation

Notification d'un **acte de procédure** à un tiers qui doit en être informé.

En matière de saisie attribution, la dénonciation de la **saisie** au tiers saisi, le plus souvent au banquier.

Loi du 31 juillet 1992, art. 58 D.

dépens

Frais de **justice** que le tribunal met à la charge de la partie condamnée. Ils ne comprennent pas les **honoraires** des **avocats** qui peuvent aussi incomber, en tout ou partie, à la partie perdante au titre des frais dits irrépétibles au sens de l'article 700 du Nouveau code de procédure civile.

En pratique, l'**indemnité** octroyée par le **juge** au titre des **frais irrépétibles** est rarement équivalente au montant des honoraires réels.

Art. 695 et s., NCPC.

déposition

Témoignage ou renseignements donnés par une personne, ayant prêté **serment**, devant la **justice**.

dépôt

Contrat par lequel une personne, le dépositaire, reçoit du déposant une chose mobilière ou immobilière en garde, s'obligeant à la restituer en nature.

Le contrat de dépôt d'un manteau de fourrure chez un fourreur pour une garde d'été.

dépôt de bilan

Terme du langage courant qui correspond en réalité à l'acte de **déclaration de cessation de paiements** au **greffe du tribunal de commerce** ou au **tribunal de grande instance** (agriculteurs, **associations**, **sociétés civiles**) dans le cadre des **procédures collectives.**

http://www.cnajmj.net

 *Cf. faillite.*

dépôt de garantie

Somme d'argent déposée afin de garantir l'exécution d'une **obligation** contractuelle.

Pour une location automobile ou une location de **matériel**.

dépôt des comptes annuels

Formalité obligatoire pour les **SARL**, **SA**, les sociétés en commandite par actions et **SAS**, consistant à déposer au **greffe du tribunal de commerce** de leur **siège social** leurs **comptes annuels** de résultat et le **bilan**, ainsi que leur approbation par les associés ou **actionnaires** dans le mois qui suit la date d'approbation sous peine d'amende.

Certaines **sociétés** ne publient pas leur bilan en raison de leurs trop mauvais **résultats**, souhaitant cacher leurs difficultés le plus longtemps possible ; d'autres, au contraire, ne publient pas de peur de susciter des envieux, voire des concurrents, ou même de devoir affronter des négociations avec leurs clients…

Le dépôt des comptes annuels peut être effectué par voie électronique auprès d'un cercle organisé par les greffes et l'INPI.

dépôt légal

Obligation faite à l'éditeur de remettre des exemplaires des publications mises dans le commerce à un service administratif, par exemple celui de la Bibliothèque nationale.

désistement

Abandon volontaire d'un **droit**, d'une demande.

En **justice**, le **demandeur** peut se désister de son action ou de l'**instance** engagée.

dessins et modèles

Créations pouvant être protégées par le régime du **droit d'auteur**, c'est-à-dire conférant à son **auteur** un **monopole** temporaire d'exploitation.

Art. L. 511-1 et s., CPI.

détective

Cf. agent privé de recherches.

détention provisoire

Placement en maison d'arrêt d'une personne **mise en examen** pour **crime** ou **délit** puni d'au moins deux ans d'emprisonnement ou 1 an en cas de flagrance (**flagrant délit**) avant **jugement.**

Art. 137 et s. ; 143-1 et s., C. proc. pén.

détournement

Action de détourner un **bien**, un pouvoir ou une personne :

- Le détournement de bien consiste pour une personne à ne pas restituer un bien confié (détournement de fonds ou d'**objet**) ou à soustraire ses **biens** aux poursuites de ses **créanciers** (détournement d'**actifs**) ou encore à détourner un moyen de transport par **violence** ou menace.
- Le détournement de pouvoir désigne le fait d'utiliser ses pouvoirs dans un but autre que celui prévu par les textes.
- Le détournement d'une personne peut par exemple prendre la forme d'un détournement de mineur, c'est-à-dire la soustraction d'un mineur à ceux qui en ont la direction.

dette

Obligation dont est tenue une personne dite **débiteur** envers une personne dite créancière.

Cette dette peut être morale, en nature ou financière.

> Le devoir d'assistance, dans le premier cas ; une dette d'aliments, dans le deuxième ; une dette d'argent, dans le troisième.

dette (reconnaissance de)

Écrit par lequel un débiteur reconnaît son obligation de paiement envers son créancier. Il précise le montant dû en principal en chiffres et en lettres, les intérêts applicables, l'échéance du remboursement ainsi que le lieu et la date de l'engagement, suivis de sa signature.

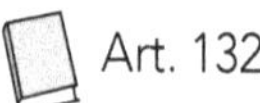

Art. 1326 et 1341, C.civ.

dette à court terme

Désigne une **obligation** de payer une somme d'argent dont l'échéance est inférieure à 1 an.

Cette terminologie est utilisée lors de l'établissement du **bilan** de l'entreprise qui distingue les dettes à court terme, les dettes à moyen **terme** et les dettes à long terme.

dettes connexes

Dettes étroitement liées parce qu'issues d'un même **contrat** ou d'un même compte. Notion étendue aux dettes issues d'un même ensemble contractuel.

La connexité a un grand intérêt pour prouver la **compensation** lorsqu'il y a **procédure collective** de redressement ou de **liquidation judiciaire**.

devis

Énumération écrite des travaux à exécuter avec description des quantités des matériaux employés et indication des **prix**, par nature de travail à effectuer ou à **forfait**.

Il est conseillé de faire signer par le client le devis établi avec la mention « bon pour accord » et de lui faire accepter les modifications ultérieures qui pourraient intervenir, par exemple des travaux supplémentaires.

Contrat d'entreprise : art. 1787 et s., C. civ.

devoir de conseil

Obligation qui pèse sur le **professionnel** à l'égard du **consommateur** ou même d'un professionnel d'une autre spécialité. Le devoir de conseil s'entend de l'obligation générale de mettre le client en mesure de connaître les caractéristiques des produits ou prestations qui lui sont proposés et d'exercer son choix en totale corrélation avec les attentes dont il avait fait part au professionnel.

Il appartient au professionnel de prouver qu'il a rempli son **obligation de conseil** par la remise de documentation **écrite** détaillée, par son compte rendu sur l'analyse des besoins du client, etc.

dilatoire

Moyen de différer une réponse jusqu'à l'expiration d'un **délai** ou de gagner le maximum de temps dans le déroulement d'une procédure.

Une partie transmet volontairement ses **conclusions** à l'adversaire la veille de l'**audience** devant le **tribunal de commerce**, ce qui ne va pas manquer d'entraîner un renvoi de l'affaire à une date ultérieure.

Exception dilatoire : art. 108 et s., NCPC.

directoire

Organe collégial, de direction et d'administration, pour les **SA** comprenant un **conseil de surveillance.**

Art. L. 225-58 et s., C. com.

dirigeant de droit

Personne qui a le pouvoir légal d'engager la **société** à l'égard des tiers.

> **Gérant**, **président du conseil d'administration**, directeurs généraux, président du **directoire**, **liquidateur** (en cas de **dissolution** ou de liquidation de la société).

dirigeant de fait

Personne qui assume la gestion d'une **société** au même titre qu'un **dirigeant de droit**, sans avoir légalement aucun pouvoir. En cas d'**infraction** à la **loi** sur les **sociétés commerciales**, elle pourra être sanctionnée au même titre que le dirigeant de droit.

discount

Pratique consistant à vendre à des **prix** anormalement bas par rapport à ceux pratiqués par les concurrents pour des produits et sur un **marché** identiques.

Cette pratique fait l'objet d'une **réglementation** concernant la **publicité** des **prix** à l'égard des **consommateurs** sous le titre « annonces de rabais » contenues dans les annexes du code de la consommation.

discrimination

Infraction qui consiste à distinguer des personnes, à leur attribuer des régimes différents en se fondant sur des critères (race, sexe, religion…) alors qu'elles devraient être traitées de façon identique.

Discrimination à l'embauche, à l'attribution d'un logement, à l'entrée dans une discothèque…

 Art. 225-1 et s., C. pén.

disposition

Prescription contenue dans un texte législatif ou réglementaire.

Opération juridique par laquelle une personne dispose d'un **bien.**

 La disposition à titre **gratuit** consiste à transférer un bien au bénéfice d'un tiers avec une intention libérale à la différence de la disposition à titre onéreux.

dissolution

Fin de l'existence d'un lien, d'un état de **droit.**

Dissolution du mariage, dissolution d'une **société**.

dividende

Quote-part des **bénéfices** de l'exercice ou d'exercices antérieurs attribués aux associés d'une **société.**

 Art. L. 232-12, C. com.

doctrine

C'est l'ensemble des **écrits** et de la pensée des **auteurs** en matière juridique. Ce peut être simplement une opinion exprimée sur un point de **droit** particulier.

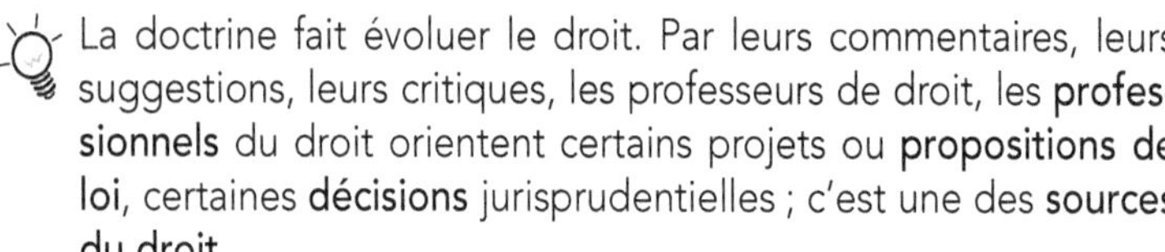

La doctrine fait évoluer le droit. Par leurs commentaires, leurs suggestions, leurs critiques, les professeurs de droit, les **professionnels** du droit orientent certains projets ou **propositions de loi**, certaines **décisions** jurisprudentielles ; c'est une des **sources du droit**.

dol

C'est une tromperie, **vice du consentement** en matière contractuelle. Elle peut résulter de manœuvres, de mensonges ou même d'une abstention fautive, réticence dolosive.

Le vendeur d'un tableau présente pour authentique une copie.

Art. 1116, C. civ.

domicile

Lieu où réside la personne (physique ou morale) à son principal établissement.

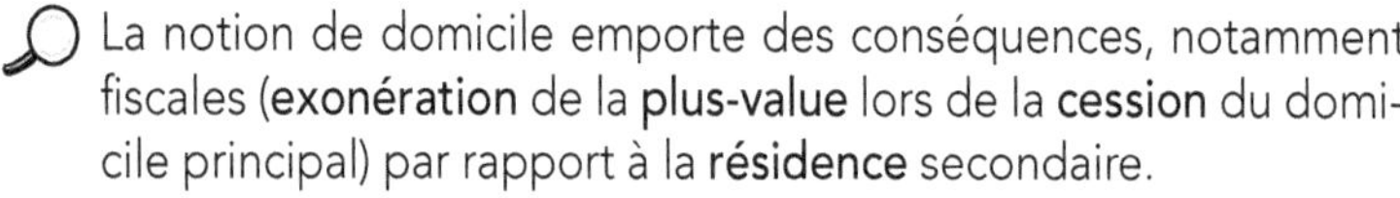

La notion de domicile emporte des conséquences, notamment fiscales (**exonération** de la **plus-value** lors de la **cession** du domicile principal) par rapport à la **résidence** secondaire.

Personnes : art. 102 et s., C. civ.
Commerçants : art. L. 123-10 et s., C. com.

domiciliation

Opération consistant à indiquer, au moyen d'une **clause** de domiciliation, que le **paiement** d'un **effet de commerce** devra être réalisé au **domicile** d'un tiers dit domiciliataire. Ce dernier sera le plus souvent le banquier du **tiré**.

La **société** qui souhaite établir son **siège social** ou un **établissement secondaire** sans avoir ses propres locaux peut avoir recours à une société de domiciliation. Celle-ci propose ses services pour domicilier l'entreprise, lui fournir des bureaux, des prestations de secrétariat, de logistique...

Lettre de change : art. L. 511-1 et s., C. com.
Chèque : art. L. 131-9, C. mone. fin.

dommages et intérêts

Somme d'argent à la charge du débiteur, correspondant à la réparation du **préjudice** subi par le créancier dû à l'inexécution, la mauvaise exécution (dommages et intérêts compensatoires) ou l'exécution tardive de son **obligation** (dommages et intérêts **moratoires**).

Le **demandeur** qui souhaite obtenir d'un tribunal la condamnation de son adversaire à des dommages et intérêts doit préparer un dossier avec les **justificatifs** du ou des **préjudices** subis.

Le **juge** fixe les dommages et intérêts à moins que les parties ne s'accordent sur des dommages et intérêts transactionnels.

donation

Contrat par lequel une personne appelée donateur transfère sans contrepartie la **propriété** d'un **bien** à une personne appelée donataire.

Art. 893 et s., C. civ.

droit

Ensemble de règles de conduite qui régissent les rapports entre individus dans la société.

Prérogatives attribuées à un individu.

Droit de vote, droit d'aller et venir librement (reconnu constitutionnellement).

droit cambiaire

Ensemble de règles régissant les **effets de commerce** : **traite** ou **lettre de change**, **billet à ordre.**

Cette matière régit la création, l'**acceptation**, la transmission, le **paiement**, les **recours** concernant les effets de commerce.

droit civil

Ensemble des règles relatives aux personnes, à la famille, aux **biens**, aux **obligations**, aux **contrats** divers et aux **sûretés.**

droit commercial

C'est l'ensemble des règles juridiques s'appliquant aux **commerçants** dans l'exercice de leurs activités et des règles régissant les actes de commerce.

Le code de commerce a fait l'objet d'un remaniement en septembre 2000 et contient 9 livres : du commerce en général ; des **sociétés commerciales** et des **groupements d'intérêt économique** (GIE) ; de certaines formes de **vente** et des **clauses d'exclusivité** ; de la liberté des **prix** et de la concurrence ; des **effet de commerce** et des **garanties** ; des difficultés des entreprises ; de l'organisation du commerce ; de quelques professions réglementées ; des **dispositions** relatives à l'Outre-Mer. Les **codes** publiés par les éditeurs contiennent des annexes comportant les **décrets** d'application et certains textes en matière commerciale.

droit commun

Par opposition aux **droits** spéciaux, le droit commun s'applique aux situations juridiques de genre.

Le droit commun des **obligations**.

droit communautaire

Ensemble de règles élaborées par la Communauté européenne par et pour les pays membres. Ces règles s'appliquent en droit interne quand elles ont été transposées. Les ressortissants communautaires, les États et les juges internes peuvent saisir les tribunaux communautaires (Cour de justice des Communautés européennes – CJCE –, Tribunal de grande instance des Communautés européennes – TPICE) pour le règlement de leurs litiges.

L'article 6 de la Convention européenne de sauvegarde des droits de l'Homme est souvent utilisé par les ressortissants communautaires devant les juridictions internes pour contester le non-respect de l'application du principe du contradictoire par l'État.

droit d'alerte

Le **commissaire aux comptes**, les associés minoritaires, les représentants des **salariés** ou les membres du **comité d'entreprise** des **sociétés par actions** et des **SARL**, ainsi que le président du tribunal de commerce, peuvent, si des faits affectent de manière préoccupante la situation économique de l'entreprise, en aviser le chef d'entreprise et lui demander des explications.

Depuis la loi du 10 juin 1994, le commissaire aux comptes est tenu d'un véritable devoir d'alerte qui engage sa responsabilité en cas de manquement. Il peut s'attacher à toute sorte d'élément objectif pouvant compromettre la poursuite de l'exploitation : rupture des flux financiers, endettement excessif...

droit d'attribution

Droit préférentiel des **actionnaires** à participer à une **augmentation de capital** par création d'**actions** représentant la valeur comptable de l'incorporation des **réserves** au capital.

Cf. droit préférentiel de souscription.

droit d'auteur

Droit pécuniaire et **droit moral** reconnus à l'auteur des œuvres suivantes :

1. Les livres, brochures et autres écrits littéraires, artistiques et scientifiques ;

2. Les conférences, allocutions, sermons, **plaidoiries** et autres œuvres de même nature ;
3. Les œuvres dramatiques ou dramatico-musicales ;
4. Les œuvres chorégraphiques, les numéros et tours de cirque, les pantomimes, dont la mise en œuvre est fixée par **écrit** ou autrement ;
5. Les compositions musicales avec ou sans paroles ;
6. Les œuvres cinématographiques et autres œuvres consistant dans des séquences animées d'images, sonorisées ou non, dénommées ensemble œuvres audiovisuelles ;
7. Les œuvres de **dessin**, de peinture, d'architecture, de sculpture, de gravure, de lithographie ;
8. Les œuvres graphiques et typographiques ;
9. Les œuvres photographiques et celles réalisées à l'aide de techniques analogues à la photographie ;
10. Les œuvres des arts appliqués ;
11. Les illustrations, les cartes géographiques ;
12. Les plans, les croquis et ouvrages plastiques relatifs à la géographie, à la topographie, à l'architecture ou aux sciences ;
13. Les **logiciels** ;
14. Les créations des industries saisonnières de l'habillement et de la parure. Sont réputées industries saisonnières : la couture, la fourrure, la lingerie, la broderie, la mode, la chaussure, la ganterie, la maroquinerie, la fabrique de tissus de haute nouveauté ou spéciaux à la haute couture, les

productions des paruriers et des bottiers et les fabriques de tissus d'ameublement.

Art. L. 111-4 ; 122-2-2 ; 122-6-1 ; 132-10 ; 321-1, CPI.

droit d'enregistrement

Impôt direct acquitté lors de la **formalité** d'**enregistrement.**

> Lors de la **cession** d'un **bien immobilier**, au moment de l'enregistrement de l'acte de **vente**, les droits d'enregistrement doivent être payés à l'administration fiscale.

droit de créance

Droit personnel dont est titulaire une personne (le créancier) qui peut exiger d'une autre (le débiteur) l'exécution d'une prestation. L'objet du droit de créance peut être une obligation de faire, de donner ou de ne pas faire.

droit de la consommation

Ensemble des **lois** assurant la protection du **consommateur**, c'est-à-dire de la personne physique non professionnelle, à l'occasion de son engagement contractuel envers un professionnel.

droit de préemption

Droit de pouvoir acquérir un **bien mobilier** ou **immobilier** avant toute autre personne, aux **prix** et conditions de la **vente** notifiée.

Le droit de préemption de l'État lors de toute **cession** immobilière.
Le droit de préemption du locataire lors de la vente du logement qu'il occupe.

droit de préférence

Priorité qui permet à certains **créanciers privilégiés** – hypothécaires ou nantis – d'être payés en premier sur le **prix** de **vente.** C'est le rang qui permet au **créancier** inscrit en premier d'être payé le premier et ainsi de suite…

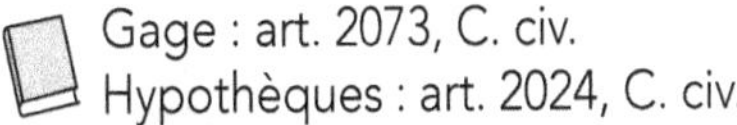
Gage : art. 2073, C. civ.
Hypothèques : art. 2024, C. civ.

droit de propriété

Droit réel, c'est-à-dire portant sur une chose, conférant au propriétaire le **droit** d'user, de jouir et de disposer de cette chose.

droit de reprise

- En droit privé, le droit de reprise désigne la faculté légale accordée au **bailleur** de recouvrer la **jouissance** de son **bien** à l'expiration du **bail** sans que le droit du locataire au **maintien dans les lieux** ou au renouvellement ne puisse lui être opposé.
- En droit public, le droit de reprise désigne la possibilité pour l'administration, durant le **délai** de reprise, de réparer les **erreurs** ou omissions qu'elle a constatées dans l'assiette ou la liquidation de l'impôt.

Baux d'habitation : loi du 6 juillet 1989, art. 10 à 15.

droit de rétention

Droit pour le **créancier** de conserver la chose que lui a remise son **débiteur** jusqu'au complet **paiement** de sa **créance.** Le droit de rétention fait ainsi office d'un moyen de pression efficace.

> Le garagiste est en droit de retenir dans son atelier le véhicule sur lequel la réparation a été effectuée tant que celle ci n'est pas réglée. Le façonnier peut garder par-devers lui les articles qu'il a fabriqués avec le tissu du donneur d'ordre tant que sa prestation ne lui est pas réglée.

 Clause de réserve de propriété gage : art. 2082, C. civ.
Vente : art. 1612, C. civ.
Dépôt : art. 1948, C. civ.

droit de succession

Désigne les **droits** payés par l'héritier du fait de la succession du défunt, c'est-à-dire du fait de la dévolution de son patrimoine.

droit de suite

Prérogative qui procure à son bénéficiaire le **droit** de suivre la chose, **objet** du **droit réel**, pour la réclamer et la reprendre dans le patrimoine de son nouvel acquéreur. Cela permet notamment au **créancier** de conserver sa garantie alors même que le bien a changé de main.

> Le créancier qui a inscrit une **hypothèque** sur un **bien immobilier** garde sa **garantie** durant 10 ans que le bien reste la **propriété** de son **débiteur** ou soit transmis par **cession**, **donation**, héritage. Le ou les nouveaux propriétaires ne pourront eux-mêmes céder le

bien sans désintéresser le créancier hypothécaire. Le même mécanisme joue en matière de **nantissement**.

Hypothèques : art. 2114, C. civ.
Privilèges : art. 2166, C. civ.

droit du travail

Ensemble de règles applicables aux relations de travail entre un employeur et un ou plusieurs salariés, que ce soit à titre individuel ou collectif.

C. trav.

droit fixe

Droit d'enregistrement perçus sur certains actes dont le montant est uniquement fonction de la nature de l'acte, indépendamment de la valeur des **biens** qui en font l'objet.

Cession de créance, cession de bail.

droit moral

L'**auteur** d'une œuvre littéraire, artistique ou scientifique dispose d'un droit moral sur celle-ci.

L'auteur peut aussi déterminer les conditions d'exploitation de son œuvre ainsi que les mesures dans lesquelles il peut en conserver le respect et l'intégrité.

Art. L. 121-1 et s., CPI.

droit patrimonial

Droit qui fait partie du patrimoine d'une personne, par opposition au droit extra-patrimonial.

droit pénal

Droit ayant pour l'**objet** la définition des **infractions** (**contravention**, **délit**, **crime**) et leurs sanctions.

droit personnel

Synonyme de **droit** de **créance**, c'est le droit d'exiger du **débiteur** l'accomplissement de son **obligation**.

> Le droit d'exiger d'un ascendant qu'il assume son obligation alimentaire vis-à-vis de son enfant, c'est-à-dire qu'il verse une pension.

droit préférentiel de souscription

Droit préférentiel des **actionnaires** de souscrire proportionnellement à leurs **droits** à une **augmentation de capital** par **apports en numéraire**.

Art. L. 225-132, C. com.

Cf. droit d'attribution.

droit réel

C'est le **droit** qui porte directement sur une chose. On l'oppose au **droit personnel**.

ducroire (convention de)

Convention par laquelle un intermédiaire **professionnel** – **mandataire, commissionnaire** – se porte garant de l'exécution du **contrat** par le tiers avec lequel il traite.

Le droit à **commission** de l'agent commercial soumis à une telle **clause** n'est définitif qu'après **paiement** de l'acheteur.

dumping

Pratique illicite consistant à vendre des produits à un **prix** inférieur à leur prix de revient, dans le but d'accaparer un **marché**.

E

EBE

Cf. excédent brut d'exploitation.

échange

Contrat par lequel deux personnes se donnent respectivement une chose contre une autre.

En règle générale, les choses échangées sont de valeur égale ou approchantes.

Art. 1702 à 1707, C. civ.

École nationale de la magistrature (ENM)

Les futurs **magistrats** sont auditeurs de **justice** durant les trente mois de formation – théorie et pratique – dispensés par l'École nationale de la magistrature. La fonction d'auditeur de justice est rémunérée. L'accès à l'ENM est accordé principalement aux candidats qui réussissent un concours d'entrée. Certains juristes qui répondent spécifiquement aux conditions prévues par les textes qui organisent l'ENM peuvent accéder sans concours (ce recrutement est dénommé sur **titres**). L'École nationale de la magistrature, créée en 1958 sous la dénomination de Centre national d'études judiciaires, est installée à Bordeaux. Des cours de formation continue sont organisés à l'adresse parisienne qui assure également la représentativité internationale.

http://www.enm.justice.fr

économétrie

Terme désignant toute application des mathématiques et des statistiques à l'étude des phénomènes économiques.

écrit

Tout document rédigé par une personne et qui pourra être allégué comme **preuve** ou, à tout le moins, comme **commencement de preuve** par écrit.

> Le **contrat d'assurance** de l'entreprise est un écrit.

Définition : art. 1317 et s., C. civ.
Preuve par écrit : art. 1341, C. civ.

écrit électronique

L'écrit sous forme électronique est admis en preuve au même titre que l'écrit en support papier depuis une loi du 13 mars 2000, cela sous réserve que l'identité de l'auteur soit établie et qu'elle soit conservée dans des conditions de nature à garantir son intégrité.

Art. 1316-1 et 1316-4, C. civ.

effet de commerce

Nom générique qui s'applique à tout titre négociable – circulant librement – donnant **droit** au **paiement** d'une somme d'argent à vue (à n'importe quel moment sur simple présentation du titre) ou à court **terme** (à date fixe).

La **lettre de change** et le **billet à ordre** sont des effets de commerce, à la fois instruments de paiement et de crédit.

Lettre de change : art. L. 511-1 et s., C. com.

effets de droit

Conséquences juridiques nées d'un fait ou d'un **acte juridique**.

élection de domicile

Choix d'un **domicile** par une partie à un **contrat** ou dans une procédure.

L'adresse de l'**avocat**, du **notaire**, de l'**huissier** sera celle qui servira de **domiciliation** pour l'exécution du contrat concerné ou de la procédure visée.

Lorsqu'un **demandeur** en justice est domicilié hors de France, il doit obligatoirement faire élection de domicile à une adresse située sur le territoire français.

émission

Action de création, mise en circulation d'un document.

Émettre un **chèque**, une **lettre de change**, un titre d'emprunt…

employé

Salarié participant aux différentes tâches de l'entreprise, par exemple les tâches administratives ou en relation avec la clientèle.

Le salarié bénéficie du statut protecteur du code du travail (**indemnités de licenciement**, **congés payés**…).

employeur

Personne physique ou morale qui conclut un **contrat de travail** avec un **salarié.**

émolument

Rémunération. Désigne les sommes perçues par un **officier ministériel** ou un **avocat** au titre d'un tarif et se distingue des **débours** et des **honoraires.**

 *Cf. frais irrépétibles.*

enchère

Offre supérieure au **prix** proposé au cours d'une **vente** par **adjudication.**

 Les **bien meubles** faisant l'objet d'une procédure de saisie vente par **huissier** font l'objet d'une **vente aux enchères** dirigée par un **commissaire priseur** : ils seront adjugés au plus offrant.

endettement

Passif constitué par des **prêts**, des dettes dues aux fournisseurs et aux administrations sociales et fiscales.

 Un taux d'endettement excessif peut être l'indicateur d'une mauvaise situation de l'entreprise et justifier soit sa **restructuration**, soit l'application du régime de **redressement judiciaire**. L'endettement des entreprises ou des particuliers est pris en compte par les organismes de crédit lors de l'attribution de nouveaux prêts.

 *Cf. procédures collectives, surendettement.*

endossement

Mode de transmission d'un **effet de commerce** ou d'un titre de paiement qui consiste, pour le porteur de l'effet ou du titre, à ordonner le **paiement** par le **débiteur** à une tierce personne (l'endossataire), mentionnée au dos de l'effet ou du titre.

La **lettre de change** peut être endossée successivement par plusieurs endossataires.

Lettre de change : art L. 511-8 et s., C. com.
Chèque : art. L. 131-16 et s., C. mone.fin.
Billet à ordre : art. L 512-3 et s., C. com.

engagement hors bilan

Notion comptable qui désigne des comptes spéciaux dans lesquels sont enregistrés les **droits** et **obligations** conditionnels reçus ou donnés par l'entreprise.

Ces comptes spéciaux donnent des informations complémentaires sur les engagements souscrits par une entreprise.

Les crédits bail, les effets escomptés non échus, les **cessions Dailly**…

ENM

Cf. École nationale de la magistrature.

enquête

Investigations sur un sujet de recherche particulier.

Enquête de police pour rechercher les **auteurs** d'une **infraction** pénale ; enquête d'un **agent privé de recherches** pour retrouver un **débiteur** sans adresse.

Art. 204 et s., NCPC.
Enquête préliminaire pénale : art. 75, C. proc. pén.

enregistrement

Formalité (obligatoire ou facultative) qui confère une **date certaine** aux actes sous-seing privés. Le dépôt auprès du service fiscal donne lieu à **paiement** d'un impôt appelé **droit d'enregistrement.**

Lors de l'enregistrement de **statuts** de **société**, de **bail commercial**, de **cession** de **parts sociales**...

Art. 849, CGI.

enrichissement sans cause

Théorie fondée sur l'équité au terme de laquelle celui qui a réalisé un **profit** au détriment d'autrui lui doit une indemnisation.

Une **société** qui reçoit un **paiement** qui ne lui est pas destiné.

enrôlement

Inscription d'une affaire sur le registre du **greffe** du tribunal par la remise d'une copie de l'**assignation** délivrée au **défendeur.**

La copie de l'assignation sera « enrôlée », c'est-à-dire qu'elle aura un numéro d'ordre qui sera sa référence auprès du tribunal saisi. C'est cette **mise au rôle** qui saisit la juridiction.

enseigne

Nom donné à un établissement commercial en vue d'y attirer et fidéliser la **clientèle.** C'est un élément du **fonds de commerce.**

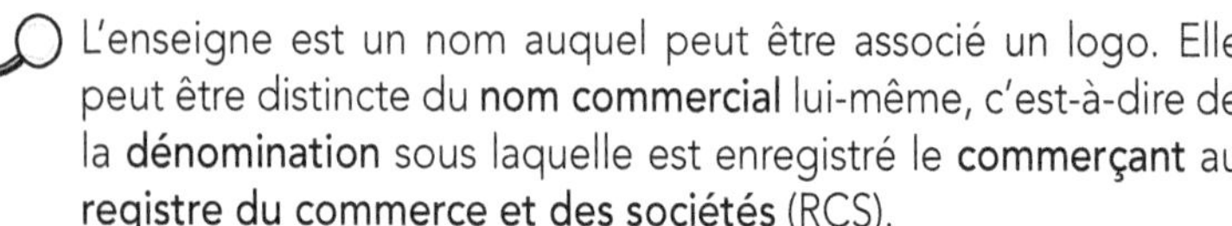

L'enseigne est un nom auquel peut être associé un logo. Elle peut être distincte du **nom commercial** lui-même, c'est-à-dire de la **dénomination** sous laquelle est enregistré le **commerçant** au **registre du commerce et des sociétés** (RCS).

Art. L. 141-5, C. com.

ententes

Pratiques commerciales prohibées en **droit** interne et communautaire consistant en des **actions concertées,** des **conventions,** visant à restreindre ou fausser le jeu de la concurrence sur un **marché.**

> Le rapprochement de plusieurs producteurs visant à exercer un **monopole** sur la fixation des **prix** de **vente** aux distributeurs et empêchant ainsi le libre jeu de la concurrence.

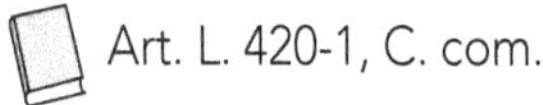

Art. L. 420-1, C. com.

entreprise in bonis

Toute entreprise qui ne fait pas l'objet d'une **procédure collective** (procédure de redressement ou de **liquidation judiciaire**).

entreprise unipersonnelle à responsabilité limitée (EURL)

Société à responsabilité limitée (SARL) composée d'un associé unique qui n'est tenu du **passif** social qu'à concurrence de son apport.

L'entrepreneur individuel peut choisir cette forme sociale pour distinguer son patrimoine professionnel de son patrimoine personnel. Par le jeu des **cautions**, cette solution est souvent illusoire... Elle permet toutefois au **débiteur** malheureux dont l'activité est en **redressement judiciaire** de continuer à administrer seul son patrimoine personnel.

Art. L. 223-1, C. com.

équité

Mode de **jugement** : l'**arbitre** ou le **juge** peut ainsi, à la demande des plaideurs, statuer en équité plutôt qu'en **droit.** Il s'agit alors de statuer en **amiable compositeur**, c'est-à-dire non pas en considération des règles de droit mais en considération de ce qui est juste et moral.

Jugement : art. 12 ; art. 58, NCPC.
Arbitrage : art. 1474 ; 1482 et s. ; 1497, NCPC.

erreur

Fait de se tromper, de faire une fausse interprétation de la réalité, qui constitue en matière contractuelle un **vice du consentement.**

Erreur sur la substance de la chose qui est en métal doré et non en or, erreur sur la personne qui est un autre individu que celui avec lequel la jeune fille voulait s'engager dans le mariage...

Art. 1109 et 1110, C. civ.

escompte

Avantage accordé au **débiteur** payant sa **dette** avant l'échéance et calculé, en principe, selon l'intérêt à courir jusqu'au **terme.** Les modalités d'escompte applicables en cas de **paiement** à une date antérieure à celle prévue doivent être obligatoirement mentionnées sur la **facture.**

L'entreprise peut indiquer dans ses conditions générales la mention suivante : « Il ne sera accordé aucun escompte pour paiement comptant ou anticipé. »

escompte bancaire

Technique bancaire de **financement** consistant à mettre à disposition du bénéficiaire d'un **effet de commerce** la contre-valeur avant échéance. Le banquier accomplit cette opération moyennant une **commission** et des agios.

Le banquier escompteur, **tiers porteur** de **bonne foi** d'un effet de commerce, ne peut se voir opposer aucune exception (contestation) par le **tiré** accepteur à l'échéance.

L'entreprise doit négocier avec sa banque une ligne d'escompte, c'est-à-dire un encours d'escompte.

Art. L. 141-6 et s., C. mone. fin.

Cf. lettre de change, billet à ordre.

escroquerie

Infraction qui consiste, par un moyen frauduleux, à tromper intentionnellement une personne afin qu'elle remette un **bien**, fournisse un service ou de l'argent, à son **préjudice.**

Usage d'une fausse identité, de manœuvres mensongères pour obtenir la remise de fonds...

Art. 313-1 et s., C. pén.

espèce

L'expression désigne une affaire ou un cas particulier rencontré dans une situation donnée ou une **décision de justice** dont l'une des caractéristiques est d'être exceptionnelle.

En évoquant une **décision**, s'il est dit « c'est un cas d'espèce », c'est qu'il s'agit d'un exemple unique qui ne sera pas forcément suivi par d'autres tribunaux.

espèces

Monnaie ayant cours légal ; billets et pièces.

Les règlements en **espèces** entre **commerçants** sont interdits au-delà d'un certain montant.

ester en justice

Fait d'agir en **justice** en qualité de **demandeur** ou de **défendeur** à un **procès.**

Pour ester en justice, il faut que la personne ait un intérêt à agir, ait qualité pour agir.

établissement principal

Lieu stratégique des activités essentielles de l'entreprise.

établissement public

Personne publique assurant la gestion d'un service public ou d'une activité administrative.

Il existe plusieurs types d'établissements publics : l'établissement public administratif, l'établissement public industriel et commercial, l'établissement public territorial, l'établissement public scientifique et culturel.

établissement secondaire

Établissement subordonné à l'**établissement principal.**

Une entreprise peut avoir des implantations, en dehors de son **siège social**, qui correspondent à plusieurs établissements secondaires. Ceux-ci sont immatriculés au **greffe** de chaque tribunal du lieu de l'établissement secondaire et mentionnés sur l'**extrait** de registre de commerce du siège social de l'entreprise.

étiquetage

Obligation légale d'apposer un écrit sur une denrée, un produit, avec certaines mentions obligatoires selon la marchandise.

L'étiquetage d'un produit bénéficiant d'une appellation d'origine contrôlée fromagère doit obligatoirement comporter les nom et adresse du fabricant.

Les dénominations « chocolat pur beurre de cacao » et « chocolat traditionnel », ainsi que toutes les autres dénominations équivalentes, sont réservées aux chocolats fabriqués à partir des seules graisses tirées des fèves de cacaoyer, sans adjonction de matière grasse végétale.

EURL

 *Cf. entreprise unipersonnelle à responsabilité limitée.*

excédent brut d'exploitation (EBE)

Solde intermédiaire de gestion dégagé avant de pratiquer tout **amortissement** ou déduction de **provision.** L'excédent brut d'exploitation permet de mesurer le surplus généré par l'entreprise au niveau de son activité d'exploitation.

exception

Moyen de défense invoqué avant tout examen au **fond** qui vise à déclarer la procédure irrégulière ou éteinte, ou à la suspendre. Ce moyen doit être soulevé *in limine litis*, c'est-à-dire avant tout débat sur le fond de l'affaire.

> Le **défendeur** soulève l'**incompétence** du tribunal saisi ou la **nullité** de l'**assignation** délivrée...

 Art. 73 et s., NCPC.

excès de pouvoir

Violation de la légalité par un acte administratif.

 Il ouvre la **voie d'un recours** en excès de pouvoir devant la **juridiction administrative**. C'est aussi l'acte accompli par une personne qui n'a pas qualité pour agir (exemple : mandataire qui outrepasse la mission fixée).

exclusivité

Engagement d'une partie de ne pas contracter un accord identique avec un tiers.

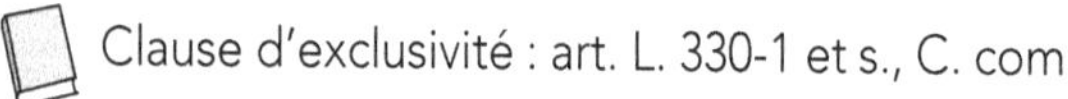
Clause d'exclusivité : art. L. 330-1 et s., C. com.

exécution forcée

C'est le fait de recourir à la force publique ou à une procédure de **saisie** afin d'obtenir l'exécution d'une **obligation** par le **débiteur.**

L'**exécution forcée** relève du **monopole** de l'**huissier** de **justice** qui peut faire appel le cas échéant à la force publique.

Loi du 9 juillet 1991 n° 91-650.

exécution provisoire

Elle signifie que le **jugement** sera exécuté nonobstant l'exercice d'une **voie de recours.** Cependant cette exécution n'est pas définitive ; si le jugement est ultérieurement modifié, le bénéficiaire de l'exécution devra restituer ce qu'il a perçu. Celui-ci assumera les conséquences de l'exécution provisoire.

Pour que la **décision** de **justice** soit revêtue de l'exécution provisoire qui fait échec à l'effet suspensif de l'**appel**, encore faut-il que le **demandeur** en fasse la demande expresse au tribunal qui sera libre de l'accorder ou non.

L'exécution de plein droit est attachée à la nature même de certaines décisions (**ordonnance** de **référé**, décision prud'homale dans certaines limites...).

Art. 514 et s., NCPC.

exequatur

L'*exequatur* est la procédure **judiciaire** au cours de laquelle le **tribunal de grande instance** vérifie la régularité d'une **sentence arbitrale** ou d'une **décision de justice** rendue par une juridiction étrangère et lui confère son caractère exécutoire.

La condamnation prononcée par une juridiction allemande doit obtenir une **décision** d'***exequatur*** du **juge** du tribunal de grande instance avant de pouvoir être exécutoire sur le sol français.

Sentence arbitrale : art. 1477 et 1478, NCPC.
Jugement étranger : art. 509, NCPC.

Cf. titre exécutoire.

exonération

Décharge totale ou partielle d'une **obligation.**

En matière de responsabilité, l'exonération peut résulter d'une **clause** insérée au **contrat** ou encore d'un événement qualifié de **cas fortuit** ou de force majeure.

expert

Spécialiste désigné par l'autorité judiciaire ou les parties afin qu'il donne son avis sur des faits nécessitant une maîtrise technique et des investigations plus ou moins complexes.

L'expert chargé d'évaluer le montant des dégâts en matière d'accident automobile, de dégât des eaux, d'incendie...

Il est désigné par la **compagnie** d'**assurance**. Il y a lieu de distinguer l'expert du titre « **expert judiciaire** » qui est réglementé et protégé.

http://www.csneaf.fr/index.htm
http://www.experts-fnaim.org

expert comptable

Professionnel ayant pour mission l'établissement, l'examen et la **certification** de la **comptabilité** de l'entreprise. Cette activité libérale est réglementée et organisée en **ordre professionnel.**

http://www.experts-comptables.com

expert en diagnostic d'entreprises

Professionnel désigné en **justice** pour établir un rapport sur la situation économique et financière d'une entreprise en cas de **règlement amiable** ou de **redressement judiciaire**, ou concourir à l'élaboration d'un tel rapport en cas de redressement judiciaire. Ces **professionnels** sont inscrits sur une liste d'**experts** dans cette spécialité.

Accès direct à la liste des experts en diagnostic d'entreprise : http://www.fncej.org/tableaux/NDIAG.html

Art. 813-1 et s., C. com.

expert judiciaire

Homme de l'art, « sachant », inscrit sur une liste régionale ou nationale et nommé par le **juge** pour lui fournir un avis technique.

 Lorsqu'un **procès** présente des difficultés de fait, le tribunal désigne un **expert** figurant sur cette liste dans le seul but de connaître son avis technique contenu dans un rapport d'**expertise**. Les parties pourront toutefois critiquer les **conclusions** d'expertise, l'avis de l'expert ne liant pas le juge.

 Art. 145, NCPC.
Art. 263 et s., NCPC.

http://www.fncej.org

expertise

Mesure d'**instruction** ordonnée par le **juge** et destinée à établir la **preuve** de faits ou une appréciation technique.

L'appréciation donnée par un médecin spécialisé. C'est le cas du psychiatre qui donne son diagnostic sur l'état de la santé mentale de l'**accusé** d'un **homicide** pour savoir s'il peut bénéficier de circonstances atténuantes.

En matière de litige informatique, seul un **expert** pourra vérifier les **obligations** du fournisseur de **matériel** ou **logiciel** et leur bonne exécution par celui-ci…

 Art. 145, NCPC.
Art. 263 et s., NCPC.

exploit d'huissier

Acte délivré par un **huissier** de **justice** permettant d'accomplir une **formalité**.

Assignation en justice, **signification** d'une **décision judiciaire**, **procès-verbal** de saisie, procès-verbal de **carence**.

export

Sortie d'un **bien** du territoire national.

Le régime de la **TVA** à l'export est spécifique, ainsi que les **formalités** de douane à accomplir.

exprès

Règle ou **volonté** formellement exprimée verbalement ou par **écrit**. S'oppose à **tacite**.

La **signature** d'un **contrat** emporte le **consentement** exprès des parties par opposition au renouvellement tacite du contrat.

expropriation

Elle a pour **objet** l'éviction d'un propriétaire en contrepartie d'une juste et préalable **indemnité**. Elle résulte d'une **décision** de l'État ou des collectivités locales et doit être justifiée par une cause d'utilité publique.

L'expropriation en matière de construction d'autoroute ou d'aéroport...

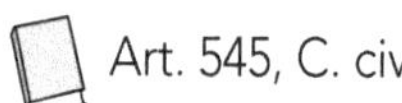

Art. 545, C. civ.

expulsion

Mesure d'exécution qui consiste en l'évacuation d'un immeuble ou d'un lieu habité, poursuivie après un **commandement** d'avoir à quitter les locaux en vertu d'un **titre exécutoire**. Le commandement d'avoir à libérer les locaux prend la forme d'un acte d'**huissier de justice** signifié à la personne expulsée.

Loi du 9 juillet 1991 n° 91-650 ; art. 61 et s.

☞ *Cf. exécution forcée.*

externaliser

Confier en **sous-traitance** à une entreprise spécialisée des tâches commerciales, administratives ou autres.

L'externalisation ou la sous-traitance peuvent concerner de nombreuses tâches de l'entreprise : **marketing**, publicité, relations publiques, production, **comptabilité**, **paie**, juridique, gestion du **risque client**…

extrait

Reproduction partielle d'un acte.

Extrait d'acte de naissance, de mariage, de décès ou **K bis**…

extrait hypothécaire

Copie des mentions hypothécaires figurant sur un lot cadastral.

Cet extrait permet de connaître l'identité des **créanciers**, le plus souvent prêteurs, le montant de leurs **créances**, la date de fin d'inscription, une éventuelle procédure de **saisie** immobilière.

F

factor

Cf. affacturage.

facture

Écrit par lequel est constatée l'existence d'une opération civile ou commerciale de **vente** ou de **prestation de service. Pièce** comptable, elle doit obligatoirement être dressée et remise à l'acquéreur lors d'une telle opération entre **professionnels.**

La facture, établie en deux exemplaires, comporte un certain nombre de mentions obligatoires : nom et adresse des parties, date de l'opération, quantité, dénomination précise, **prix** unitaire hors **TVA**, ainsi que rabais, remise et ristourne, date de **paiement**, taux des **intérêts** contractuels ou de l'**escompte**...

Art. L. 441-3, C. com. ; art. 289, CGI.

Cf. bon de commande, conditions générales de vente.

faillite

Autrefois, la faillite correspondait à la **liquidation judiciaire** actuelle. Aujourd'hui, la faillite personnelle est une sanction civile qui frappe le **débiteur** fautif ou le dirigeant d'interdictions et de déchéances.

La faillite personnelle sera prononcée à l'égard de la personne physique qui a fait disparaître des documents comptables.

Dans le langage courant, la terminologie « faillite » est souvent utilisée à tort pour désigner les **procédures collectives**.

Art. L. 625-1 et s., C. com.

fait générateur

Événement précis produisant des effets juridiques.

Orage, guerre, décès…

En pratique, s'entend également de l'événement qui entraîne la perception d'un impôt : la **mutation** de **propriété**.

La **vente** est le **fait générateur** de la **TVA**.

fait juridique

Événement quelconque, agissement de l'homme ou phénomène naturel, qui produit des conséquences de **droit**.

Le **jugement déclaratif** de **redressement judiciaire**.

Cf. acte juridique.

faute

Fait matériel, intentionnel ou non, engageant la responsabilité de son **auteur**, quel que soit son degré de gravité. Toute personne qui cause à autrui un dommage doit le réparer. La réparation se résout le plus souvent en **dommages et intérêts**.

Il s'agit d'imputer la responsabilité d'un fait matériel à son auteur, comme le fait pour un **commerçant** de ne pas tenir une **comptabilité** fidèle.

Faute contractuelle : art. 1147, C. civ.
Faute délictuelle : art. 1382, C. civ.

faute grave

C'est celle qui rend impossible le maintien du **salarié** dans l'entreprise, même pendant la durée du **préavis.** Elle n'est pas nécessairement intentionnelle ou subordonnée à un **préjudice** pour l'**employeur.**

Elle doit donner lieu au déclenchement de la **procédure de licenciement** dans le **délai** le plus rapide (8 jours maximums).

faute lourde

Elle est commise par le **salarié** avec l'intention de nuire à l'**employeur** ou à l'entreprise. Elle entraîne la perte du **droit** aux **indemnités** et doit donner lieu immédiatement à la **procédure de licenciement.**

faux

Infraction pénale consistant à fabriquer ou altérer frauduleusement un document **écrit.** L'usage de faux est également punissable.

> La fabrication d'un faux diplôme, d'une fausse **attestation**, la falsification du bénéficiaire d'un **chèque** ou de son montant.

Art. 441-1 et s., C. pén.

FBF

Fédération bancaire française : organisation professionnelle de l'ensemble des banques françaises.

www.fbf.fr

fermage

Bail conclu entre le propriétaire d'un fonds rural et un locataire dit fermier, moyennant le **paiement** du loyer ou fermage, en nature ou en argent.

 Art. 1764 et s., C. civ.

feuille de présence

À chaque assemblée d'une **personne morale**, il est tenu une feuille de présence portant l'identité des personnes présentes ou représentées... avec, le cas échéant, la quote-part qu'elles détiennent dans la personne morale.

 C'est la feuille de présence qui permet de vérifier si le **quorum** est atteint.

fichier des incidents civils de paiement (FICP)

Le fichier des incidents civils de **paiement** est tenu par la **Banque de France**. Il recense les informations sur les **prêts** et crédits impayés par les particuliers, ainsi que les personnes surendettées.

Avant toute **ouverture de crédit**, le banquier ou l'organisme de crédit consulte ce fichier pour vérifier que son client n'est pas en **surendettement** ou fiché en qualité d'emprunteur défaillant.

http://www.banque-france.fr

fichiers

Listes nominatives, informatisées ou non, tenues par des organismes publics ou privés, dont la déclaration est obligatoire auprès de la CNIL (**Commission nationale informatique et libertés**).

En pratique, tous les fichiers de toutes les entreprises, **associations**, doivent faire l'objet de la déclaration à la CNIL.

Toute personne inscrite sur un fichier dispose d'un **droit** d'accès et de rectification des données le concernant.

Loi du 6 janvier 1978 n° 78-17.

FICP

Cf. Fichier des incidents civils de paiement.

filiale

C'est une **société** fille, c'est-à-dire une société dont plus de la moitié du capital est détenue par une autre société, appelée **société mère**.

Chaque filiale reste une **personne morale** autonome et indépendante qui n'engage pas la maison mère, sauf **conventions**

particulières. La filiale peut être établie sur le territoire national ou à l'étranger.

Art. 233-1 et s., C. com.

filière

Ensemble des chaînes de production, de transformation et de commercialisation.

> La filière bovine est constituée par l'ensemble des producteurs intervenant depuis l'élevage jusqu'à la commercialisation du détail.

filouterie

Infraction pénale consistant à se procurer un **bien** en ayant l'intention de ne pas le payer.

> La filouterie de carburants.

Art. 313-5, C. pén.

financement

Action de se procurer des ressources aux fins de payer les **frais** relatifs à la réalisation d'un projet. Le financement peut provenir d'une personne extérieure qui procède à un apport en capital ou à un prêt, ou un moyen interne à l'entreprise, dit **autofinancement**.

fisc

Ensemble des services de l'Administration chargés de l'établissement et de la perception des impôts.

http://www.finances.gouv.fr

flagrant délit

Infraction constatée pendant sa commission ou immédiatement après. En ce cas, le **prévenu** peut être directement déféré devant le **juge** en **audience** de comparution immédiate.

> Le flagrant délit de vol.

folle enchère

Fait pour un adjudicataire de ne pouvoir payer le **prix** ou satisfaire au **cahier des charges**, après avoir acquis le **bien** aux **enchères.**

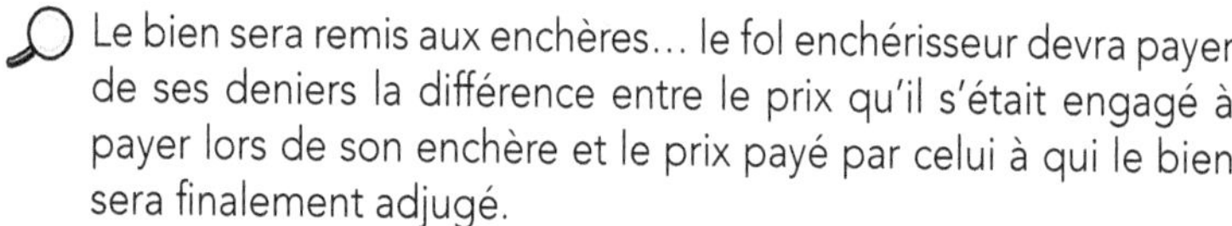

Le bien sera remis aux enchères... le fol enchérisseur devra payer de ses deniers la différence entre le prix qu'il s'était engagé à payer lors de son enchère et le prix payé par celui à qui le bien sera finalement adjugé.

fond

- Par opposition à la forme, désigne le contenu du **droit.**
- Par opposition à la procédure, désigne la matière du **procès**, c'est-à-dire les questions de fait et de droit qui doivent être tranchées par le **juge.**

fondation

Affectation irrévocable de **biens** à la réalisation d'une œuvre d'intérêt général, à but non lucratif.

La Fondation de France, la Fondation Claude Pompidou.

Loi du 23 juillet 1987 n° 87-571.

fondement

Base légale, moyen de justification sur lequel s'appuie une demande.

Référence à un texte de loi, un article d'un code, etc.

fonds communs de placements (FCP)

Capitaux en copropriété placés à court terme.

Le fonds commun de **placement** en innovation (FCPI).

Loi du 13 juillet 1979 n° 79-594 ; loi du 23 décembre 1988 n° 88-1201 ; C. mone. fin.

fonds de commerce

Propriété du **commerçant** ou de l'industriel et nécessaire à son activité, le fonds de commerce est une entité juridique composée de divers éléments (**matériel**, **outillage**, marchandises, **droit** au **bail**, **enseigne**, **nom commercial**, **brevets** et **marques**) auxquels est rattachée une **clientèle**. Les **artisans** se sont vus reconnaître la propriété d'un fonds artisanal.

Art. L. 141-1 et s., C. com.

fonds propres

Ensemble de fonds, capitaux, **réserves**, **report à nouveau** que les associés mettent à disposition de la **société**.

fongibilité

Caractère des choses qui sont interchangeables.

Du sable, du ciment, par opposition à un produit individualisé (maison).

force de chose jugée

Décision judiciaire non susceptible d'une **voie de recours** suspensive et qui revêt ainsi un caractère exécutoire.

Lorsque toutes les voies de recours, **appel**, **opposition**, pour une action sont épuisées ou éteintes, la décision acquiert alors la force de chose jugée.

Cf. exécution forcée.

force exécutoire

Effet donné par la formule exécutoire apposée sur un acte ou une **décision** de **justice** qui permet de requérir la force publique pour exécuter l'acte.

Cf. formule exécutoire.

force majeure

Événement irrésistible, imprévisible et extérieur à une personne qui rend impossible l'exécution d'une **obligation** ou exonère une personne de sa responsabilité.

> Les catastrophes naturelles.

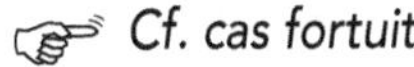 *Cf. cas fortuit.*

force probante

Efficacité d'un moyen de **preuve.**

> Le **contrat** signé.

forclusion

Sanction qui atteint le titulaire d'un **droit** ou d'une action qui ne peut plus agir en justice, faute pour lui de ne l'avoir pas fait dans le **délai** prévu.

> En matière de **recours** concernant le non-**paiement** d'un **prêt** à la consommation, le **délai de forclusion** est de 2 ans à compter de la date du premier impayé non régularisé.

forfait

- Fixation d'un **prix** global par avance.

> Un **marché** de travaux à forfait.

- Évaluation approximative d'une imposition.

> Le régime du forfait s'applique aux entreprises de transport maritime, aux entreprises agricoles.

forfaiting

Technique d'**escompte** d'une **créance** commerciale née d'un **contrat** sur un acheteur étranger, matérialisée par un **effet de commerce** avalisé par une banque. Cette technique exclut le **recours** vis-à-vis de l'exportateur.

formalité

Établissement de divers actes rendus nécessaires par la **loi** à des fins administratives ou procédurales.

> L'inscription au **registre du commerce et des sociétés** (RCS) pour les **commerçants**, les déclarations d'impôts, les communications de **pièces** entre **avocats**...

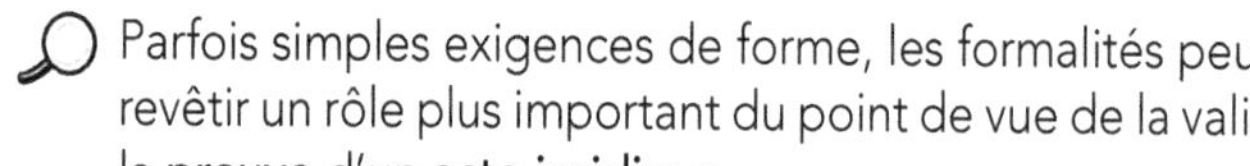

Parfois simples exigences de forme, les formalités peuvent aussi revêtir un rôle plus important du point de vue de la validité ou de la **preuve** d'un **acte juridique**.

formation en alternance

☞ *Cf. contrat de qualification.*

formule exécutoire

Formule apposée sur certains actes – **jugement, acte notarié** – par laquelle est donné l'ordre aux agents de la force publique d'exécuter ou de prêter leur concours à l'exécution de l'acte. Elle permet d'obtenir ainsi l'**exécution forcée.**

frais

Dépenses exposées dont certaines peuvent faire l'objet de remboursement.

> Les frais professionnels, les frais de **justice**.

frais de personnel

Ensemble des dépenses liées à l'utilisation de **main d'œuvre** (salaires et charges sociales).

frais financiers

Dépenses de l'entreprise engendrées par le recours à des **financements** externes.

> Le **découvert bancaire**, le recours à l'**escompte**, la **cession Dailly**, ainsi que la **souscription** d'un emprunt obligent l'emprunteur au règlement de frais financiers tels que les **intérêts** ou agios et les frais bancaires.

frais généraux

Ensemble des dépenses supportées par une entreprise pour assurer son fonctionnement.

> Le loyer, l'électricité, les **assurances**…

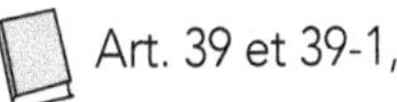

Art. 39 et 39-1, CGI.

frais irrépétibles

Frais non compris dans les **dépens** auxquels la partie perdante à un **procès** peut être condamnée.

Les **honoraires** des **avocats**, les déplacements aux **audiences**, aux **expertises** sont des frais irrépétibles. L'**indemnité** accordée (ou non !) par le **juge** en application de l'article 700 du Nouveau code de procédure civile est destinée à les couvrir en tout ou partie.

Art. 700, NCPC.
Art. 475-1, C. proc. pén.

franchisage

Francisation du mot anglais *franchising* qui désigne le **contrat de franchise.**

http://www.franchise-fff.com

Cf. know-how.

franchise

- En **droit** des **assurances**, part du dommage qui n'est pas garanti.
- En droit de la distribution, **contrat** par lequel le franchiseur s'engage à faire bénéficier le franchisé de la notoriété de sa **marque**, de son **savoir-faire**, de ses fournitures contre l'engagement du franchisé d'utiliser la marque, le savoir-faire et les fournitures de manière exclusive.

Les sinistres de faible montant générant des **frais** souvent supérieurs au montant du dommage, les contrats d'assurance prévoient de ne prendre en compte que les dommages supérieurs à un certain montant.
Les marques notoires en matière de restauration rapide, d'hôtellerie, d'habillement utilisent le cadre juridique de la franchise qui permet une large distribution de leurs produits.

Distribution : art. L. 330-3, C. com.

fraude

Acte de **mauvaise foi**, tromperie.

Dissimulation de recettes aux services fiscaux par une entreprise.

fraude du débiteur

Action du **débiteur** consistant à soustraire son **actif** aux **droits** de ses **créanciers.**

Le fait de changer de régime matrimonial et de transférer l'ensemble de ses **biens** sur le patrimoine de l'époux séparé de biens peut être considéré comme une fraude du débiteur aux droits des créanciers.

Cf. action paulienne.

fusion

Ensemble d'opérations juridiques, comptables et fiscales par laquelle deux ou plusieurs **sociétés** réunissent leur patrimoine en une seule société. Il peut s'agir d'une fusion par création de société nouvelle, lorsque les socié-

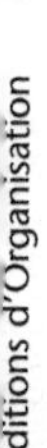

tés qui se groupent disparaissent pour constituer une nouvelle société, ou d'une fusion-**absorption** lorsqu'une des deux sociétés est absorbée par une autre.

Art. 1844-4, C. civ. ; art. L. 236-1 et s., C. com.

G

GAEC

 *Cf. groupement agricole d'exploitation en commun.*

gage

Remise par le débiteur à son créancier d'un objet qui sert de garantie à la créance.

 Art. 2073, C. civ. : le gagiste est un créancier privilégié.

gage sans dépossession

Gage dans lequel la remise au **créancier** est remplacée par une mesure de **publicité**.

> Le gage pris sur une automobile ou le gage pris sur de l'**outillage** ou du **matériel** professionnel (sûreté nommée **nantissement** qui assure un **droit** plus efficace au **paiement** des **créances** en cas de **procédure collective** du **débiteur**).

garantie

Désigne tout moyen juridique destiné à prémunir une personne contre une perte pécuniaire. Prend souvent la forme d'une **obligation**, accessoire à un **contrat** principal, au titre de laquelle une partie doit assurer à l'autre la **jouissance** paisible de la situation juridique conférée par le contrat principal.

 La garantie peut être légale ; elle peut aussi résulter d'une **convention**.

Comme la garantie des vices cachés de la chose vendue due par le vendeur, dans le premier cas ; comme la garantie contractuelle du constructeur, le **cautionnement**, l'**hypothèque**, le **nantissement**, dans le second.

garantie à première demande

Engagement autonome souscrit par une personne physique ou morale d'honorer l'engagement d'un tiers sans restriction.

En pratique, surtout utilisée dans les **contrats** internationaux intéressant le commerce, est aussi utilisée pour éviter les règles qui s'imposent aux **sociétés** financières en matière de **cautionnement**.

garantie de bonne fin

C'est la garantie offerte par un tiers qui garantie au créancier l'exécution du contrat en cas de défaillance du débiteur (exemple : garantie d'achèvement en matière de construction).

garde des Sceaux

Ministre de la **Justice**.

http://www.justice.gouv.fr

GEIE

Cf. groupement européen d'intérêt économique.

gérance libre

Contrat de louage d'un **fonds de commerce** dans un cadre juridique fixé par le code de commerce.

☞ *Cf. location-gérance.*

gérant (locataire)

☞ *Cf. locataire-gérant.*

gérant de fait

C'est celui qui, en fait, se comporte comme un **gérant** et engage ainsi sa responsabilité.

> La personne qui procède à la **signature** des **contrats de travail** de l'entreprise, qui bénéficie de la délégation de signature sur les **comptes bancaires**...

gérant de société

Nom donné, dans certaines **sociétés**, au dirigeant **mandataire** chargé de l'administration et de la représentation de la société.

> Un dirigeant de **SARL** est un **gérant**.

Dans une SARL, il est dit gérant majoritaire s'il détient plus de la moitié du **capital social** (avec son conjoint). Il est dit gérant minoritaire s'il détient la moitié ou moins du capital social (avec son conjoint). Il peut alors bénéficier d'un **contrat de travail** et du statut de **salarié**.

Société civile : art. 1846 et s., C. civ.
SNC : art. L. 221-3, C. com.
Société en commandite : art. L. 222-2 et L. 226-2, C. com.
SARL : art. L. 223-18 et s., C. com.

gestion d'affaire

Fait pour une personne d'accomplir des actes d'administration dans l'intérêt d'une autre personne sans en avoir été chargée.

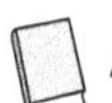

Art. 1372 et s., C. civ.

gestion de dettes

Activité illicite qui consiste à proposer à des personnes endettées de négocier pour elles des **délais** ou des remises contre rémunération.

Art. L. 321-1 et s., C. consom.

gestion du risque clients

C'est le fait de prendre des mesures visant à assurer la prévention des impayés et leur recouvrement dans le cadre du crédit que l'entreprise consent à ses clients au moyen des **délais de paiement**.

Cf. chef de crédit, agent de recouvrement.

GFA

☞ *Cf. groupement foncier agricole.*

GIE

 *Cf. groupement d'intérêt économique.*

gratuit

Sans contrepartie.

Se dit d'un acte (**acte à titre gratuit**) par lequel une personne fournit une prestation ou un **bien** à une autre sans contrepartie.

 Par exemple, contrat de bienfaisance : art. 1105, C. civ.

greffe

Désigne dans le langage **judiciaire** courant les locaux, les différents personnels du service et, de manière générale, tout ce qui se rapporte « à l'écriture des **décisions de justice** » ou à la délivrance des copies (cette terminologie désigne de manière identique les « secrétariats du greffe »). Le responsable des services du greffe est le greffier (ou greffière) près la **cour d'appel**, le **tribunal de grande instance**, le **tribunal d'instance**, le **conseil de prud'hommes**, etc. Dans certains palais de justice le « guichet unique de greffe » regroupe les différents services – communs à plusieurs juridictions – afin de simplifier les démarches administratives des intéressés ou des justiciables.

 Certains greffiers sont des fonctionnaires de justice (dans ce cas, le greffe est placé sous l'autorité du « greffier en chef ») et d'autres – titulaires d'une charge – sont des **officiers publics et ministériels**.

greffe du tribunal de commerce

Le greffier du **tribunal de commerce** a la qualité d'**officier public** et ministériel. Outre sa fonction de secrétariat et d'assistance aux **audiences** du tribunal, il assure la conservation des **jugements**, **ordonnances**, etc., dont il délivre des copies. Il tient le **registre du commerce et des sociétés** (RCS), ainsi que des registres annexes : registre des **publicités** de **crédit-bail mobilier**, registre des **protêts**, des **nantissements**, des **privilèges**… Le greffe diffuse de différentes manières ces diverses informations qui peuvent être requises par **écrit** auprès du secrétariat du greffe concerné, par minitel, par **internet**. L'exercice de la profession est strictement réglementé.

http://www.greffier-de-tribunal-de-commerce.fr

grève

La grève est un **droit**. Elle correspond à l'interruption collective et concertée du travail dans le but d'obtenir satisfaction à des revendications professionnelles. La grève suspend le **contrat de travail** : il n'est rompu qu'en cas de **faute lourde** du salarié.

grief

Préjudice qui permet à celui qui s'en plaint d'exercer un **recours** contre une personne ou une **décision** de **justice**.

> L'action en **nullité** requiert dans certains cas l'existence d'un grief.

grivèlerie

Ancienne appellation du délit qui consiste à consommer des aliments ou des boissons sans pouvoir ou vouloir les payer, aujourd'hui nommée filouterie.

Art. 313-5, C. pén.

grosse

Cette terminologie est couramment employée aujourd'hui dans le langage **judiciaire** pour désigner la « copie d'un **jugement** ou d'un **acte authentique** ». C'est ce document qui permet d'obtenir le concours des agents de la force publique – si nécessaire – pour que la **décision** soit exécutée. Cette grosse comporte (il est dit couramment qu'elle est revêtue de...) la **formule exécutoire** qui donne ordre « au nom de la République française » de faire respecter et par là même « exécuter » le contenu de la décision de **justice** ou de l'acte authentique concerné.

Autrefois une copie manuscrite du jugement était délivrée à la partie gagnante avec une *grosse* écriture **bien** lisible...

C'est uniquement à partir de ce document que l'**huissier** de justice peut procéder à une **saisie** lorsqu'il procède au recouvrement d'une **créance**.

Art. 1325, C. civ.

groupe de sociétés

Ensemble de **sociétés** liées entre elles par des **participations** dans le capital. Il s'agit en règle générale d'une **société mère** qui contrôle et dirige plusieurs **filiales**.

Les groupes de société doivent présenter des **comptes consolidés**.

groupement agricole d'exploitation en commun (GAEC)

Société civile regroupant des exploitants conservant leur statut individuel tout en mettant en **commun** les éléments de leur exploitation.

Exploitation viticole.

Art. L. 323-1 et s., C. rural.

groupement d'intérêt économique (GIE)

Il est constitué en vue de mettre en œuvre tous les moyens propres à faciliter, à développer l'activité économique de ses membres, à l'améliorer ou à en accroître les **résultats**. Le GIE est doté de la personnalité morale et est immatriculé au registre du commerce.

Les membres du GIE sont **solidairement** responsables des **dettes** de celui-ci.

Art. L. 251-1 et s., C. com.

groupement de prévention agréée

Groupement de **sociétés commerciales** et de **personnes morales** de **droit** privé, agréé par arrêté du représentant de l'État dans la région, qui a pour mission de fournir à ses adhérents, de façon confidentielle, une analyse des informations comptables et financières que ceux-ci s'engagent à lui transmettre régulièrement. Lorsque le groupement relève des **indices** de difficultés, il en informe le chef d'entreprise et peut lui proposer l'intervention d'un **expert**.

groupement européen d'intérêt économique (GEIE)

Personne morale constituée entre deux ou plusieurs personnes physiques ou morales domiciliées dans au moins deux États membres.

Ce groupement doit être immatriculé au registre du commerce en France pour acquérir la personnalité juridique. Il a un caractère commercial ou civil selon son **objet**.

groupement foncier agricole (GFA)

Société civile regroupant différents fonds ruraux en vue de leur exploitation soit par un fermier, soit par le groupement lui-même.

Art. L. 322-1 et s., C. rural.

H

hardware

Mot anglais désignant l'ensemble du **matériel** informatique, par opposition à **software**, les **logiciels.**

haut de bilan

Partie du **bilan** de l'entreprise faisant apparaître, à l'**actif**, ses biens mobiliers et immobiliers, ses droits et ses valeurs et, au **passif**, ses ressources structurelles constituées de ses **fonds propres** et emprunts à moyen et long terme.

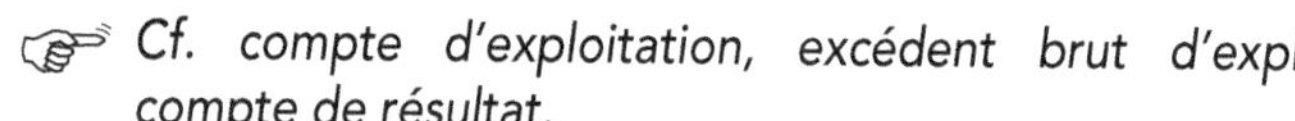

Cf. compte d'exploitation, excédent brut d'exploitation, compte de résultat.

holding

Société, quelle que soit sa forme, dont l'activité prépondérante consiste à prendre des **participations** dans d'autres sociétés en vue de les contrôler.

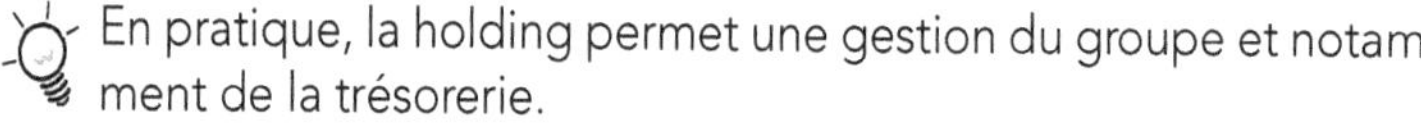

En pratique, la holding permet une gestion du groupe et notamment de la trésorerie.

homicide

Fait de donner la mort à une personne. L'homicide volontaire est un **crime.** L'homicide involontaire ou par **imprudence** est un **délit.**

Art. 221-1 et s., C. pén. ; art. 221-6 et s., C. pén.

homologation

Approbation accordée par le tribunal à certains actes qui doivent lui être soumis.

Le changement de régime matrimonial entre époux.

honoraires

Rémunérations de services rendus traditionnellement par les **professions libérales.**

En pratique, certains sont fonction du travail horaire, d'autres sont établis au **forfait** d'une opération (facturation d'un divorce, de la **cession** d'un **fonds de commerce** par un avocat).

huis clos

C'est le nom donné à l'**audience** pénale lorsque le public n'est pas admis à assister aux débats. Il s'agit d'une **exception** au principe de **publicité** des débats.

Synonyme de **chambre du conseil** en matière commerciale.

Les débats ont lieu à huis clos en matière de **violence** sur mineur.

Art. 306 et 400, C. proc. pén.

huissier

L'huissier de **justice** est un **auxiliaire de justice** ayant qualité d'**officier ministériel.** Dans sa circonscription, il a le **monopole** de la délivrance des actes et des **mesures d'exécution.**

L'huissier du Trésor est un fonctionnaire chargé de recouvrer les **créances** du **Trésor public** sur les contribuables, sous l'autorité du trésorier payeur général.

> La **signification** d'une **expulsion** relève du monopole de l'huissier.

http://www.huissier-justice.fr

hypothèque

Droit réel immobilier qui permet au **créancier**, en cas de **défaillance** du **débiteur**, de saisir l'immeuble hypothéqué en quelque main qu'il se trouve (**droit de suite**) et de se faire payer par priorité sur le **prix** d'**adjudication** (**droit de préférence**).

Art. 2114 et s., C. civ.

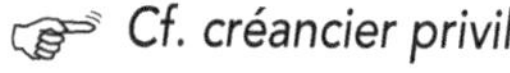
Cf. créancier privilégié.

hypothèque conventionnelle

Hypothèque constituée dans un **acte authentique** signé entre le **créancier** et le propriétaire d'un **bien.**

> Le plus souvent à l'occasion d'une opération de crédit.

Art. 2124, C. civ.

hypothèque judiciaire

Hypothèque inscrite par le **créancier**, en vertu d'un **titre exécutoire**, ou par l'administration, en vertu d'une contrainte.

> Le Trésor non payé peut inscrire une hypothèque sur le **bien immobilier** de son **débiteur**.

Art. 2123, C. civ.

I

immatriculation

Toute personne physique est identifiée par l'INSEE grâce à un numéro à 13 chiffres (numéro de sécurité sociale). Tout **commerçant** et toute **société** sont identifiés par un **numéro d'immatriculation** figurant au **registre du commerce et des sociétés** (RCS). Ce numéro comprend les lettres RCS, suivies du nom de la commune où est tenu le registre. Figurent ensuite une lettre (A pour les personnes physiques, B pour les **sociétés commerciales**, C pour les **GIE**, D pour les **personnes morales** non commerçantes), puis le numéro **SIREN**.
Tout artisan a un numéro d'identification au registre des métiers.

L'immatriculation doit être radiée lorsque le commerçant cesse son activité. Les sociétés n'acquièrent la personnalité morale qu'au jour de leur immatriculation au RCS.

Art. L. 123-1, C. com.

Cf. greffe du tribunal de commerce.

immobilier

Caractère d'un immeuble, soit par nature – un **bien** fixé au sol –, soit par destination – un bien **meuble** qui devient immobilier en raison de sa fixation à l'immeuble.

Sanitaires dans une salle de bains.

Art. 517 et s., C. civ.

immobilisation

Biens de toute nature que l'entreprise utilise durablement comme moyen d'exploitation et de production.

Par opposition aux **stocks**, les immobilisations ne sont pas destinées à être vendues ou transformées. Elles figurent dans un compte spécial.

Il peut s'agir d'immobilisations corporelles, c'est-à-dire portant sur des choses individualisées physiquement (terrains, immeubles, machines), ou d'immobilisations incorporelles, c'est-à-dire portant sur un **bien** immatériel (**logiciel**, **brevet**…).

Cf. haut de bilan.

import

Pénétration d'une marchandise étrangère sur le territoire national. Par opposition à l'export (sortie d'une marchandise du territoire national).

impôt direct

Impôt établi nominativement d'après les facultés contributives personnelles du contribuable.

L'impôt sur le revenu (IR) ou l'impôt sur les **bénéfices** (BNC, bénéfice non commercial ; BIC, bénéfice industriel ou commercial), l'impôt sur les sociétés (IS) et l'impôt de solidarité sur la fortune (ISF).

impôt indirect

Impôt qui frappe certains actes ou opérations.

La TVA (**taxe sur la valeur ajoutée**) doit s'ajouter à tout acte de **vente** ou à toute **prestation de service** (sauf exception).

imprescriptibilité

Nature d'un **droit** ou d'une **action en justice** qui ne peut s'éteindre dans un certain délai.

Peu d'actions sont concernées ; on relève tout de même l'imprescriptibilité en matière de **crime** contre l'humanité qui peut toujours être poursuivi quelle que soit la date à laquelle le crime a été commis.

imprudence

Faute commise sans intention de la commettre, donnant lieu à une **responsabilité civile**, dans l'hypothèse d'un **quasi-délit**, ou à une **responsabilité pénale**.

Responsabilité civile : art. 1383, C. civ.
Responsabilité pénale : art. 121-3, C. pén.

in bonis

Se dit d'une personne physique ou morale qui est « dans ses biens », par opposition à une situation de **procédure collective** (redressement ou **liquidation judiciaire**).

incapable

Personne soumise à un régime juridique spécial en raison de son **incapacité**.

L'incapable majeur qui ne jouit pas de l'intégrité de ses facultés est mis sous tutelle.

Incapacités : livre 1, titre 10, C. civ.
Émancipation : art. 481 et s., C. civ.

incapacité

Inaptitude d'une personne privée par la **loi** de la **jouissance** ou de l'exercice de certains **droits.**

Le mineur en raison de son âge, le majeur sous tutelle.

incompétence

- Inaptitude d'une autorité publique à accomplir un **acte juridique.**
- **Incapacité** d'une juridiction à connaître d'une affaire.

Cette **exception** doit être soulevée par une partie, avant toute défense, au **fond** et peut être relevée d'office par la juridiction saisie dans les cas prévus par la **loi.**

L'incompétence des tribunaux civils pour connaître des litiges en matière d'actes de commerce entre **commerçants** ou d'une **lettre de change.**

incorporels

Cf. biens.

incoterms

Termes juridiques en **usage** dans le commerce international (*International Commercial Terms*), dont le lexique est publié par la chambre de commerce internationale de Paris.

> FOB (*Free On Board*) : le vendeur remet les marchandises au transporteur désigné par l'acheteur.
> CFR (*Cost and Freight*) : le vendeur se charge du **transport** mais n'en assume pas les **risques**.
> DAF (*Delivered At Frontier*) : le vendeur supporte tous les coûts et risques jusqu'au pays de destination.

http://www.iccwbo.org/incoterms/preambles.asp

indemnité

Somme d'argent destinée à rémunérer une personne selon une **obligation** légale, conventionnelle, ou visant à réparer un **préjudice**.

> Le non-renouvellement du **bail commercial** ouvre **droit** pour le locataire, sauf **faute grave** de sa part, au versement d'une indemnité d'éviction par le **bailleur**.

indemnité art. 700 NCPC

☞ *Cf. frais irrépétibles*

indexation

☞ *Cf. clause d'indexation.*

indice

- Désigne une valeur utilisée comme référence.

> L'indice du coût de la construction, l'indice de la consommation.

• Désigne aussi un élément de **preuve.**

En pratique, dans une affaire criminelle, les objets retrouvés sur les lieux du **crime** constituent des indices susceptibles d'établir la culpabilité de son **auteur**.

indivisible

Se dit d'une **obligation** mise à la charge de plusieurs personnes et pour laquelle chacune d'entre elles est tenue à la totalité.

Chaque personne qui se porte **caution solidaire** d'un **prêt** consenti à un emprunteur est redevable de la totalité de la somme restant due.

Art. 1217 et s., C. civ.

in extenso

Expression latine signifiant « dans sa teneur entière ».

Le compte rendu d'un débat parlementaire dans son intégralité au *Journal officiel*.

inflation

Situation économique et monétaire caractérisée par une hausse continue des **prix** en raison de la création de **moyens de paiement.**

information

Devoir imposé par la **loi** de fournir des renseignements sur l'**objet** du **contrat**, l'opération envisagée, etc.

Un vendeur doit informer son client de toutes les caractéristiques du produit qu'il vend, mais le client doit également mettre clairement au courant le vendeur de ses attentes sur le produit qu'il désire.

information des consommateurs

Communication obligatoire par le vendeur afin de mettre le **consommateur** en mesure de connaître les caractéristiques essentielles du **bien** ou du service, avant la conclusion du **contrat.**

> **Prix**, composition, provenance, **délais** de **livraison**, conditions de **vente**, etc.

informations commerciales

Ensemble de renseignements officiels (sources : **greffes des tribunaux de commerce**, publications légales...) et officieux (presse, environnement professionnel) sur une entreprise commerciale. Ces renseignements sont diffusés soit par des **bases de données** accessibles par **internet**, minitel, CD-Rom, soit par des **sociétés** spécialisées dans le renseignement « à la carte ».

En pratique, l'information commerciale sur une entreprise donnée permet de mesurer le **risque** de **défaillance**.

infraction

Terme générique visant tout comportement – action ou omission – susceptible de **sanctions pénales** (**crime, délit, contravention**).

La non-assistance à personne en danger est un délit sanctionné pénalement.

 *Cf. droit pénal.*

ingénierie

Contrat par lequel un ingénieur s'engage à concevoir, à faire réaliser et fonctionner une unité de production industrielle.

 L'ingénierie désigne de manière très large toute activité de réalisation de projet dans une discipline particulière.

On parle notamment d'ingénierie financière (méthode d'optimisation).

injonction de faire

Procédure sur **requête** devant le **tribunal d'instance** qui vise à obtenir que le **juge** ordonne d'accomplir certaines prestations dans un certain **délai** quand un **contrat** a été conclu et inexécuté.

L'injonction faite à un vendeur de procéder à la **livraison** des marchandises.

injonction de payer

C'est le nom donné à une procédure spéciale de recouvrement des petites **créances** contractuelles de nature civile ou commerciale. Sur **requête** du **créancier**, le **juge** d'instance du commerce donne ordre au **débiteur** de s'acquitter de la **dette** par une **ordonnance** d'injonction de payer. Cette ordonnance doit être signifiée au débiteur par **huissier**, afin de rendre la procédure **contradictoire.** Si le débiteur ne fait pas **opposition** dans le **délai** d'un mois de la **signification**, une ordonnance exécutoire sera délivrée au créancier qui pourra faire ainsi procéder à l'exécution du titre. Dans le cas où le débiteur fait opposition, l'affaire est renvoyée devant le **tribunal d'instance** ou de commerce en **audience** publique en vue d'un débat contradictoire.

☞ *Cf. titre exécutoire.*

inopposabilité

Caractère d'un acte qui ne peut produire d'effets envers un tiers.

Le **contrat** de **sous-location** conclu en violation de l'interdiction du **bailleur** lui est inopposable.

INPI

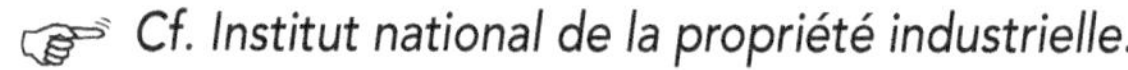

☞ *Cf. Institut national de la propriété industrielle.*

inquisitoire

Caractère d'une procédure au cours de laquelle le **juge** joue un rôle d'initiative important quant au déclenchement de la procédure, à la recherche de **preuves** et à la direction du **procès.**

Procédure applicable en matière pénale.

☞ *Cf. accusatoire.*

insaisissabilité

Protection spéciale de la **loi** qui protège tout ou partie des **biens** d'une personne de la **saisie** par ses **créanciers.**

Les biens **mobiliers** indispensables à la vie de l'individu, la partie des salaires nécessaire au logement et à l'alimentation sont insaisissables.

 Loi du 9 juillet 1991 n° 91-650.

inscription de faux

Action portée devant une **juridiction civile** afin de faire reconnaître qu'un **acte authentique** est faux.

 Art. 303 et s., NCPC.

inscription (hypothécaire)

Formalité de **publicité** de la garantie du créancier consistant en une mention du **conservateur des hypothèques** sur la fiche de l'immeuble concerné. Le créancier hypothécaire est protégé par son droit de suite et son droit de préférence.

INSEE

 *Cf. Institut national de la statistique et des études économiques.*

insolvabilité

Situation dans laquelle l'**actif** d'une personne est inférieur à son **passif.** Cette personne se trouve dans l'impossibilité d'honorer ses **dettes.**

Une entreprise en état de **cessation de paiements** n'est pas forcément insolvable car on se réfère seulement à son actif disponible et non pas à son actif total.

instance

L'instance est, dans un **procès**, la période comprise entre l'acte introductif d'instance – **assignation**, par exemple – et le **jugement** ou tout autre mode d'extinction de l'instance – le **désistement**, la **transaction**, par exemple.

Institut national de la propriété industrielle (INPI)

Établissement public qui reçoit, enregistre et centralise le dépôt des **marques** et **modèles**, les **brevets** d'invention.

L'INPI n'est compétent que pour les dépôts nationaux et non pas lorsque les déposants entendent obtenir une protection européenne (compétence de l'Office européen des brevets pour un brevet européen).

http://www.inpi.fr

Institut national de la statistique et des études économiques (INSEE)

Organisme public chargé des recensements et des statistiques nationales.

http://www.insee.fr

instruction

Phase du **procès** pénal dirigée par un **magistrat** instructeur ayant pour mission de réunir tous les éléments de **preuve** en vue de la manifestation de la vérité.

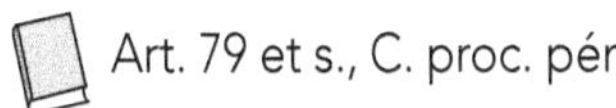
Art. 79 et s., C. proc. pén.

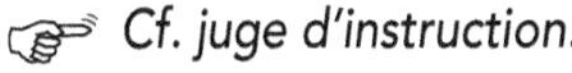
Cf. juge d'instruction.

instrument de crédit

C'est le titre remis par une personne à son **créancier**, qui lui permet de différer son **paiement**, et donc d'obtenir du crédit.

> La **lettre de change** et le **billet à ordre** permettent de différer le paiement jusqu'à leur échéance, et donc d'obtenir du crédit jusqu'à cette date.

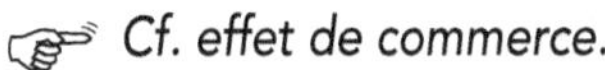
Cf. effet de commerce.

instrument de paiement

C'est le titre qui va constituer le **moyen de paiement** autre que la remise d'**espèces**. L'instrument de **paiement** ne peut être utilisé pour obtenir du crédit. Ainsi, son utilisation nécessite l'approvisionnement préalable du compte qui va être débité du montant correspondant.

Le **chèque** permet ainsi de régler des sommes sans manier d'espèces. L'**émission** de **chèque sans provision** sur le compte donne lieu à des sanctions, l'interdiction bancaire et le **paiement** d'une **amende** forfaitaire.

intéressement

Procédé de répartition de la réserve spéciale de participation des salariés leur permettant de bénéficier d'une partie des résultats financiers de l'entreprise. Cet intéressement est obligatoire au-delà de 50 salariés.

Le salarié d'une banque qui reçoit, en plus de son salaire, une somme calculée par application d'un pourcentage sur les résultats de la banque.

 Art. 441-1 et s., C. trav.

intérêts

Les intérêts sont les revenus du capital. C'est le **prix** de l'usage d'une somme d'argent. Le taux d'intérêt sera multiplié par le capital de référence.

 Le taux est conventionnel lorsqu'il a été prévu de façon expresse dans un **contrat**. Il est légal dans le cas contraire. Dans ce cas, il est déterminé par le législateur (annuellement).

Le **taux conventionnel** ne peut excéder le taux de l'**usure**.

international (contrat)

Contrat conclu entre des personnes physiques ou morales de nationalités différentes soumis aux règles des **conventions** internationales et/ou au **droit** relevant de la **volonté** des parties.

Internet

Réseau international informatique de communication et d'information donnant lieu à un développement de règles juridiques spécifiques.

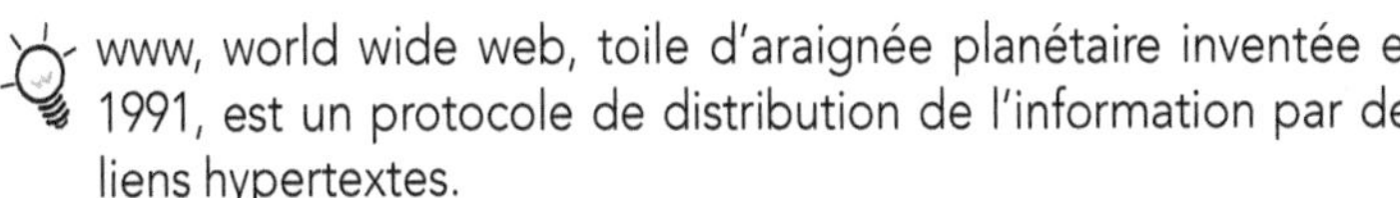

www, world wide web, toile d'araignée planétaire inventée en 1991, est un protocole de distribution de l'information par des liens hypertextes.

intuitu personae

Expression latine signifiant que, dans un **contrat**, les qualités personnelles du cocontractant sont déterminantes.

Le **contrat** de **mandat** est en général un contrat conclu *intuitu personae* c'est-à-dire avec une personne identifiée choisie pour ses qualités propres.

inventaire

État descriptif et estimatif des éléments **actifs** et **passifs** du patrimoine de l'entreprise.

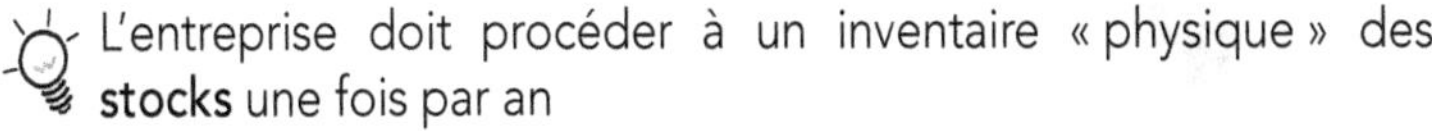

L'entreprise doit procéder à un inventaire « physique » des **stocks** une fois par an

irrecevabilité

Fin de non-recevoir d'une demande en **justice**.

> **Délai** de **prescription** ou de **forclusion**, défaut d'intérêt ou de qualité du **demandeur**.

irrécouvrable

Caractère d'une **créance** qui ne peut être recouvrée du fait de la situation du **débiteur** : disparu, insolvable, etc.

☞ *Cf. recouvrement de créances.*

J

JAL

☞ *Cf. journaux d'annonces légales.*

jeton de présence

Somme allouée, à titre de rémunération de leur fonction ou de remboursement forfaitaire de leurs dépenses, aux administrateurs de **société anonyme** ou aux personnes assistant à certaines assemblées ou réunions.

joint venture

Filiale commune à deux ou plusieurs entreprises indépendantes, créée pour la réalisation d'un projet.

En pratique, accord de coopération entre plusieurs entreprises en vue de la mise en **commun** de **savoir-faire**.

jouissance (d'une chose)

Désigne à la fois le **droit** d'user de la chose, *usus*, personnellement, et le droit de percevoir les fruits d'un **bien**, *fructus*, de les conserver ou de les consommer.

La jouissance peut être conventionnelle, c'est-à-dire résulter d'un contrat, ou légale, du fait de la loi.

Art. 579, C. civ.
Administration légale des parents sur les biens de leurs enfants : art. 382 et s., C. civ.

jour chômé

Jour où le **contrat de travail** est suspendu.

Le 1er mai est chômé et payé.

jour de valeur

En matière bancaire, jour du crédit ou débit d'une somme d'argent.

journaux d'annonces légales (JAL)

Ce sont les journaux privés autorisés par la préfecture à diffuser les annonces légales. Les annonces légales sont les annonces obligatoires à effectuer dans certaines circonstances (**vente** ou **location-gérance** de **fonds de commerce**, constitution ou **dissolution** de **sociétés**...).

http://www.journal-officiel.gouv.fr

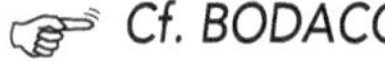

Cf. BODACC

jours fériés

Jours déclarés fêtes légales civiles ou religieuses : les dimanches, le 1er janvier, le lundi de Pâques, le 1er mai, le 8 mai, le lundi de Pentecôte, le 14 juillet, le 15 août, la Toussaint, le 11 novembre, le jour de Noël.

jours ouvrables

Jours consacrés au travail (en principe du lundi au samedi).

jours ouvrés

Jours effectivement travaillés dans une entreprise.

judiciaire

Appartenant à la **justice.**

http://www.justice.gouv.fr

juge

Désigne de manière générale toute juridiction.

Magistrat de l'**ordre judiciaire professionnel** ou non.

Juge du **tribunal d'instance**, par exemple, pour l'ordre judiciaire professionnel ; juge du **tribunal de commerce**, par exemple, pour l'ordre judiciaire non professionnel.

Un certain nombre de textes évoquent « le juge » qu'il faut entendre ainsi de manière générique.

juge commissaire

En matière de **procédure collective**, juge du **tribunal de commerce** ou du **tribunal de grande instance** dont la nomination est obligatoire ; son rôle est prépondérant dans le **redressement judiciaire** et la **liquidation judiciaire.** Il veille à la rapidité de la procédure, à la protection des intérêts en présence.

Le juge commissaire décide de l'admission ou du rejet des **créances** au **passif** de la procédure collective.

Art. L. 621-12 ; art. L. 621-105, C. com.

juge consulaire

Juge du **tribunal de commerce, commerçant**, bénévole, élu par ses pairs.

Le président du tribunal de commerce est un juge consulaire justifiant d'un certain nombre d'années d'expérience au sein de la juridiction.

Art. L. 411-1 et s., COJ.

juge d'instruction

Magistrat du siège du **tribunal de grande instance** qui recherche des **preuves** dans le cadre d'une information pénale afin de renvoyer ou non le mis en examen devant une juridiction de **jugement.**

En pratique, il vérifie si l'affaire présente des raisons sérieuses de faire l'objet d'un jugement au vu de la réunion d'un certain nombre de faits ou de déclarations.

Art. 49 et s. ; art. 80 et s., C. proc. pén.

http://www.justice.gouv.fr/justorg/instruction.htm

juge de l'exécution

Président du **tribunal de grande instance** statuant essentiellement sur les incidents de l'**exécution forcée** des jugements ou autres actes exécutoires.

Familièrement appelé le JEX, il autorise aussi des **mesures conservatoires** comme une **saisie**. Il s'agit d'éviter les dommages ou leur aggravation en attendant le **jugement**.

Art. L. 311-11 et s., COJ.

juge de la mise en état

Devant certaines juridictions, phase du **procès** au cours de laquelle un **magistrat**, de la chambre de saisie, est chargé de mettre une affaire en état d'être jugée. Le juge peut à cette occasion trancher certaines questions ou ordonner des mesures provisoires.

En pratique, il veille au déroulement légal de la procédure (**échange** des **pièces** et **conclusions**) et en fixe les **délais**. Ils sont appelés conseillers de la mise en état devant la cour d'appel.

Art. 763 et s., NCPC.

juge de proximité

Le juge de proximité est un **magistrat**, non professionnel, qui connaît en matière civile comme en matière pénale des petits litiges du quotidien. En matière pénale, pour les **contraventions** appartenant aux quatre premières classes, en matière civile, pour les actions personnelles, mobilières d'une personne physique jusqu'à 1 500 euros pour des besoins non professionnels.

Art. L. 331-1 à L. 331-9, COJ.

juge unique

Système qui s'oppose au principe de la collégialité.

> Le juge d'**instance**, le **juge de la mise en état**, le **juge de l'exécution**, le juge aux affaires familiales exercent leurs fonctions seuls.

En outre, le **tribunal de grande instance** (TGI) peut, dans certaines matières, statuer à juge unique (mais tout plaideur peut exiger qu'une affaire soit renvoyée devant une formation collégiale).

Art. 801 et s., NCPC.

jugement

Désigne toute **décision** de **justice** émanant d'un **juge** ou le document contenant la décision.

Cf. arrêt.

jugement contradictoire

Jugement intervenu après que le **demandeur** et le **défendeur** ont régulièrement comparu.

Art. 467 et s., NCPC.

jugement d'avant dire droit

Jugement qui se borne à ordonner une mesure provisoire ou d'**instruction**, sans trancher le litige.

> Le **juge** qui ordonne une **expertise**.

Le jugement mixte est celui qui tranche une partie de la contestation (par exemple l'existence d'une faute) et ordonne une expertise avant de statuer sur ses conséquences, évaluation du dommage par exemple.

> L'existence d'une faute dans le premier cas, évaluation du dommage dans le second.

Art. 482 et s., NCPC.

jugement déclaratif

Jugement qui constate un fait préexistant.

En matière de **procédure collective**, l'état de **cessation de paiements** est constaté par un jugement déclaratif.

jugement par contumance

Jugement pénal rendu contre un défendeur régulièrement appelé mais qui n'a pas comparu.

jugement par défaut

Jugement rendu contre un **défendeur** qui n'a pas comparu et qui n'a pas reçu de **citation** signifiée à sa personne.

 Art. 471 et s., NCPC.

jugement réputé contradictoire

Jugement considéré comme **contradictoire** bien que le **défendeur**, régulièrement cité, n'ait pas comparu devant la juridiction.

 Art. 471 et s., NCPC.

juridiction administrative

Ensemble des juridictions compétentes en matière de **droit** administratif et de contrôle de l'administration.

Les **tribunaux administratifs**, le **Conseil d'État**.

juridiction civile

Ensemble des juridictions compétentes en matière civile à tous les **degrés de juridiction.**

juridiction commerciale

Ensemble des tribunaux chargés de juger les affaires commerciales.

juridiction d'exception

Juridiction qui ne connaît que des affaires spécialement prévues par les textes.

> Le **tribunal d'instance**.
> Le **tribunal de commerce**, compétent pour les litiges relatifs aux actes de commerce.
> Le conseil des prud'hommes, qui connaît des litiges en matière de **contrats de travail**.

juridiction de droit commun

Juridiction qui a vocation à connaître de toutes les affaires, sauf attribution par la **loi** à une autre juridiction.

> Le **tribunal de grande instance**, le **tribunal administratif**.

juridiction répressive

Ensemble des tribunaux traitant des litiges en matière pénale. On distingue les juridictions d'**instruction** (**juge d'instruction**, **chambre de l'instruction**) et les juridictions de **jugement** du premier degré (**tribunal de police**,

tribunal correctionnel, cour d'assises) et du second degré (chambre des appels correctionnels, cour d'assises). Enfin, il y a la chambre criminelle de la **Cour de cassation.**

jurisprudence

Elle est constituée de l'ensemble des **décisions** de **justice** concordantes rendues sur des points de **droit.**

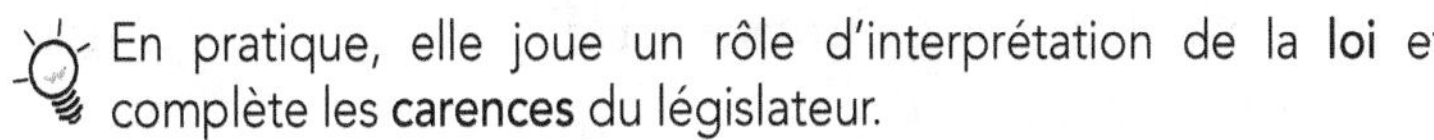
En pratique, elle joue un rôle d'interprétation de la **loi** et complète les **carences** du législateur.

Cf. arrêt.

justice

Service public de la justice, ensemble des tribunaux et de l'organisation **judiciaire.**

http://www.justice.gouv.fr
http://www.justice.gouv.fr/justorg/justorg6b.htm

justificatif

Pièce justifiant la réalité d'une déclaration.

Le récépissé de transport signé justifie de la bonne exécution du transport.

K

K bis (extrait)

Fiche d'identification des **sociétés** immatriculées au **registre du commerce et des sociétés** (RCS), tenue par les **greffes des tribunaux de commerce**. L'**extrait** K concerne les entreprises individuelles. Ce document contient les informations légales essentielles à l'identification de l'entreprise (forme juridique, activité, identification des dirigeants, lieu du **siège social**, établissement, existence d'une **procédure collective**). Ces extraits sont disponibles directement auprès des **greffes**, et, pour la plupart, accessibles par **télématique** ou **internet**.

La consultation de l'extrait K bis permet de vérifier qu'une entreprise n'est pas en procédure collective avant d'engager des négociations contractuelles avec elle ou une action **judiciaire**.

know-how

Expression anglaise employée dans les affaires pour désigner le **savoir-faire** d'une personne physique ou morale. Par extension, il peut également s'agir du secret de fabrication attaché à un produit ou un service.

Certains **contrats**, comme celui de **franchise**, organisent le transfert du savoir-faire d'une entreprise vers une autre.

☞ *Cf. contrat de franchise, savoir-faire.*

krach

Effondrement des cours des valeurs mobilières sur le **marché** boursier.

En pratique, conséquence d'un événement économique ou politique important (effondrement d'une multinationale ou guerre).

L

label

Marque protégée qui certifie qu'un produit est conforme à certaines caractéristiques spécifiques.

Le label certifiant la provenance des viandes, le label AOC (appellation d'origine contrôlée), le label VDQS (vin délimité de qualité supérieure).

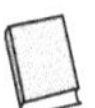
C. consom. et CPI.

leadership

Direction, position dominante au sein d'un groupe.

Dans un système politique ou international.

lease back

Opération par laquelle un propriétaire vend un **bien** à une entreprise de **crédit-bail** qui contracte avec lui un **contrat** de crédit-bail.

Ce système permet de financer à crédit l'achat du bien et ainsi de dégager de la trésorerie grâce au **prix** de **vente** du même bien.

legs

Disposition testamentaire par laquelle une personne dispose de tout ou partie de ses **biens**, ou d'un **droit** (servitude, **créances**…). Le legs peut notamment être stipulé « à titre universel » (une quote-part des biens), « universel » (la totalité des biens) ou « particulier » (un ou plusieurs biens ou droits déterminés).

 Art. 1002 et s., C. civ.

léonin

Qui attribue la part du lion. Se dit notamment d'un **contrat** manifestement disproportionné au profit d'une partie.

Le contrat de **bail** qui laisserait toute liberté au **bailleur** de rompre le contrat à tout moment et sans **préavis**.

 *Cf. clause léonine.*

lettre de change

Souvent appelée **traite** dans la pratique des affaires. C'est un **écrit** par lequel une personne – le **tireur** – invite son **débiteur** – le **tiré** – à payer à un tiers bénéficiaire – ou porteur – une somme d'argent déterminée.

Le tiré, tant qu'il n'a pas accepté la lettre de change en la signant, peut opposer au porteur des exceptions (**paiement**, contestation ou défaut de **provision**, **compensation**...) issues de ses rapports avec le tireur.

Par contre le tireur, en tant que signataire, est tenu de payer au **tiers porteur** le montant de la lettre de change si le tiré ne le fait pas.

 Tous les engagements résultant de cette traite sont soumis au **droit commercial**, même si elle a été tirée par une personne qui n'a pas la qualité de **commerçant** (avec notamment pour conséquence la compétence du **tribunal de commerce** pour le non-commerçant).

 Art. 511-1 et s., C. com.

lettre de confort

Lettre de soutien d'une **société mère** envers sa **filiale** afin qu'elle obtienne un engagement de la part d'une autre **société**. La force juridique de cette lettre dépend de son contenu ; elle peut être analysée comme un engagement moral, une **obligation de moyen** ou de résultat, comme un **cautionnement**.

 La lettre de recommandation qui atteste de la santé financière de la filiale.

lettre de crédit

Engagement écrit par une banque de payer ou d'accepter un effet sur présentation de certains documents. La lettre de crédit stand by, utilisée en matière de commerce international, est la lettre de crédit émise par la banque de l'acheteur en faveur du vendeur pour un certain montant, correspondant en général au montant des transactions en cours mais qui peut également être émise pour une opération commerciale ponctuelle.

 En cas de défaillance de l'acheteur, le vendeur pourra actionner le banquier garant en fournissant uniquement les documents justificatifs de sa créance, prévus dans la lettre de crédit stand by.

 *Cf. crédit documentaire.*

lettre de voiture

Contrat entre l'expéditeur, le **voiturier**, et le destinataire, ou entre le destinataire, le **commissionnaire** et le voiturier. La lettre de voiture doit être datée, elle doit exprimer la nature et le poids ou la contenance des objets à transporter, le **délai** dans lequel le transport doit être effectué. Elle indique le nom et le **domicile** du commissionnaire par l'intermédiaire duquel le transport s'opère et, s'il y en a un, le nom de celui à qui la marchandise est adressée, le nom et le domicile du transporteur. Elle énonce le **prix** de la voiture, l'**indemnité** due pour cause de retard. Elle est signée par l'expéditeur ou le commissionnaire.

lettre recommandée avec demande d'avis de réception (LRAR)

Mode d'envoi d'une lettre permettant d'établir qu'elle a été reçue par son destinataire. Forme imposée dans certaines procédures administratives ou contractuelles, à des fins probatoires.

En pratique, l'option de **TVA** doit être signifiée à l'administration fiscale en LRAR.

liasse fiscale

Imprimé devant être fourni dans les trois mois de la clôture de l'exercice social aux services fiscaux comprenant le **compte de résultat** annuel et le **bilan**.

libéralité

Donation ou **legs**.

On parle de libéralité parce qu'il s'agit d'un **contrat** à titre **gratuit** qui n'appelle pas de contrepartie pour le légataire ou le donataire.

Art. 893 et s., C. civ.

licenciement

Décision par laquelle l'**employeur** met fin au **contrat de travail** du **salarié.** L'employeur devra invoquer un motif réel et sérieux de licenciement, une **faute grave** ou lourde, et respecter la procédure de licenciement, strictement réglementée par la **loi.** On distingue le licenciement pour motif personnel et le licenciement économique. Ce dernier peut être individuel ou collectif.

Le non-respect de la procédure de licenciement prononcé pour une **cause** légitime entraîne une **indemnité** au profit du salarié.

Art. 122-4, C. trav.

licenciement (indemnités de)

Le licenciement peut ouvrir **droit** à différentes **indemnités** pour le **salarié.**

Indemnité de **préavis**, indemnités de licenciement qui résultent de la **loi**, des **conventions collectives** ou du **contrat de travail**, **dommages et intérêts** pour rupture abusive.

Art. L. 122-9 et s., C. trav.

licenciement (lettre de)

Cette lettre (recommandée avec demande d'avis de réception ou remise en main propre contre **décharge**) notifie au **salarié** son **licenciement.** Elle doit indiquer précisément le motif du licenciement qui doit être sérieux. En cas de **licenciement économique**, elle doit préciser au salarié qu'il bénéficie d'une **priorité de réembauchage** corollaire de l'obligation de reclassement ou d'adaptation de l'employeur. Le **préavis** court à compter de sa présentation.

licenciement (pour motif personnel)

Hypothèse dans laquelle la **cause** du **licenciement** tient uniquement à la personne du **salarié**. Il peut s'agir, par exemple, d'une insuffisance professionnelle, d'une faute, de l'état de santé du salarié.

La sanction du salarié qui aurait divulgué des informations concernant son entreprise à une entreprise concurrente.

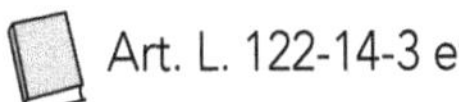
Art. L. 122-14-3 et 4, C. trav.

Cf. discrimination.

licenciement (procédure de)

La première phase consiste en la convocation (conditions de formes et de **délais**) du **salarié** à un entretien préalable. S'il s'agit d'un **licenciement économique**, l'**employeur** doit proposer au salarié une **convention de conversion.** Dans une deuxième phase, l'employeur adresse (après un délai variable selon le type de **licenciement**) une **lettre de licenciement** motivée.

Cf. licenciement économique, licenciement pour motif personnel.

licenciement économique

Face à des difficultés économiques, des mutations technologiques, une réorganisation de l'entreprise ou sa cessation d'activité, celle-ci peut connaître des suppressions d'emploi ou des transformations d'emplois – modifications substantielles du **contrat de travail** – qui entraîneront des **licenciements.** La procédure est strictement réglementée.

Le licenciement faisant suite à une délocalisation d'activité, il faudra appliquer la procédure pour le licenciement individuel ou le licenciement collectif au-delà de dix personnes (établissement obligatoire d'un plan de sauvegarde de l'emploi).

Art. L. 321-1, C. trav.

licitation

Opération d'**adjudication amiable** ou de **vente aux enchères** d'un immeuble en indivision.

La **vente** au plus offrant.

Successions : art. 1686 et s., 827, C. civ.
Partage de la communauté : art. 1476, C. civ.

licite

Se dit d'un acte, d'une **convention** qui n'est pas prohibée.

lien de causalité

Relation de cause à effet. La **responsabilité civile** suppose d'établir l'existence d'un **préjudice**, d'un fait dommageable et d'un lien de causalité, c'est-à-dire du lien entre le fait et le dommage.

Il faut que l'accident (fait dommageable) soit bien à l'origine du trouble subi par la victime, trouble physique ou moral (préjudice).

lien de subordination

Élément essentiel du **contrat de travail.** Cette notion implique qu'une personne hiérarchiquement supérieure à une autre dispose à son égard d'un pouvoir de direction, de surveillance, d'**instruction**, de **commandement.**

Il n'y a pas de lien de subordination pour les personnes commerçantes ou celles exerçant des **professions libérales.**

lieu du paiement

En matière contractuelle, lieu désigné où le **paiement** doit intervenir.

liquidateur

Personne chargée de la **liquidation amiable** d'une personne morale par **décision** de **justice** ou par les associés.

Dans une procédure de **liquidation judiciaire**, il est désigné un **mandataire judiciaire** à la liquidation de l'entreprise par le **tribunal de commerce.**

liquidation amiable

Opération globale d'apurement des comptes dans le cadre d'une communauté, d'une **société**... avec fixation des **droits** de chacune des parties.

La **dissolution** d'une société entraîne sa liquidation, c'est-à-dire la répartition des **actifs** entre les associés, après règlement des **dettes.**

liquidation judiciaire

Décision prise par le **tribunal de commerce** en matière de **procédure collective** lorsqu'il n'existe plus aucune chance pour l'entreprise d'être redressée. L'opération consiste en la liquidation de l'**actif** et l'apurement du **passif**. Le tribunal peut, dans certains cas, procéder à la liquidation judiciaire immédiate de l'entreprise, sans **période d'observation.**

En pratique, le passif est apuré par un règlement moyen au niveau national :

- 100 % pour les super privilégiés que sont les **salariés** ;
- 60 % pour les **créanciers privilégiés**, tel le **Trésor public**, l'**URSSAF**, les caisses de retraite, l'**ASSEDIC** ;
- 40 % pour les banques et les organismes financiers ;
- 5 % pour les **créanciers** ordinaires, dits **chirographaires**.

Liquidation sans procédure d'observation : art. L. 620-1, C. com.
Procédure de liquidation : art. L. 622-1 et s., C. com.

liquidité

Caractère d'une **créance** dont le montant est estimé en argent, c'est-à-dire en euros en France, ou en **monnaie** locale.

La **dette** n'est exigible que si elle est liquide.

liquidités

Fonds disponibles immédiatement.

Sont aussi pris en compte les **actifs** disponibles à brève échéance, tels que les **placements** de trésorerie.

litispendance

Cas dans lequel un **procès** déjà porté devant une juridiction est soumis à l'examen d'un autre tribunal.

En pratique, les parties doivent soulever l'**exception** de litispendance avant tout débat de **fond** ; la seconde juridiction doit alors décliner sa compétence au profit de la première juridiction saisie.

Art. 100 et s., NCPC.

livraison

Terme utilisé dans le cadre de la **vente** qui prévoit la **délivrance** de la chose vendue – **objet** ou service –, c'est-à-dire la mise à disposition auprès de l'acheteur. C'est aussi l'opération de remise de la chose par le transporteur au destinataire.

La livraison – remise matérielle de la chose – est souvent distincte du transfert de **propriété** qui intervient dès la **signature** du **contrat de vente**.

La signature de l'acte de vente d'un immeuble et la remise des clefs ne concordent pas toujours.

Art. 1136, C. civ. ; convention de Vienne du 11 avril 1980 sur la vente internationale de marchandises.

livre de paie

Registre obligatoire sur lequel l'**employeur** doit reproduire les mentions des **bulletins de paie** afin d'en permettre le contrôle.

livres de commerce

Livres tenus par le **commerçant** qui servent de **moyens de preuve.** Ils sont obligatoires tels le livre journal, le livre d'**inventaire** et le grand livre.

Art. L. 123-12 et s., C. com.

locataire-gérant

Le locataire-gérant est un **commerçant** indépendant qui loue un **fonds de commerce** afin de l'exploiter.

location-gérance

C'est la mise en location par le propriétaire **commerçant** ou **artisan** de son fonds. Le **locataire-gérant**, moyennant une redevance payée au propriétaire, exploite ledit fonds à ses risques et périls.

> Un mineur, devenu propriétaire du fonds par héritage, donne son fonds en location-gérance en attendant sa **majorité** pour pouvoir l'exploiter lui-même.

Art. L. 144-1 et s., C. com.

location-vente

Contrat par lequel le propriétaire d'une chose le loue à une personne qui aura la faculté de l'acquérir en cours ou à l'issue du contrat.

> **Matériel** de bureau, informatique…

lock-out

Fermeture d'une entreprise décidée par la direction au cours d'un conflit du travail.

Pour des raisons de sécurité ou pour éviter des dépenses de fonctionnement inutiles lorsque l'importance du conflit permet de penser qu'il pourrait dévier dans le temps.

logiciel

Systèmes d'informations informatiques programmant des ordres logiques.

Logiciel de **comptabilité**, de gestion des **stocks**...

loi

Règle juridique, **écrite**, expression de la **volonté** générale et votée par le Parlement pour une époque déterminée. En France, elle est opposable aux citoyens dès sa publication au *Journal officiel*.

Art. 34 de la Constitution de 1958 ; art. 1 et s., C. civ.

LRAR

Cf. lettre recommandée avec demande d'avis de réception.

M

magasin collectif de commerçants indépendants

Lieu de **vente** rassemblant des personnes physiques ou morales exploitant leur **fonds de commerce** ou leur entreprise artisanale selon des règles communes. La **propriété** et la jouissance, ou seulement la jouissance, des bâtiments font l'objet de la constitution d'un **groupement d'intérêt économique**, d'une **société anonyme** à capital variable ou d'une **société coopérative de commerçants détaillants.**

magasin d'usine

Terme protégé désignant un lieu de **vente** ou un dépôt d'usine dans lequel le producteur vend directement au public la partie de sa production non écoulée dans le circuit de distribution ou faisant l'objet de retours.

Les ventes directes concernent exclusivement les productions de la saison antérieure de commercialisation, justifiant ainsi une vente à **prix** minoré.

magasins généraux

Entrepôts bénéficiant d'une **autorisation** administrative dans lesquels les marchandises stockées peuvent être vendues ou mises en gage par simple transmission d'un récépissé ou **warrant.**

magistrat

Toute personne appartenant au corps **judiciaire** ayant pouvoir de rendre la **justice** (magistrat du siège) ou de la requérir au nom de l'État (magistrat du **parquet**).

http://www.conseil-superieur-magistrature.fr

main d'œuvre

Ensemble des **salariés** affectés à la production de base ou à la fourniture de services d'une entreprise, d'une région, d'un pays.

On parle aussi du capital humain ou des ressources humaines d'une entreprise ou d'un pays.

maintien dans les lieux

Droit que la **loi** accorde à certains locataires de demeurer dans les lieux après l'expiration du **bail.**

Une personne âgée de plus de 65 ans et ne disposant pas de ressources supérieures à une fois et demie le montant du salaire minimum de croissance.

Loi du 1er septembre 1948 n° 48-1360 ; art. 4 et s.

maître d'œuvre

Personne qui est responsable de la coordination de travaux **immobiliers** pour le compte du maître de l'ouvrage.

En pratique, le maître d'œuvre choisit directement les entrepreneurs pour la réalisation de l'ouvrage.

http://www.ideesmaison.com/construc/pro/moeuvre.htm

maître d'ouvrage

C'est celui envers qui un entrepreneur prend l'engagement, par **contrat**, de réaliser un ouvrage. Le contrat de maîtrise d'ouvrage intervient essentiellement en matière de construction.

> La personne qui ordonne la construction d'un immeuble soit à titre de **professionnel** dans le but de le revendre par lot, soit à titre de particulier dans le cadre de la construction de son habitation principale.

Art. 1787 et s., C. civ.

Cf. sous-traitance.

majoration de retard

Sanction consistant en une augmentation de la **dette** selon un pourcentage fixé ou variable, en cas de retard de **paiement** de **cotisations sociales** ou en matière fiscale.

majorité

- Total des voix nécessaires à une élection ou au vote d'une décision. Elle est dite absolue lorsque le total des voix est supérieur à la moitié des voix exprimées et simple ou relative lorsque ce total est supérieur à celui de chacun des concurrents. Dans une **société**, la majorité correspond à un nombre de voix minimal pour valider une **délibération**.
- Âge légal auquel un individu accède à la **capacité** civile, pénale, électorale (18 ans).

management

Direction, gestion et administration de l'entreprise.

mandant

Personne qui, dans un **contrat** de **mandat**, est représentée par un **mandataire**.

Le mandant délègue ses compétences soit pour simplifier une prise de décision (le **mandat spécial** de gestion donné par tous les indivisaires à l'un d'entre eux), soit pour éviter de dévoiler son identité lors d'une opération (**vente aux enchères**).

Art. 1984 et s., C. civ.

mandat

En matière contractuelle, la **convention** par laquelle une personne (le **mandant**) confie à une autre personne (le **mandataire**) la mission d'accomplir, à titre de représentation, un **acte juridique**. Ainsi le mandataire agit au nom et pour le compte du mandant. Il est en principe révocable par le mandant à tout moment et sans justification (***ad nutum***), sauf accord contractuel.

Art. 1984 et s., C. civ.

mandat ad litem

Mission confiée à un **auxiliaire de justice** de représenter ou assister une personne dans une procédure et d'établir des actes pour son compte. Le **mandataire** est réputé avoir reçu **mandat** d'agir sans avoir à justifier d'un pouvoir **écrit**.

L'avocat.

mandat général

C'est, par opposition au **mandat spécial**, le **contrat** conclu en termes généraux. Le **mandat** peut aussi être **exprès** ou **tacite**.

mandat spécial

C'est le **mandat** donné pour l'accomplissement d'un ou de plusieurs actes juridiques déterminés.

> Le mandat donné à une personne d'acquérir un **bien** au nom et pour le compte du **mandant** lors d'une **vente aux enchères**.

mandataire

Dans un **contrat** de **mandat**, c'est le représentant qui agit au nom et pour le compte du **mandant**.

> L'**agent de recouvrement de créances**.

mandataire ad hoc

Nom de celui auquel un **mandat** spécifique est donné par le président du **tribunal de commerce**.

> Dans une procédure de **règlement amiable** appliquée à une entreprise.

mandataire judiciaire

Professionnel des procédures collectives chargé de la représentation des **créanciers** ou de la liquidation des entreprises.

Après des études juridiques, un examen professionnel ainsi qu'un stage de 3 ans sont nécessaires pour accéder à la profession de mandataire judiciaire à la liquidation des entreprises.

Art. L. 811-1 et s., C. com.

mandataire social

Désigne le représentant de la **société** chargé de l'administrer.

En pratique, le **gérant de société**, le président du conseil d'administration ou le directeur général.

manufacture

Atelier de fabrication à la main ou par des machines.

> La manufacture des Gobelins, spécialisée dans les tapis et tapisseries.

marc le franc

Expression qui signifie qu'en cas de pluralité de **créanciers**, ils seront payés à proportion du montant de leur **créance**.

> Les créanciers **chirographaires** d'un **débiteur** en **procédure collective** seront payés au marc le franc du montant de leur créance déclarée et admise à la procédure.

marché

- Secteur géographique et/ou catégoriel au sein duquel se développent des relations commerciales ou financières.

- Désigne une **convention** commerciale ou financière entre parties.

Marché de travaux privés.

marché d'intérêt national (MIN)

Marché de produits agricoles et alimentaires déclaré d'intérêt national par **décret** du **Conseil d'État.** La gestion en est assurée soit en régie, par une collectivité locale ou par un groupement de collectivités locales, soit par une **société d'économie mixte**, soit par tout autre organisme doté de la personnalité morale et créé par décret du Conseil d'État.

Ce marché bénéficie d'un périmètre de protection dans lequel il est interdit l'extension, le déplacement ou la création de commerces autres que de détail, et portant sur les produits agricoles ou alimentaires.

marché financier

Marché des **placements** à long **terme** et des valeurs mobilières.

marché monétaire

Marché de la **monnaie** qui permet aux banques et établissements financiers de trouver ou de placer leurs **liquidités.**

marché public

Ensemble des **contrats administratifs** passés par les collectivités ou les **établissements publics** et soumis à une **réglementation.**

Les **marchés** de travaux publics pour la réalisation d'autoroutes, d'hôpitaux, de lycées...

marketing

Méthode visant à projeter les besoins des **consommateurs** et, de manière rentable pour l'entreprise, à en promouvoir la réalisation (le marketing se confond également dans le langage courant avec tout ce qui concerne la relation client).

En pratique, le marketing utilise la réalisation d'**enquêtes**, les tests de prototypes...

marque

Signe distinctif apposé sur un produit ou associé à un service qui fait l'objet d'une protection juridique particulière.

La marque peut être protégée au niveau national par un dépôt à l'**INPI**, mais également au niveau communautaire. Certaines marques bénéficient d'une stricte protection compte tenu de leur notoriété (Chanel...).

Art. L. 711-1 et s., CPI.

http://www.inpi.fr
http://193.149.96.28/irpi/code-propriete/legislative/le_7_1.htm
http://www.greffe-tc-paris.fr/Economique/marques.htm
http://www.intracen.org
http://www.jurisint.org/pub/06/fr/129.htm

marque de commerce

Signe distinctif apposé par celui qui commercialise le produit.

> Le signe distinctif d'une grande surface figure sur les étiquettes des produits vendus.

 Art. L. 711-1 et s., CPI.

marque de fabrique

Signe distinctif que fait figurer le fabricant sur son produit.

> La **marque** apposée par un fabricant de meubles...

 Art. L. 711-1 et s., CPI.

marque de service

Signe distinctif apposé par celui qui fournit un service.

> La **marque** d'un service de **livraison** figure sur l'emballage de la marchandise transportée.

 Art. L. 711-1 et s., CPI.

matériel

Ensemble des machines et outils nécessaires à l'exercice d'une activité.

 Le matériel et l'**outillage** peuvent donner lieu à la **garantie** du **nantissement** au profit du vendeur ou d'un organisme de crédit prêteur de deniers pour l'achat dudit matériel.

mauvaise foi

Comportement déloyal qui peut aller jusqu'au **dol** dans le **contrat.** Elle peut entraîner des sanctions particulières tels que les **dommages et intérêts.**

La mauvaise foi implique une connaissance du caractère déloyal de l'agissement.

MEDEF

Cf. Mouvement des entreprises de France.

médiateur de la République

Personnalité indépendante et irrévocable – nommée en conseil des ministres pour 6 ans – chargée de recevoir les **plaintes** des administrés contre l'Administration (la notion d'administration est ici entendue dans un sens très large, car il peut s'agir des administrations de l'État, des collectivités publiques, des services publics, etc.). Il est obligatoirement saisi par l'intermédiaire d'un député ou d'un sénateur. Il peut faire une recommandation, adresser une injonction à l'Administration et établit un rapport annuel d'activité.

Depuis le 12 avril 2000, le médiateur de la République peut nommer des délégués. Ces derniers sont répartis sur tout le territoire. La présence de ces délégués du médiateur – fonction bénévole – permet ainsi une déconcentration de l'institution (ces délégués peuvent régler le litige ou préparer le dossier ou la demande transmis au médiateur de la République ; ils peuvent également mettre en relation l'administré avec un parlementaire.).

Le médiateur traite exclusivement des questions ou des différents qui concernent – ou opposent – les administrés et l'Administration (exclusion des litiges ou problèmes entre particuliers). Par ailleurs, le médiateur ne peut intervenir dans les affaires qui relèvent des rapports entre les agents et l'Administration (cette stricte règle imposée en 1973 a connu certains assouplissements), dans les procédures en cours devant une juridiction ainsi que sur le bien-fondé d'une **décision judiciaire**.

http://www.mediateur-de-la-republique.fr

médiation

Procédure de règlement de conflits grâce à l'intervention d'un tiers qui propose une solution aux parties.

Le médiateur ne doit être confondu ni avec le **conciliateur**, qui rapproche les parties, ni avec l'**arbitre**, qui juge le conflit désigné en tant que tel, à la place d'une juridiction.

mensualisation

- Régime de versement mensuel d'une somme d'argent.

Le **paiement** mensuel de l'impôt.

- **Garantie** d'un salaire mensuel et de divers avantages sociaux aux ouvriers payés à l'heure.

mesure conservatoire

C'est une mesure d'urgence prise pour la sauvegarde d'un **droit** ou d'une chose.

La **réinscription d'une hypothèque** pour ne pas en perdre le bénéfice.

Loi du 9 juillet 1991 n° 91-650.

mesures d'exécution

Les procédures d'exécution sont celles qui permettent d'imposer l'exécution soit d'une **décision** de **justice**, soit d'une **obligation.** L'**exécution forcée** peut prendre la forme de l'**expulsion** ou de l'**astreinte**, ou encore de **saisie** quand il s'agit d'une somme d'argent. La juridiction de l'exécution est exercée par le président du **tribunal de grande instance** qui a compétence exclusive en la matière : c'est le JEX (**juge de l'exécution**).

 Loi du 9 juillet 1991 n° 91-650.

meuble

Chose matérielle soit par nature, parce qu'elle peut être déplacée (par opposition à l'immeuble), soit par détermination de la **loi** (**créances**, **actions**, **droits d'auteur**).

Le **fonds de commerce** est un **bien** meuble incorporel.

 Art. 527 et s., C. civ.

micro-entreprise

Ce n'est pas une structure juridique particulière mais un régime fiscal simplifié de déclaration et de détermination des **bénéfices** des entreprises individuelles. Les entrepreneurs doivent être immatriculés au registre du commerce, au **répertoire des métiers** ou à l'**URSSAF** en qualité de travailleur indépendant. Le **chiffre d'affaires** annuel ne doit pas excéder un certain montant et l'entreprise n'est pas soumise à **TVA**.

L'entrepreneur en micro-entreprise peut cumuler ce régime avec celui de **salarié**, sauf exclusion légale ou contractuelle.

MIN

Cf. marché d'intérêt national.

ministère public

Corps hiérarchisé de **magistrats** subordonnés au **garde des Sceaux**, chargés de réclamer l'application de la **loi** devant les tribunaux **judiciaires** – **ordre judiciaire** – au nom de la **société.**

Devant le **juge** pénal, le ministère public requiert la sanction prévue dans les textes, avec une faculté de modération.

Art. 421 et s., NCPC.

http://www.conseil-superieur-magistrature.fr

minute

C'est l'**original** d'un acte rédigé par un **officier public** – **notaire**, état civil – ou d'une **décision** de **justice.** Il en est délivré des copies – dénommées **grosses** – ou des expéditions ou des extraits.

mise à pied

Sanction disciplinaire décidée par l'**employeur** : **suspension** du **contrat de travail** avec privation de salaire.

 En pratique, cette sanction peut précéder le plus souvent le **licenciement** pour **faute lourde** ou **grave**.

 Art. L. 122-41, C. trav.

mise au rôle

Formalité consistant à saisir officiellement une juridiction par la remise du **second original** de l'**assignation** délivrée par l'**huissier**, l'affaire étant ainsi inscrite sur un répertoire par le greffe.

 On parle de l'**enrôlement** d'une affaire qui porte un numéro de rôle, c'est-à-dire une référence pour le **greffe**.

mise en cause

Procédure par laquelle une partie à un **procès** appelle dans celui-ci un tiers afin d'obtenir contre lui une condamnation ou de lui rendre un **jugement** opposable.

> L'appel en cause de la **compagnie** d'**assurance** qui couvre le **contrat** de responsabilité de l'entreprise en cas d'**assignation** à l'encontre de celle-ci.

mise en demeure

En cas de **défaillance** du **débiteur**, il faut mettre en demeure celui-ci de s'exécuter. En matière commerciale, cette mise en demeure peut s'effectuer par tous **moyens** et marque le départ des **intérêts** de retard à courir. On utilise le plus souvent la lettre recommandée avec accusé de réception comme moyen de **preuve**.

mise en examen

Décision du **juge d'instruction** de poursuivre une personne soupçonnée de **crime** ou **délit.**

 Art. 80-1, C. proc. pén.

mise sous surveillance

Technique qui consiste à être informé en permanence des modifications juridiques d'une entreprise grâce aux **banques de données.**

Changement de **gérant**, perte de plus de la moitié du **capital social**.

mobilier

Ensemble des **biens meubles corporels** ou **incorporels.**

mobilité (clause de)

Clause contractuelle contenue dans un **contrat de travail** qui prévoit la possible **mutation** du **salarié** pour les besoins de l'entreprise.

monnaie

Instrument de paiement qui peut être à la fois métallique et fiduciaire – monnaie papier –, et scripturale – **chèques.** L'euro est la monnaie ayant cours légal actuellement en France.

monopole

Situation économique ou juridique dans laquelle il n'existe aucune concurrence.

> Le monopole des **huissiers** de **justice** en matière de **signification** des actes de procédure et d'exécution des **décisions** de justice.

moratoire

Accord par lequel un ou plusieurs **créanciers** consentent au **débiteur** des **délais de paiement** ou un **paiement** sur plusieurs échéances. Il est souvent inclus une **clause de déchéance du terme** en cas de non-respect des échéances. Les **dommages et intérêts** moratoires sont destinés à réparer le dommage résultant du retard dans l'exécution d'une **obligation**.

Mouvement des entreprises de France (MEDEF)

Le Mouvement des entreprises de France, – **syndicat** patronal – date du 27 octobre 1998. En réalité, il a pris la succession du CNPF – Conseil national du patronat français –, créé en 1946. Il est actuellement la première organisation d'entrepreneurs de France. Il représente tous les secteurs de l'activité économique (industrie, commerce, services).

http://www.medef.com

moyen de crédit

Instrument permettant à une personne d'obtenir du crédit auprès de tous **partenaires** ou de son banquier.

> Billet à ordre, lettre de change, cession Dailly...

☞ *Cf. instrument de crédit.*

moyen de paiement

Instrument permettant le transfert du **prix** au profit d'un **créancier.**

> **Espèces**, chèques, carte bancaire...

☞ *Cf. instrument de paiement.*

moyens

Raisons de fait et de **droit** à l'appui d'une demande ou d'une défense.

> Les moyens produits à l'appui d'un **pourvoi en cassation**.

multipropriété

Terme désignant la **jouissance** exclusive et successive d'un **bien immobilier** pour une période déterminée dans le cadre de la **propriété** de parts d'une **société immobilière.**

> **Société** d'attribution d'immeuble en temps partagé (**résidence** de plaisance).

Art. L. 121-60 à L. 121-76, C. consom.

mutation

- Changement de lieu de travail ou des fonctions confiées à un fonctionnaire ou à un **salarié.**

La mutation professionnelle ouvre **droit** à des mesures de rapprochement familial.

- Transfert de droit à titre onéreux ou **gratuit** sur un **bien** ou un patrimoine.

La mutation de **propriété** donne lieu à imposition (**droit d'enregistrement** ou **droit de succession**).

N

NACE

Cf. nomenclature des activités de la Communauté européenne.

NAF

Cf. nomenclature des activités françaises.

nantissement

Contrat par lequel une personne remet une chose, mobilière ou immobilière, au bénéfice de son **créancier** pour la **garantie** de sa **dette**. Cette remise implique souvent le dessaisissement de la chose, mais certains types de nantissements peuvent naître sans dessaisissement.

C'est le cas pour le nantissement de **fonds de commerce**, le nantissement du matériel et de l'outillage.

Il peut aussi s'agir d'une sûreté **judiciaire** : le nantissement judiciaire est inscrit en vertu d'une **décision** de **justice** pour garantir la créance.

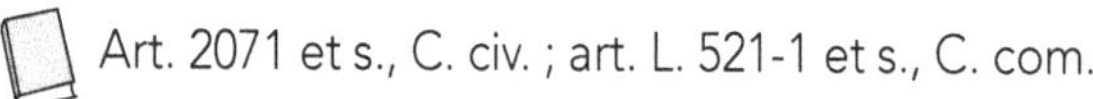

Art. 2071 et s., C. civ. ; art. L. 521-1 et s., C. com.

négociation collective

Recherche d'un accord dans le cadre de discussions entre les représentants des **employeurs** et des **syndicats** de **salariés** en vue de conclure une **convention collective** ou de la réviser.

 Art L. 132-11 et 132-27, C. trav.

nom commercial

Élément du **fonds de commerce**, c'est l'appellation sous laquelle une personne physique ou morale exerce son activité.

 Il peut s'agir d'une **dénomination** fantaisiste, d'un nom patronymique pour une personne physique, d'une énumération des associés pour une **personne morale**.

 Art. L. 141-5, C. com. ; art. L. 421-1 et s., CPI.

 *Cf. dénomination sociale.*

nomenclature des activités de la Communauté européenne (NACE)

Recensement de l'ensemble des activités des agents économiques des pays appartenant à la Communauté économique européenne.

nomenclature des activités françaises (NAF)

La NAF Rev 1 est en vigueur depuis le 1er janvier 2003. Elle ajoute un niveau national aux classes de la **nomenclature des activités de la Communauté européenne,** afin de tenir compte des spécificités des activités en France.

 Tous les acteurs économiques ont un code NAF.

748 K, services annexes aux entreprises.

non-lieu

Décision d'une juridiction d'instruction de clôturer l'**instruction** contre une personne en raison des charges insuffisantes existant contre elle.

normalisation

Ensemble de mesures ayant pour **objet** la fourniture de documents de référence concernant les produits, **biens** et services. Il s'agit de solutions applicables aux relations entre **partenaires** économiques, scientifiques, techniques et sociaux.

Décret 84-74 du 26 janvier 1984.

Cf. certification.

norme

- Règle de **droit**, par exemple la norme européenne.
- Règle technique à caractère obligatoire.

> Les **normes** de sécurité et les normes sanitaires sur un lieu de travail ; la norme qualité ISO 9001 version 2000.

http://www.afnor.fr/portail.asp
http://membres.lycos.fr/acanor

notaire

Officier public et **ministériel** chargé d'accomplir et d'authentifier les actes à la demande des parties.

http://www.notaires.fr

notification

Formalité par laquelle un **acte de procédure** est porté à la connaissance de l'autre partie, d'un tiers. En général, par courrier adressé en recommandé avec accusé de réception.

> La notification d'un **jugement** rendu par le conseil des prud'hommes.

Art. 651 et s., NCPC.

Cf. signification.

novation

Substitution d'une **obligation** nouvelle à une autre qui est éteinte.

Il s'agit de modifier l'**objet** ou la **cause** de l'obligation – modification de l'objet vendu – mais la novation peut aussi se faire par changement de **débiteur** ou de **créancier**.

Art. 1271 et s., C. civ.

nue propriété

Droit réel principal qui résulte d'un **démembrement de propriété** et qui confère à son titulaire le **droit** de disposer de la chose alors même que les prérogatives d'**usage** et de **jouissance** de cette chose ont été conférées au bénéficiaire de l'usufruit.

Art. 578 et s., C. civ.

nullité

C'est la disparition **rétroactive** d'un **acte juridique** prononcée par le **juge.** Cet acte juridique peut être entaché d'un vice de forme ou d'une irrégularité de **fond** (**incapacité, vice du consentement...**).

> L'**annulation** rétroactive d'une **vente** pour **erreur** sur la chose : le numéro cadastral ne correspond pas au **bien** visité par l'acquéreur.

☞ *Cf. annulation.*

O

objet

En matière contractuelle, l'objet est la prestation née du **contrat** : **obligation** de donner, de faire ou de ne pas faire quelque chose. En cas d'obligation de donner (**contrat de vente**, par exemple), la chose doit exister, être déterminée ou déterminable (espèce, quantité) et être **licite** (dans le commerce) pour que le contrat soit valable.

L'objet du contrat de **prestation de service** est la fourniture du service qui doit être décrit avec suffisamment de précisions pour emporter l'accord des parties.

 Art. 1126 et s., C. civ.

objet social

Ce sont les activités arrêtées par les associés d'une **personne morale** et contenues dans les **statuts**.

 En pratique, si la **société** désire exercer une activité en dehors de son objet social, elle doit en modifier les termes dans les statuts.

 Art. L. 210-1 et s., C. com.

obligation

Lien de **droit** né d'une **loi**, d'un **contrat**, en vertu duquel une personne, le **débiteur**, est tenue envers une autre personne, le **créancier**, d'accomplir certaines prestations.

Exemple d'obligation légale : l'obligation alimentaire entre ascendants et descendants, entre époux...
Exemple d'obligation contractuelle : le versement d'**honoraires** à un **expert** pour certaines prestations.

obligation de conseil

Devoir du **professionnel** d'informer et d'éclairer le client – non professionnel ou professionnel d'un autre domaine – sur tous les aspects de l'**objet** et de l'exécution du **contrat.**

En pratique, **obligation** à laquelle tous les professionnels sont tenus, quelle que soit leur activité matérielle, intellectuelle...

obligation de moyen

Le **professionnel** doit utiliser toutes ses compétences et faire toutes les diligences nécessaires à l'exécution de sa mission. Sa responsabilité n'est engagée qu'en cas de manquement prouvé.

Le médecin a pour **obligation** de déployer les soins nécessaires pour soigner son patient mais n'est pas tenu de le faire guérir. En raison de l'**aléa** thérapeutique, le médecin verra sa responsabilité retenue lorsqu'il aura commis une faute dans la dispense des soins.

obligation de résultat

Obligation pour le **débiteur** d'arriver au résultat fixé.

Pour le transporteur, un colis doit aller d'un point A à un point B. La responsabilité est engagée du seul fait du manquement à cette obligation (sauf hypothèses particulières).

obligation solidaire

Obligation dont chacun des **débiteurs** est tenu, à l'égard du **créancier**, en totalité.

> Les codébiteurs **solidaires** dans le cas du **cautionnement** sont tenus, chacun, au **paiement** de la totalité de la **dette** ; le premier à régler le créancier pourra se retourner contre le ou les codébiteurs pour obtenir le remboursement de l'excédent de sa quote-part.

 Art. 1197 et s., C. civ.

officier ministériel

Personne nommée par les pouvoirs publics, titulaire de son office, chargée de concourir à l'administration de la **justice**.

 *Cf. notaire, huissier, greffier auprès du tribunal de commerce.*

officier public

Terme désignant des personnes habilitées par la **loi** à authentifier des actes.

> Officier d'état civil, **huissier**, **notaire**...

offre

Proposition de **contrat**, proposition d'un **prix**. Selon les termes de celle-ci, il pourra s'agir d'une simple offre de pourparlers (discussion d'un contrat) ou d'une offre ferme qui engage son auteur en cas d'acceptation du destinataire de l'offre.

> Devis de travaux.

offre publique d'achat (OPA)

Proposition faite aux **actionnaires** de la **société** cible de racheter leurs **actions** moyennant un prix supérieur à leur **cotation** boursière. Elle permet à une société de prendre le contrôle d'une autre société cotée sur le **marché financier.**

offre publique d'échange (OPE)

Opération par laquelle une **société** fait connaître publiquement son intention d'échanger les **actions** d'une autre société contre les siennes.

OPA

☞ *Cf. offre publique d'achat.*

OPE

☞ *Cf. offre publique d'échange.*

opposabilité

Caractère d'un acte ou d'un **droit** dont les effets rayonnent à l'égard de toute personne tierce au dit acte ou droit.

> L'opposabilité aux tiers d'un **acte authentique** de **vente**.

opposition

- Défense faite par une personne qui s'oppose à un acte ou à une situation.

L'opposition au **paiement** d'un **chèque**, l'opposition au mariage…

- **Voie de recours** ordinaire contre un **jugement** rendu par **défaut.**

Le **défendeur** qui conteste la **créance** peut faire opposition dans le **délai** d'un mois de la **signification** de l'**ordonnance** d'**injonction de payer.**

Cf. titre exécutoire.

ordonnance

Décision prise par un **juge unique** (**juge** des **référés, juge de l'exécution, juge d'instruction**…).

Cf. jugement, titre exécutoire.

ordonnance de clôture

Décision du **juge** de clôturer l'**instruction** d'une affaire devant le **tribunal de grande instance** (TGI) ou la **cour d'appel** et de la renvoyer à plaider. Cette **ordonnance** n'est pas susceptible de **recours** et empêche toute production ultérieure de **pièces** ou de **conclusions.**

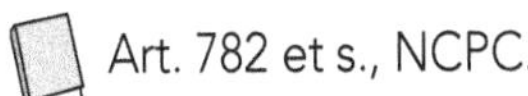

Art. 782 et s., NCPC.

ordre (procédure d')

Procédure de distribution du **prix** de **vente** d'un immeuble aux différents **créanciers**, selon leur rang, par le **juge.**

Le créancier titulaire d'une sûreté est d'un rang supérieur au créancier **chirographaire.**

ordre administratif

Ensemble hiérarchisé des **juridictions administratives** placé sous l'égide du **Conseil d'État.**

Tribunal administratif, cour administrative d'appel.

Par opposition à l'ordre judiciaire.

ordre d'achat

Bon de commande transmis par l'acheteur à un fournisseur.

En pratique, il vaut **consentement** à la **vente** et noue le **contrat** ; il est souvent assorti de conditions générales d'achat.

ordre des avocats

Doté de la personnalité morale, il regroupe l'ensemble des avocats du **barreau** d'un **tribunal de grande instance.** L'ordre est représenté par un **bâtonnier** élu par ses pairs pour 2 ans. Il est administré par le conseil de l'Ordre.

Il veille au respect des règles déontologiques gouvernant la profession.

http://www.cnb.avocat.fr
http://www.ordre-avocats-cassation.fr

ordre du jour

Il correspond à l'ensemble des questions traitées au cours d'une assemblée : assemblée parlementaire, assemblée d'associés, d'**actionnaires**, de copropriétaires…

ordre judiciaire

Ensemble des **juridictions civiles**, commerciales et pénales, organisées en une hiérarchie placée sous l'autorité de la **Cour de cassation.**

Le **tribunal d'instance**, le **tribunal de grande instance**, le **tribunal de police**, correctionnel, la cour d'assises, le **tribunal de commerce**, le **conseil** de **prud'hommes**, la **cour d'appel**.

http://www.justice.gouv.fr/justorg/justorg6b.htm

ordre professionnel

Organisme corporatif établi par la **loi** regroupant certaines **professions libérales** et assurant la **réglementation** et la juridiction disciplinaire sur ses membres.

L'ordre des **experts comptables** assure la représentation, la défense de la profession et le respect de la discipline par ses membres.

ordre public

- Règles impératives s'imposant au comportement et aux **conventions** des personnes pour des raisons de sécurité ou de moralité.
- Il désigne aussi l'application impérative d'une **disposition.**

Le **contrat** de **bail commercial** doit être impérativement soumis au **décret** du 30 septembre 1953 (aujourd'hui codifié dans le code de commerce).

 Art. 6, C. civ.

original

Écrit établi en un ou plusieurs exemplaires signés par les parties à l'acte, leur nombre étant mentionné dans l'acte.

outillage

Matériel permettant de donner une sûreté au **créancier** (ou au financier), lors de son achat, grâce à la technique du **nantissement.**

ouverture de crédit

Contrat par lequel le banquier accorde un certain **découvert** à son client, c'est-à-dire le **droit** de disposer d'un certain montant de trésorerie.

En pratique, elle est souvent annexée à la **convention** de compte courant.

P

pacte de préférence

Convention par laquelle une personne accorde à une autre de lui vendre en priorité un **bien** (si elle décide de vendre) soit à des conditions fixées à l'avance soit aux conditions proposées par un tiers.

En pratique, n'oblige pas à vendre mais confère un **droit** préférentiel d'acquisition conventionnel. Ainsi, l'**auteur** du pacte ne pourra vendre à un autre que le bénéficiaire, sauf refus de ce dernier.

pacte de quota litis

Convention par laquelle le plaideur confie son **procès** à un conseil en prévoyant une rémunération de résultat sur le montant de l'**indemnité** allouée.

Cette convention d'**honoraires** exclusivement basée sur les résultats de l'affaire est interdite en principe aux **avocats**. Il est cependant possible de prévoir un honoraire de base et un honoraire de résultat.

Loi du 31 décembre 1971.

paie

Somme d'argent versée en exécution d'une **obligation** de somme d'argent, généralement due au titre d'un **contrat de travail**.

Cf. bulletin de paie.

paiement

Versement d'une somme d'argent en exécution d'une **obligation.**

Le paiement peut également être réalisé par le procédé de la **dation en paiement** ; il s'agit alors de donner autre chose que ce prévu au **contrat**, un immeuble par exemple.

Art. 1235 et s., C. civ.

par défaut (procédure)

Procédure menée contre un **défendeur** qui n'a pas comparu à l'**audience** ; l'affaire est alors jugée en son absence.

Cf. jugement par défaut.

paraphe

Signature abrégée (initiales) du prénom et du nom approuvant les feuillets, les renvois d'un acte.

En pratique, un **contrat** doit être paraphé sur chacune de ses pages.

parquet

Service du **ministère public** auprès du **tribunal de grande instance**, dirigé par le **procureur de la République.** Service de la **cour d'appel** dirigé par le procureur général et service de la **Cour de cassation** dirigé par le procureur général près la Cour de cassation.

http://www.conseil-superieur-magistrature.fr

partenaire

- Personne participant à des **négociations collectives** pour la défense de ses intérêts. On parle de partenaires sociaux pour désigner l'ensemble des parties en présence dans les relations collectives de travail, c'est-à-dire les groupes d'**employeurs**, de **salariés**…
- Terminologie utilisée en matière commerciale pour désigner des acteurs économiques qui traitent des affaires ensemble.

participation

Ensemble des parts ou **actions** du capital d'une **société** détenues par une personne physique ou morale. Au sens strict, la participation est la détention d'une fraction du capital comprise entre 10 et 50 %.

Cf. filiale.

participation des salariés

Dispositif prévu afin d'associer les **salariés** aux **résultats** de l'entreprise. Chaque salarié acquiert un **droit** sur une part de **réserve spéciale.** La **participation** est obligatoire pour les entreprises d'au moins cinquante salariés, l'**intéressement** est facultatif (ses modalités sont distinctes de la participation). Ces dispositifs sont assortis d'**exonérations** fiscales et sociales pour l'entreprise et les salariés.

Art. L. 442-1 et s., C. trav.

partie civile

Personne qui demande réparation de son **préjudice** à l'**auteur** d'une **infraction** devant une juridiction pénale et devient ainsi partie au **procès.**

La partie civile peut notamment être la victime, les héritiers ou l'État.

parties communes

Dans une copropriété, désignent les parties d'immeubles affectées à la **jouissance** de tous les copropriétaires (entrées, couloirs, ascenseurs...).

La rénovation des parties **communes** de la copropriété doit faire l'objet d'une décision collective et d'une contribution à hauteur de la fraction de **propriété** détenue dans l'immeuble (millièmes).

parties privatives

Dans une copropriété, désignent les parties d'immeubles affectées à la **jouissance** privative de chaque copropriétaire.

parts sociales

Titres qui correspondent aux **droits** des associés dans le capital d'une **société** de personnes (**en nom collectif**, d'une **société en commandite** simple), d'une **SARL** ou d'une **société civile.**

La **cession** des parts sociales est imposée à 4,80 % en **droit** d'enregistrement.

pas de porte

En matière de **bail commercial**, c'est le nom donné à la somme d'argent versée par le preneur (locataire) au propriétaire lors de la première entrée dans les murs. Le **droit** au **bail** est la somme d'argent versée par un nouveau preneur à l'ancien locataire qui lui a cédé son bail.

passif

Ensemble des **dettes** de l'entreprise à l'égard des tiers figurant au **bilan**.

patrimoine (unicité du)

Le patrimoine est constitué par l'ensemble des **droits** et **obligations** d'une personne. Le principe de l'unicité du patrimoine signifie qu'une personne ne peut avoir qu'un seul patrimoine. Ainsi, s'agissant d'un **commerçant** personne physique, il n'y a pas de différence entre les **dettes** de son entreprise et ses dettes personnelles. Le commerçant personne physique pourra donc être poursuivi sur l'ensemble de ses **biens** pour le recouvrement de ses dettes.

Pour ne pas s'exposer à de telles poursuites, il est possible toutefois de constituer une **société** qui disposera ainsi de son patrimoine propre.

patronyme

Nom de famille.

En pratique, un **commerçant** peut aussi utiliser son patronyme comme **nom commercial**. Si toutefois il cède son **fonds de commerce** avec son nom commercial, il conserve certes la possibilité d'utiliser son nom pour la vie de tous les jours mais il perd le **droit** d'en user en tant que **dénomination** commerciale pour une activité similaire.

peine

Sanction prévue par la **loi**, prononcée par le **juge** en matière d'**infraction** pénale.

> Condamnation à une peine de prison avec ou sans **sursis**, **paiement** d'une **amende**, travail d'intérêt général.

pénalité de retard

Sanction pécuniaire proportionnelle au montant non réglé, appliquée en matière sociale ou fiscale ou de manière contractuelle.

Les conditions générales prévoient par exemple une **clause pénale** de 10, 15 ou 20 %, applicable en cas de retard de **paiement**.

pension

Allocation périodique versée à un bénéficiaire au titre de la retraite, de l'invalidité, de l'**obligation** alimentaire…

Les pensions doivent être déclarées lors de la déclaration de revenus.

péremption

Anéantissement de certains actes en raison de l'écoulement d'un certain **délai.**

Péremption de l'**instance** si aucune diligence n'est effectuée dans un délai de 2 ans.

période d'essai

Période qui permet à l'**employeur** d'apprécier les aptitudes du **salarié** et à ce dernier de prendre connaissance des conditions et de l'intérêt du travail. L'éventuelle rupture de cette période peut intervenir à tout moment, sans **préavis**, sans justification, ni **formalité** unilatéralement de la part de l'employeur ou du salarié. La durée de la période d'essai doit être proportionnelle au temps nécessaire pour vérifier les compétences du salarié au poste qui lui est confié.

Un renouvellement de la période d'essai est possible dans certaines conditions, dès lors que les parties en ont convenu ainsi lors de l'embauche.

Art. 122-4, C. trav.

période d'observation

Période de 4 à 5 mois suivant le prononcé du **jugement** d'ouverture de **redressement judiciaire** au cours de laquelle est dressé un **bilan** de la situation et sont évaluées les chances de redressement de l'entreprise.

Le **tribunal de commerce** peut nommer un ou plusieurs **administrateurs judiciaires** qui ont pour mission soit de surveiller les opérations de gestion, soit d'assister le **débiteur** pour tous les

actes concernant la gestion ou certains d'entre eux, soit d'assurer seuls, entièrement ou en partie, l'administration de l'entreprise.

Art. L. 621-6 et L. 621-16 et s., C. com.

période suspecte

Période s'étendant de la **cessation de paiements** au prononcé du **jugement** d'ouverture du **redressement judiciaire.** Certains actes effectués au cours de cette période sont suspectés d'irrégularité et encourent la **nullité.** Cette période peut être remontée jusqu'à 18 mois en arrière du **jugement déclaratif.**

Les actes à titre **gratuit** translatifs de **propriété**, réalisés pendant la période suspecte, sont nuls.

Art. L. 621-107 et s., C. com.

☞ *Cf. procédure collective.*

personne morale

Groupement considéré comme un sujet de **droit** distinct du ou des membres qui le composent, doté de la personnalité juridique, titulaire de droits et d'**obligations.** Tout groupement n'est pas une personne morale ; pour ce faire, il doit être pourvu d'une possibilité d'expression collective pour la défense d'intérêts **licites.** Une **société** est dotée de la personnalité morale dès son **immatriculation** au **registre du commerce et des sociétés** (RCS).

Les **associations** ont la personnalité morale dès publication au *Journal officiel.* Les sociétés civiles immobilières ont la personnalité morale dès leur immatriculation au RCS.

pertes

Amoindrissement pécuniaire d'un patrimoine.

En **droit** des sociétés, les pertes désignent le **résultat** excédentaire de l'ensemble des charges d'exploitation d'un exercice sur les produits de celui-ci.

La perte de plus de la moitié du **capital social** doit donner lieu à une décision des associés de poursuivre la **société**. Cette décision doit être publiée dans un **journal d'annonces légales** et au **registre du commerce et des sociétés** (RCS) ; c'est une précieuse indication pour les **créanciers**...

petites et moyennes entreprises/petites et moyennes industries (PME/PMI)

Ce sont celles qui emploient moins de 500 **salariés.**

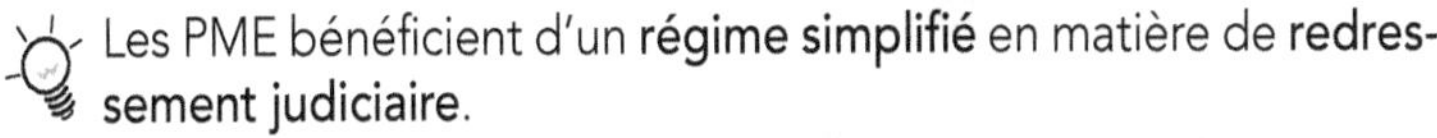

Les PME bénéficient d'un **régime simplifié** en matière de **redressement judiciaire**.

pièces

Documents fournis par les parties à l'appui de leur argumentaire ; ils doivent être communiqués entre les parties de manière **contradictoire.**

Des correspondances, des **attestations**, des photos constatant des dégâts matériels...

pilote (banque)

Banque **maître d'œuvre** d'un projet industriel ou **immobilier** qui coordonne l'ensemble des moyens de **financement.**

Cf. pool bancaire.

place (boursière)

Lieu de négociation ou de **cotation** où peuvent être réalisées des opérations financières ou économiques.

Wall Street, Bourse de Paris, Bourse de Tokyo...

 *Cf. bourse des valeurs.*

placement

Opération consistant à employer une somme d'argent pour l'acquisition d'**actifs** réels ou financiers, sans rapport direct avec l'activité professionnelle de la personne ou de l'entreprise, dans le but que ceux-ci prennent de la valeur et/ou produisent des revenus.

L'achat d'immeubles ou d'**actions**.

plafond de la Sécurité sociale

C'est le montant des rémunérations maximums prises en compte pour le décompte de certaines **cotisations sociales** ou de certaines prestations.

 En pratique, **indice** de référence utilisé par l'administration fiscale pour apprécier le caractère déductible ou non de certains **avantages en nature**.

 C. séc. soc.

plaidoirie

C'est, devant une juridiction, la présentation orale des prétentions et de l'argumentation par les parties. Lorsque la procédure est **écrite**, les plaideurs ne peuvent soulever d'autres **moyens** que ceux inclus dans les **conclusions.**

 Constitue le point capital d'un **procès** pénal, compte tenu de la spécificité du procès pénal (procédure orale).

plainte

Acte par lequel une personne victime d'une **infraction** en informe les autorités de police, de gendarmerie ou le **procureur de la République.** La plainte avec constitution de **partie civile** met automatiquement en mouvement le **procès** pénal.

> Plainte pour mise en danger d'autrui déposée par les **salariés** contre leur **employeur.**

plan de cession

En matière de **procédure collective, décision** de **justice** dont l'**objet** est d'assurer la sauvegarde de l'entreprise en difficulté au moyen de la cession de tout ou partie de ses activités économiques viables.

 En pratique, une unité de production peut aussi faire l'objet d'un plan de cession dès lors qu'elle présente un caractère suffisamment autonome.

 Art. L. 620-1 ; L. 621-62 et s. ; L. 621-83 et s., C. com.

 *Cf. redressement judiciaire.*

plan de continuation

En matière de **procédure collective, décision** de **justice** destinée à sauver l'entreprise en difficulté en poursuivant son activité. Le plan comprend des **délais de paiement**, des **remises de dette** accordées par les **créanciers.** Il peut prévoir des **restructurations** économiques, juridiques, sociales.

En pratique, l'activité est alors poursuivie par le **débiteur**. L'entreprise redevient *in bonis* et le chef d'entreprise retrouve tous ses pouvoirs. Un **commissaire à l'exécution du plan** est toutefois nommé afin de surveiller la bonne exécution de celui-ci.

Art. L. 620-1 ; L. 621-62 et s. ; L. 621-70 et s., C. com.

Cf. redressement judiciaire.

plan de sauvegarde de l'emploi

Dans l'hypothèse d'un **licenciement économique** collectif, c'est-à-dire de plus de 10 personnes, touchant une entreprise d'au moins 50 **salariés**, l'**employeur** doit établir un plan social qui consiste à éviter et limiter les **licenciements**, à faciliter le reclassement des salariés.

Convention de conversion, aménagement du temps de travail.

Art. L. 321-4, C. trav.

plus/moins-value

C'est la différence entre la valeur de **cession** (**prix** de **vente**, valeur réelle du **bien**) et la valeur comptable (valeur pour laquelle le bien est inscrit au **bilan**). S'il s'agit d'un bien amortissable, on prend en compte la valeur nette comptable, c'est-à-dire le prix de revient moins le montant des **amortissements**.

En pratique, la plus-value constatée lors de la cession d'un bien est imposée selon le régime qui lui est applicable (plus-value professionnelle, plus-value immobilière...).

PME/PMI

Cf. petites et moyennes entreprises/petites et moyennes industries.

pool

Groupe d'entreprises unissant leurs efforts sur un projet commun pour permettre notamment de répartir les **risques.**

pool bancaire

Groupement ou **entente** entre plusieurs banques.

Dans le cadre d'un soutien financier à une entreprise.

portable (créance)

Créance que le **débiteur** doit acquitter au **domicile** du **créancier** ou au lieu fixé par **contrat.**

C'est l'inverse de la créance **quérable** par le créancier au domicile du débiteur.

Détermination du lieu de paiement : art. 1247, C. civ.

postulation

Accomplissement des actes de procédure pour le compte d'un plaideur devant le TGI. Les **avocats** ne peuvent postuler que devant les **TGI** du **ressort** du **barreau** auquel ils sont inscrits.

poursuites (suspension provisoire des)

Mesure ordonnée par le président du **tribunal de commerce** ou du **tribunal de grande instance** dans le cadre de la procédure de **règlement amiable** afin d'interdire toutes **mesures d'exécution** et toutes les poursuites tendant à la condamnation du **débiteur** au versement d'une somme d'argent.

Art. L. 611-4, C. com.

pourvoi

Recours devant la **Cour de cassation** ou le **Conseil d'État** contre une **décision** de **justice** rendue en dernier **ressort.** Ce recours a pour objet d'obtenir l'**annulation** d'une décision pour violation d'une règle de **droit.**

> La Cour de cassation casse un **arrêt** rendu par une **cour d'appel** ou un tribunal (jugement en dernier ressort) en violation d'une règle de droit ou, au contraire, rejette le pourvoi considérant que la cour d'appel a jugé à bon droit.

pouvoir ad litem

Expression latine qui vise la mission confiée à un **auxiliaire de justice** de représenter une personne dans une procédure et de conclure.

> Le **mandat** de l'**avocat** lui donne *pouvoir ad litem* de représenter son client sans qu'il n'ait à justifier d'un pouvoir écrit.

pouvoir disciplinaire

Pouvoir d'établir des règles de discipline et de sanctionner le défaut de respect de celle-ci.

Chef d'entreprise, conseil de l'ordre...

 Art. L. 122-40, C. trav.

pouvoir discrétionnaire

Pouvoir d'apprécier sereinement l'opportunité d'une mesure à prendre.

Le pouvoir de grâce du président de la République.

pouvoir hiérarchique

Droit pour un supérieur hiérarchique de donner des instructions et de contrôler les actes de ses subordonnés.

pouvoir spécial

Mission confiée à une personne déterminée d'en représenter une autre en **justice**, dans le cadre d'une affaire précise, devant une juridiction définie ou avec une mission spéciale.

Le pouvoir spécial de l'article 853 du NCPC permet à tout **mandataire** de représenter une partie devant le **tribunal de commerce**.

pratiques discriminatoires

Traitement différencié et injustifié d'individus, de groupes, d'entreprises.

Le refus de contracter avec une personne en considération de sa nationalité, de sa race, de sa religion, de son sexe...

Art. L. 122-45, C. trav.

Cf. discrimination.

préavis

Période, d'une durée variable, qui suit l'annonce de la rupture d'un **contrat.** La durée du préavis est précisée en principe dans le contrat.

Pendant le préavis, les effets du contrat sont maintenus.

précompte

Retenue opérée par l'**employeur** sur le montant du salaire correspondant à des **cotisations sociales** à la charge du **salarié.**

Le non-**paiement** des précomptes par l'employeur est un **délit** pénal.

préjudice

Dommage dont une personne se prétend victime et demande réparation. Le préjudice indemnisable doit être direct (concerner personnellement le **demandeur**) et certain. Un préjudice futur peut être indemnisé s'il est certain qu'il se produira et s'il peut être évalué immédiatement.

Préjudice corporel, préjudice moral, préjudice matériel. C'est au demandeur d'établir la **preuve** de l'étendue du préjudice qu'il invoque et de son **lien de causalité** avec la **faute** commise par son adversaire.

prélèvement automatique

Technique consistant à autoriser un **créancier** à débiter le **compte bancaire** du titulaire.

À tout moment, le titulaire peut révoquer son **autorisation**.

prescription

Perte ou acquisition d'un **droit** du fait de l'écoulement d'un certain **délai.** La prescription extinctive (par exemple, la perte du droit d'agir) de **droit commun** est de 30 ans. Elle est de 10 ans en matière commerciale. Cette prescription abrégée correspondant à la durée de conservation obligatoire des archives et livres comptables. Il existe toutefois des prescriptions plus courtes, ainsi l'action des marchands en **paiement** de leurs marchandises contre leurs clients civils se prescrit par 2 ans ; de même les actions pour avarie, perte ou retard en matière de transport se prescrivent par 1 an.

Au-delà du délai de prescription, l'**action en justice** n'est plus recevable.

président du conseil d'administration

Mandataire social élu par le **conseil d'administration** d'une **société anonyme**, celui-ci peut avoir soit une mission de simple président, la direction étant confiée à un directeur, soit une mission de président et de direction générale de la **société.**

En pratique, il convoque le conseil d'administration, fixe l'**ordre du jour** et dispose d'une voie prépondérante en cas d'égalité. Il est encore appelé improprement PDG.

présomption

Mode de **preuve** par raisonnement juridique consistant à déduire un fait, jusqu'alors inconnu, de la réalité d'un autre fait. Elle est dite présomption de l'homme lorsqu'elle émane du **juge**. C'est une présomption légale lorsqu'elle est prévue par le législateur. Cette présomption est simple lorsqu'elle souffre de preuve contraire ; elle est dite irréfragable ou absolue dans le cas contraire.

L'inscription au **registre du commerce et des sociétés** (RCS) confère au **commerçant** une présomption de commercialité. Elle peut être renversée par la preuve contraire consistant à démontrer que cette personne n'accomplit pas d'actes de commerce à titre de profession habituelle.

Art. 1349 et s., C. civ.

présomption d'innocence

Principe selon lequel, en matière pénale, toute personne doit être considérée comme innocente tant qu'elle n'a pas été jugée coupable.

Ce principe est très difficile à faire respecter en pratique dans certaines affaires, en raison de la pression médiatique notamment et de l'air de la calomnie, cher à Beaumarchais…

Loi du 15 juin 2000 n° 2000-516 ; art. 9-1, C. civ.

prestation de service

Fourniture d'un ou de services appréciables en argent.

Contrat de mandat, contrat d'entreprise, contrat de bail.

prêt

Convention par laquelle le prêteur met à la disposition de l'emprunteur une chose afin qu'il s'en serve, à charge de la restituer.

En pratique, il peut s'agir d'un prêt **gratuit** ou d'un prêt à titre onéreux.

Le prêt de **matériel** entre entreprises à titre de service réciproque dans le premier cas, un prêt d'argent rémunéré par le versement d'**intérêts** dans le second.

Art. 1874 et s., C. civ.

Cf. crédit à la consommation.

prête-nom

Personne laissant croire qu'elle agit pour son propre compte alors qu'elle est **mandataire.**

En pratique, c'est un **mandat** par lequel le prête-nom s'interpose entre un tiers et son **mandant** pour en cacher l'identité. Cette dissimulation se justifie souvent par la crainte du mandant de subir un traitement discriminatoire.

Cf. simulation.

preuve

Démonstration de l'existence d'un fait, d'un acte ; le Code civil détermine les modes de preuve admis en matière civile : preuve au moyen d'un **écrit**, preuve par témoins, les **présomptions**, l'**aveu** et le **serment**.

La preuve est libre en matière commerciale : tout mode de preuve est admis à l'encontre d'un **commerçant** ayant agi dans le cadre de son activité commerciale, sauf **disposition** légale contraire. La preuve pourra ainsi être apportée par tout écrit, fax, photocopie, informatique, par **témoignage** ou présomption.

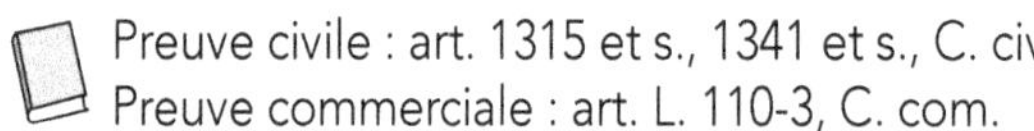
Preuve civile : art. 1315 et s., 1341 et s., C. civ.
Preuve commerciale : art. L. 110-3, C. com.

Cf. attestation.

prévenu

Personne qui est jugée en matière délictuelle (**délit**). On parle de contrevenant en matière de contravention de police et d'accusé en matière de crime.

prévoyance

Système de protection sociale contre les **risques** liés à la maladie, à l'**incapacité** de travail et à l'invalidité, au décès.

La protection sociale complémentaire entre éventuellement dans l'**objet** de la négociation annuelle obligatoire.

prime (d'assurance)

Prix versé à une entreprise d'**assurances** en contrepartie de la couverture d'un éventuel sinistre du **bien** assuré.

En pratique, la prime est le prix de la **garantie** par l'assureur.

prime (droit social)

Forme de gratification accordée par l'**employeur** au **salarié.** Elle peut être bénévole (décidée discrétionnairement par l'employeur), contractuelle (**contrat de travail, convention collective**) ou résulter d'un **usage.**

La prime du treizième mois.

prime d'émission

Somme d'argent exigée d'un souscripteur d'**actions** lors d'une **émission**, en plus de la **valeur nominale** de l'action.

En pratique, sorte d'**indemnité** versée aux **actionnaires** en considération de la valeur réelle de la **société** par rapport au **capital social** (capital d'origine dont la valeur est moindre compte tenu du développement de la société).

principal

Désigne le capital dont il est demandé **paiement**, par opposition aux demandes accessoires ou subsidiaires.

Se dit aussi du **débiteur** auquel le **créancier** demande d'abord le paiement (par opposition à la caution).

L'emprunteur est débiteur principal du montant de la somme empruntée ainsi que des **intérêts** applicables à ce principal.

priorité de réembauchage

Elle peut bénéficier au **salarié** licencié pour motif économique ou à celui qui a adhéré à une **convention de conversion.** Si le salarié demande à en bénéficier dans les 4 mois de la rupture de son **contrat**, cette priorité oblige l'**employeur**, pendant une durée de 1 an, à informer le salarié de tous les postes devenus disponibles dans l'entreprise et relevant de sa qualification.

Licenciement économique : art. L. 122-14-2, C. trav.
Mandat parlementaire : art. L. 122-24-2, C. trav.
Congé parental : art. L. 122-28, C. trav.

privilège

Sûreté légale ou conventionnelle conférant au **créancier** certains **droits** sur les **biens** de son **débiteur.** Le privilège assure une sécurité dans le **paiement** de la **créance** au créancier qui le détient.

Le privilège du **bailleur** sur les meubles garnissant les locaux loués, en cas de non-paiement des loyers.

Cf. hypothèque, nantissement, gage.

prix

Somme d'argent due par l'acquéreur au vendeur.

Définition : art. 1129, C. civ.
Vente : art. 1591 et 1592, C. civ.

procédure collective

Procédure ouverte à l'encontre de tout **commerçant**, **artisan** ou **personne morale** de **droit** privé, en état de **cessation de paiements**, en vue de sauvegarder l'entreprise, de maintenir l'activité et l'emploi et de procéder à l'apurement du **passif**.

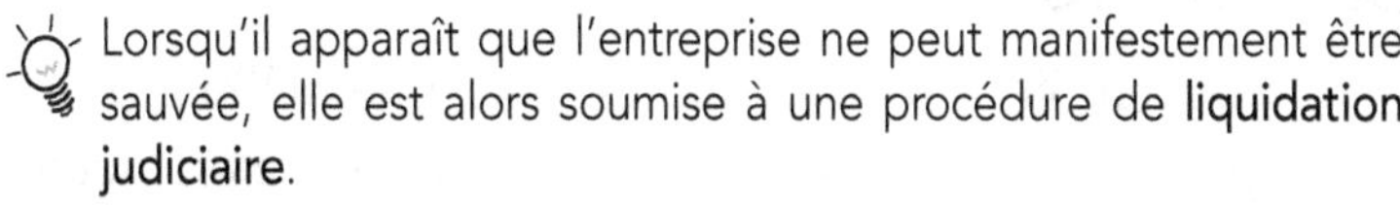

Lorsqu'il apparaît que l'entreprise ne peut manifestement être sauvée, elle est alors soumise à une procédure de **liquidation judiciaire**.

Art. L. 620-1, C. com.

Cf. administrateur judiciaire, mandataire judiciaire.

procédure d'alerte

Mesure de prévention déclenchée par les titulaires du **droit d'alerte** qui, constatant des faits de nature à compromettre la continuité de l'entreprise, en informent le chef d'entreprise pour que celui-ci prenne des mesures de redressement. À défaut de réaction du chef d'entreprise, il est possible de s'adresser au président du **tribunal de commerce** afin qu'il se saisisse de l'affaire.

Art. L. 234-1 et s., C. com.

procédure par défaut

Procédure menée contre un **défendeur** qui ne comparaît pas à l'**audience** à laquelle il a été convoqué ; l'affaire est alors jugée en son absence, le **jugement** est réputé **contradictoire**.

Cf. jugement par défaut, jugement par contumance.

procès

Litige opposant des parties et soumis à l'examen d'un **juge.**

 *Cf. action en justice, jugement.*

procès-verbal (PV)

Document **écrit** relatant des faits ou une **délibération.** Le procès-verbal est un document obligatoire ou facultatif, rédigé essentiellement dans un but d'archive ou de **preuve.** L'**huissier** de **justice** est habilité, parmi les différents actes de son ministère, à dresser des procès-verbaux de constat.

> Procès-verbal d'assemblée, procès-verbal constatant les défauts affectant le **bien immobilier** livré par le constructeur afin de lui permettre de mettre en œuvre sa **garantie** de parfait achèvement.

procuration

Acte par lequel une personne donne **droit** à une autre personne de la représenter pour la réalisation d'un acte.

> Procuration de vote.

 *Cf. mandat, mandataire.*

procureur de la République

Magistrat placé à la tête du **ministère public** près le **tribunal de grande instance.**

 Il y a un procureur de la République par tribunal de grande instance (TGI), sous l'ordre duquel sont placés les substituts.

profession libérale

Exercice d'activités civiles, intellectuelles et indépendantes par des personnes physiques ou morales y consacrant leur compétence et recevant en contrepartie leurs revenus.

L'indépendance de ces professions se caractérise par l'absence de **lien de subordination** ; toutefois elles sont strictement encadrées par leurs règles de déontologie.

professionnel

Personne, agissant dans le cadre de son activité professionnelle, sur qui pèse une **obligation de conseil** ayant trait à la profession.

Le professionnel perd sa qualité et ses **obligations** lorsqu'il agit en dehors de sa sphère de compétence : il devient alors un non-professionnel.

profit

Enrichissement pécuniaire résultant soit d'une **plus-value**, soit d'une opération financière avantageuse, soit des **résultats** d'une activité économique (différence entre un **prix** de **vente** et les coûts de production et de commercialisation d'un produit sur le **marché**).

En pratique, le profit permet de dégager un **bénéfice**, puis un résultat positif ; il peut revêtir un caractère exceptionnel et sera mentionné comme tel au **bilan** de l'entreprise.

projet de loi

Texte émanant du gouvernement et proposé à l'adoption du parlement.

Des modifications sont souvent apportées au projet annoncé en raison des amendements des parlementaires et des sénateurs...

Cf. proposition de loi.

promesse de vente

Engagement unilatéral ou bilatéral d'accomplir un acte de **vente.**

En pratique, la promesse unilatérale de vente oblige seul le promettant jusqu'à la levée d'option du bénéficiaire qui forme la vente ; la promesse **synallagmatique** de vente, engagement bilatéral, oblige les deux parties dès sa conclusion.

Art. 1589 et 1589-1, C. civ. ; art. L. 271-1 et 2, C. const. et habit. Art. 1840-A, CGI.

promoteur

Personne dont l'activité consiste à faire réaliser un programme **immobilier** sur le terrain d'un propriétaire avec lequel il est lié par un **contrat** de promotion.

Art. 1831-1 et s., C. civ.

promulgation de la loi

Acte par lequel le président de la République donne aux autorités publiques l'ordre d'observer et de faire observer la **loi** votée par les organes législatifs.

proposition d'assurance

Questionnaire fermé auquel doit strictement répondre le souscripteur d'un **contrat d'assurance** afin que l'assureur puisse évaluer le **risque** à couvrir.

L'assureur évalue le risque par rapport à des critères qui lui sont propres (un cours d'eau à proximité de l'habitation, accidents de voiture à répétition...). Il est impossible d'ajouter des formules, ni à ce questionnaire, ni même au **contrat** qui est un contrat d'adhésion.

proposition de loi

Texte en préparation, émanant d'un parlementaire, proposé à l'Assemblée nationale pour être adopté en tant que **loi.**

En pratique, il y a moins de propositions de loi que de **projets de** loi.

propriété

Droit réel absolu conférant l'ensemble des prérogatives sur un **bien**, dénommées de manière traditionnelle l'*usus*, le *fructus* et l'*abusus.* Le titulaire du **droit de propriété** peut alors user de la chose, en percevoir les fruits et l'aliéner.

propriété commerciale

Expression traduisant le **droit** au renouvellement ou, à défaut, le droit au **paiement** d'une **indemnité** d'éviction accordée au locataire titulaire d'un **bail commercial.**

 Utiliser le terme de propriété est un abus de langage : son bénéficiaire n'est autre qu'un locataire titulaire d'un **droit personnel** de **jouissance** sur le **bien**. Il s'agit toutefois d'un **bail** qui, par le droit au renouvellement, assure une longévité d'occupation qui laisse penser à un **droit de propriété**.

 *Cf. droit au renouvellement.*

propriété industrielle

C'est l'ensemble des **droits** conférant un **monopole** d'exploitation sur une création nouvelle (**brevet** d'invention, **dessin** ou **modèle**) ou un signe distinctif (**marque, nom commercial, enseigne**…).

 En pratique, le monopole applicable aux **brevets**, **dessins** et modèles est limité dans le temps (20 ans et 25 ans renouvelables une fois), alors que la protection accordée aux marques est renouvelable indéfiniment.

http://www.cncpi.fr/html/index.htm

propriété intellectuelle

Ce sont les **droits** accordant le **monopole** d'exploitation au créateur d'une œuvre de l'esprit.

> La commercialisation d'une œuvre musicale appartient à son **auteur**.

propriété littéraire et artistique

Expression désignant les **droits** moraux et patrimoniaux de l'**auteur** d'une œuvre littéraire ou artistique.

 Appartient à la catégorie des droits de **propriété intellectuelle**.

prorata temporis

Expression latine signifiant « à proportion du temps écoulé ».

> L'**amortissement** linéaire ou dégressif d'un **bien** immobilisé à l'**actif** de l'entreprise se fait *prorata temporis*.

protêt

Acte dressé par un **huissier** ou un **notaire**, mentionné sur un registre tenu au **greffe du tribunal de commerce** et constatant officiellement le non-**paiement** à l'échéance d'une **lettre de change** ou d'un **billet à ordre.**

Cette pratique a tendance à disparaître du fait que l'inscription d'un protêt n'est plus nécessaire au **créancier** pour agir en **justice**.

Lettre de change : art. L. 511-39, C. com.
Billet à ordre : art. L. 512-3, C. com.

provision

- En matière d'**effet de commerce**, c'est la **créance** du **tireur** sur le **tiré** (transmise avec le titre), qui devra exister au plus tard à l'échéance.
- En matière comptable, c'est en général la constatation anticipée au **bilan** d'une charge future probable.

> Provision pour **paiement** des **congés payés**, provision pour redressement fiscal contesté ou **majorations de retard** dont il est demandé le dégrèvement.

publicité

Formalité imposée par la **loi** pour faire connaître aux tiers certaines informations.

> Publicité dans un **journal d'annonces légales** et au BODACC (*Bulletin officiel des annonces civiles et commerciales*) de la constitution d'une **personne morale**, d'un changement de dirigeant, de siège, d'une **augmentation de capital**, de redressement ou de **liquidation judiciaire**…

publicité comparative

Publicité strictement réglementée qui met en comparaison des **biens** ou services en identifiant implicitement ou explicitement un concurrent ou des biens ou services offerts par un concurrent.

Art. L. 121-8, C. consom.

publicité foncière

Tenue du **fichier immobilier** et de la liste des **privilèges, hypothèques** et **droits** portant sur les immeubles.

Cette publicité est tenue par la **conservation des hypothèques**.

publicité mensongère

Infraction consistant à publier des allégations, indications ou présentations fausses ou de nature à induire en **erreur**, quel que soit le support utilisé.

Art. L. 121-1, C. consom.

purge

Procédure qui permet à l'acquéreur d'un immeuble hypothéqué de verser aux **créanciers** le **prix** d'acquisition pour lever les **hypothèques**, quel que soit le montant de celles-ci.

 Le prix d'achat sera réparti selon l'ordre des créanciers.

 Art. 2181 et s., C. civ.

Q

quasi-délit

Fait commis par négligence ou **imprudence** et qui cause un dommage à autrui.

Le responsable doit réparer le préjudice de la victime.

Art. 1382 et s., C. civ.

Cf. responsabilité civile, délit.

quérable

Caractère d'une **créance** qui doit être réclamée par le **créancier** au **domicile** du **débiteur**.

quittance

Écrit remis au **débiteur** et par lequel le **créancier** reconnaît avoir eu **paiement** de sa **créance**.

La quittance de loyer.

Quittance de loyer : loi du 6 juillet 1989 ; art. 21.

quitus

Approbation par une personne ou une assemblée de la gestion ou des actes accomplis par son **mandataire** et qui décharge désormais celui-ci de toute responsabilité.

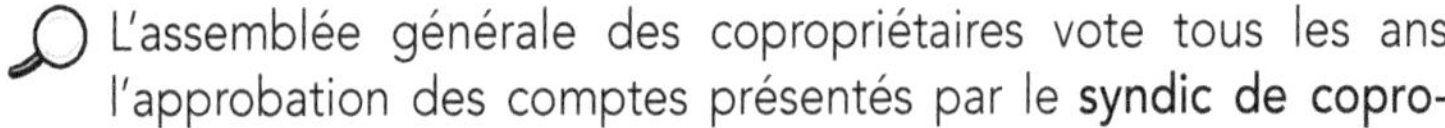
L'assemblée générale des copropriétaires vote tous les ans l'approbation des comptes présentés par le **syndic de copro-**

priété et lui donne quitus de sa gestion, c'est-à-dire ratifie tous les actes qu'il a accomplis comme mandataire.

quorum

Proportion minimale de participants à une assemblée pour adopter valablement des **résolutions.**

En pratique, le quorum est défini par la **loi** et les statuts, de façon variable selon le type d'assemblée.

R

rachat d'une entreprise par ses salariés (RES)

Technique qui consiste à faire acquérir l'entreprise par une **société** nouvelle, créée à cet effet, dont les **salariés** repreneurs devront détenir au moins le tiers des **droits** de vote. Ce rachat est financé par des emprunts qui seront remboursés par les **bénéfices** futurs de l'entreprise rachetée, ce qui sous-entend que cette dernière soit rentable.

Ce procédé est utilisé lorsque l'entrepreneur ne trouve pas d'acquéreur ou lorsqu'il décède sans héritier, par exemple.

raison sociale

Nom de certaines **sociétés** composé à partir du nom des associés, utilisé pour les sociétés dont les associés sont indéfiniment responsables du **passif** social.

rating

Évaluation des organismes qui empruntent sur les **marchés** au regard des **risques** qu'ils représentent pour les souscripteurs.

ratio

Rapport mathématique entre deux éléments quantitatifs.

> Le ratio établi entre deux valeurs figurant au **bilan** ou dans les comptes de **société**.

RCS

☞ *Cf. registre du commerce et des sociétés.*

recours

Action en justice.

☞ *Cf. voies de recours.*

recouvrement amiable

Utilisation de techniques de communication pour obtenir d'un **débiteur** le **paiement** volontaire de la **créance** due au **créancier.** Cette activité est réglementée par le **décret** du 18 décembre 1996.

☞ *Cf. agent de recouvrement.*

recouvrement de créances

Terminologie qui vise l'encaissement d'une **créance** (**certaine**, liquide et exigible) impayée à l'échéance.

Au même titre que l'**huissier** de **justice**, l'**agent de recouvrement** de créances peut utiliser tous les **moyens** de **droit** – par voie **amiable** ou **judiciaire** – pour obtenir le **paiement** du montant dû au **créancier.**

Les techniques des intervenants spécialisés du recouvrement sont graduées selon la résistance du **débiteur**. L'action de **recouvrement amiable** – courrier, téléphone, visite – est parfois suivie de l'utilisation de procédures judiciaires (**injonction de payer**, **assignation** au **fond** et en **référé**). Ces actions judiciaires sont toujours mises en œuvre lorsque le débiteur est de **mauvaise foi** pour obtenir un titre exécutoire.

☞ *Cf. agent de recouvrement.*

www.france-creances.com

recouvrement forcé

Par opposition au **recouvrement amiable**, il désigne les procédures d'exécution mises en œuvre par l'**huissier de justice** telles que les diverses **saisies** à la suite d'une décision judiciaire revêtue de la formule exécutoire.

Saisie vente, saisie attribution, saisie des rémunérations...

Loi du 9 juillet 1991 n° 91-650.

reçu pour solde de tout compte

Attestation écrite remise au **débiteur** par laquelle le **créancier** reconnaît qu'il a perçu l'intégralité des sommes lui restant dues à une date donnée.

En **droit** social, ce reçu peut être dénoncé, par le **salarié**, dans un **délai** de deux mois à compter de sa **signature**.

Art. L. 122-17, C. trav.

redressement judiciaire

Procédure ouverte à l'encontre d'une entreprise en état de **cessation de paiements.** Le **jugement** d'ouverture sera en général suivi d'une **période d'observation** et, en cas d'impossibilité de redressement, d'une **liquidation judiciaire** immédiate. Cette procédure vise à l'adoption soit d'un **plan de cession** de l'entreprise soit d'un **plan de continuation.**

Le redressement judiciaire a pour but de maintenir l'activité économique, de sauvegarder les emplois et d'apurer le **passif**. Cette procédure ne peut réussir que si l'entreprise est viable et ne génère aucun nouveau passif postérieurement au **jugement déclaratif**.

 *Cf. procédure collective.*

réfaction

Possibilité pour le **juge**, en matière commerciale, de réduire le **prix** de **vente** en considération de l'inexécution de certaines **obligations** contractuelles.

 C'est une alternative à la **résolution** du **contrat**. La réfaction existe aussi en matière civile lorsque le vendeur a manqué à son obligation de délivrer une chose conforme aux données contractuelles.

référé

Procédure **contradictoire** devant le président du **tribunal de grande instance**, du **tribunal d'instance**, du **tribunal de commerce**, de la **cour d'appel**, des prud'hommes, du **tribunal paritaire des baux ruraux**, afin d'obtenir une **décision** provisoire, sans examen du **fond**, exécutoire de plein **droit**.

 En matière commerciale, le référé **provision** permet d'obtenir rapidement un **titre exécutoire**, à condition que l'**obligation** ne soit pas sérieusement contestable. Cette procédure connaît un grand succès.

 Dans des cas de très grande urgence, il peut-être demandé au président de la juridiction concernée de se prononcer en « référé d'heure à heure » (le **juge** siège à l'heure qu'il fixe, y compris les **jours fériés** ou chômés).

Art. 808 et 809, NCPC.

régime simplifié, général

Régimes procéduraux de la **période d'observation** dans le cadre du **redressement judiciaire** : le régime général concerne les grandes entreprises (plus de 50 **salariés** ou chiffre d'affaire de plus de 3 100 000 euros) et le régime simplifié est relatif aux **petites et moyennes entreprises.**

Selon le régime appliqué, la période d'observation dure au plus 20 mois (régime général) ou 8 mois (régime simplifié) et la nomination d'un **administrateur judiciaire** est obligatoire (régime général) ou facultative.

Art. 620-2, C. com.

registre du commerce et des sociétés (RCS)

Registre tenu par les services du **greffe du tribunal de commerce** (ou, à défaut, du **tribunal de grande instance** statuant commercialement) sur lequel doivent être immatriculées les personnes physiques **commerçantes,** les **sociétés** et les groupements d'intérêt économique ayant leur siège en France. Figurent au **greffe** un certain nombre d'informations sur les entreprises immatriculées, accessibles par la demande d'un **extrait K** ou **K bis.** Il existe un RCS national tenu par l'INPI (**Institut national de la propriété industrielle**), sur lequel figurent les doubles des déclarations et documents déposés auprès des greffes locaux. La plupart de ces informations sont aussi ponctuellement publiées au BODACC (***Bulletin officiel des annonces civiles et commerciales***).

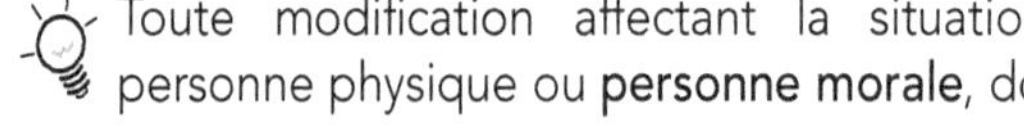

Toute modification affectant la situation du **commerçant,** personne physique ou **personne morale,** doit faire l'objet d'une déclaration rectificative au **registre du commerce et des sociétés** (RCS).

Décret 30 mai 1984 n° 84-406.

règlement

Règle juridique émanant du pouvoir exécutif, relevant d'un domaine autre que celui de la **loi.** On distingue le règlement d'application, pris en exécution de la loi, du règlement autonome.

Le **décret** d'application d'une loi.

règlement amiable

Accord confidentiel par lequel les **créanciers** d'une entreprise en difficulté, mais non en état de **cessation de paiements**, accordent des **délais de paiement** et des **remises de dette** à leur **débiteur.** Un **conciliateur** est nommé par le président du **tribunal de commerce** ou du **tribunal de grande instance** en vue de la conclusion dudit accord de règlement, lequel devra par la suite être homologué par le tribunal.

Lorsque les accords pris dans le cadre d'un règlement amiable ne sont pas respectés, le règlement est alors converti en **redressement judiciaire**.

Art. L. 611-1 et s., C. com.

Cf. procédure d'alerte.

règlement intérieur

Document **écrit** émanant du chef d'entreprise. Il est obligatoire dans les entreprises comprenant au moins 20 **salariés.** Son contenu, strictement défini par la **loi**, traite de l'hygiène et de la sécurité, de la discipline, des **garanties** des salariés.

Il a vocation à protéger les salariés mais aussi à faire respecter la discipline, comme par exemple l'interdiction de fumer dans les locaux. Toute atteinte aux règles de discipline contenues dans le règlement peut faire l'objet d'une **sanction disciplinaire**.

Art. L. 122-33 et s., C. trav.

réglementation

Technique consistant, pour les autorités exécutives compétentes, en l'**émission** de textes de portée générale et impersonnelle. Plus spécifiquement, désigne l'ensemble des **normes** applicables aux membres d'un groupement alors même qu'ils n'y auraient pas expressément adhéré.

Le règlement de copropriété définit notamment les modes d'usage des **parties communes** : stationnement, espaces verts…

remise de dette

Acte par lequel le **créancier** abandonne tout ou partie de la **créance** qu'il détenait à l'encontre de son **débiteur.**

Les remises de dette accordées dans le cadre d'une procédure de **règlement amiable** des difficultés d'une entreprise ou d'un **plan de continuation** de l'entreprise.

Cf. abandon de créance.

remise documentaire

Procédure de recouvrement dans laquelle une banque a reçu **mandat** d'un exportateur (le vendeur) d'encaisser une somme due par un acheteur contre remise des documents requis par celui-ci.

> Justificatif de transport, de douane...

renseignements commerciaux

Ensemble des informations sur une personne physique ou morale **commerçante**, tant sur le plan juridique qu'économique et financier.

> Différentes informations sont utiles au cocontractant : les incidents de **paiement** éventuels, l'analyse des bilans antérieurs...

Cf. information commerciale.

répertoire des métiers

C'est le registre tenu par la **chambre des métiers** où sont immatriculés les **artisans.**

report à nouveau

Désigne la partie du **bénéfice** d'un ou plusieurs exercices antérieurs n'ayant fait l'objet ni d'une distribution ni d'une réserve. Il figure dans les **capitaux propres** de l'entreprise et, lorsqu'il est négatif, il vient en déduction des **fonds propres.**

Ce compte est provisoire dans l'attente d'une décision de gestion des **pertes** (réduction de capital...) ou des **bénéfices** (**augmentation de capital**, distribution...).

report en arrière

Technique fiscale qui permet à une entreprise déficitaire d'imputer son **déficit** sur trois exercices bénéficiaires antérieurs. Cette entreprise dispose donc d'une créance sur le Trésor du montant du déficit multiplié par le taux de l'impôt sur les sociétés (IS). Elle utilisera cette **créance** pour acquitter l'IS exigible au cours des cinq exercices suivants, diminués d'autant. Le solde qui subsisterait à ce terme serait remboursé par le **Trésor public.**

En pratique, on utilise le terme anglais *carry back* pour désigner ce mécanisme.

Art. 220, *quinquies* CGI.

représentant des créanciers

Choisi sur une liste de **mandataires** à la liquidation des entreprises du **ressort** de la Cour, sa nomination est obligatoire en matière de **procédure collective.** Sa mission consiste à représenter les **créanciers** dans le **redressement judiciaire**, et notamment à recevoir et vérifier les **déclarations de créances.**

En pratique, les créanciers doivent impérativement déclarer leur créance au représentant, dans le **délai** de 2 mois de la publication du **jugement déclaratif** au **BODACC**, pour pouvoir être admis à la procédure collective. À défaut, la créance est éteinte, sauf à ce que le créancier demande à être relevé de la forclusion dans le délai d'un an du jugement déclaratif d'ouverture de la procédure collective.

Art. L. 621-39, C. com.

reprise de marchandises

Désigne l'action pour le propriétaire de reprendre l'usage, la gestion ou l'entière maîtrise des ses marchandises.

La reprise de marchandise effectuée dans le cadre d'une clause de **réserve de propriété**.

requête

C'est une forme de demande introductive d'**instance** par laquelle le **demandeur** soumet au **juge** ses prétentions. Elle est unilatérale ou conjointe.

Le divorce sur requête conjointe.

RES

 *Cf. rachat d'une entreprise par ses salariés.*

rescrit fiscal

Procédure qui permet au contribuable qui veut agir en toute sécurité (éviter d'être poursuivi pour **abus de droit**) d'interroger l'administration fiscale sur la validité de son opération. Il doit fournir tous les documents utiles à cette appréciation ; l'administration a 6 mois pour répondre, à défaut l'opération est en principe **licite**.

 Moyen d'obtenir l'assurance qu'un montage ne sera pas susceptible de redressement : la réponse positive de l'Administration lui est opposable.

 Instruction administrative du 8 janvier 1998.

réserve de propriété (clause de)

En matière commerciale, la clause de réserve de propriété fait obstacle au transfert de **propriété** jusqu'au complet **paiement** du **prix**. Pourtant, elle n'empêche ni de transformer les marchandises, ni de les revendre. Cette **clause** permet au fournisseur de revendiquer ses marchandises en cas de redressement ou **liquidation judiciaire** du **débiteur**. La procédure de **revendication** prévue par les textes doit être respectée.

Mode de **garantie** efficace qui permet, d'une part, de faire pression sur le débiteur et, d'autre part, de s'assurer une **reprise de marchandises** lorsque celles ci existent en nature chez l'acquéreur défaillant.

Art. L. 621-122 à 124, C. com.

Cf. conditions générales de vente.

réserve spéciale de participation des salariés

Désigne la fraction des **bénéfices** d'une entreprise d'au moins 50 salariés mise en compte dans une réserve spéciale, véritable dette de l'entreprise au profit des salariés.

La réserve de **participation des salariés** aux fruits de l'expansion.

Art. L. 442-4, C. trav.

réserves

Élément du **passif** du **bilan** dans lequel est enregistré le **bénéfice** non distribué destiné à l'**autofinancement** de l'entreprise en prévision de besoins futurs programmés ou imprévus.

La réserve légale et obligatoire pour certaines **sociétés** (environ 10 % du capital) doit être distinguée des réserves supplémentaires, qu'elles soient statutaires (obligatoires) ou ordinaires (facultatives).

Réserve légale : art. L. 232-10, C. com.

résidence

La résidence désigne le lieu où une personne physique peut demeurer de façon assez stable. La résidence peut librement être confondue ou non avec le **domicile.**

Une personne est domiciliée au lieu de son habitation principale, mais réside effectivement une partie de l'année dans sa résidence secondaire.

résiliation

Disparition d'un **acte juridique** pour l'avenir, elle se distingue ainsi de la **nullité** et de la **résolution.**

Un **bail** d'habitation peut être résilié car on ne peut remettre en cause la période antérieure du **contrat** ; par contre, il cesse de produire des effets pour l'avenir.

résolution

- Elle entraîne la disparition **rétroactive** d'un **acte juridique** en raison de l'inexécution par l'une des parties à l'acte de son **obligation.** Elle peut être prévue contractuellement : il s'agira d'une **clause résolutoire.**

• **Délibération** votée par une assemblée.

La résolution d'une **vente** pour non-**paiement** anéantit rétroactivement l'acte, de telle manière qu'il est censé n'avoir jamais existé.

Art. 1183 et s., C. civ.

responsabilité civile

Obligation de réparer le **préjudice** résultant soit de l'inexécution d'un **contrat** (**responsabilité contractuelle**), soit d'un **délit** (**responsabilité délictuelle**).

responsabilité civile professionnelle

Obligation de réparer le **préjudice** causé à autrui du fait d'une faute ou d'une négligence dans l'exercice de l'activité professionnelle. Particulièrement accrue à l'égard des **professionnels**, la **responsabilité civile professionnelle** oblige à une vigilance extrême du professionnel. Il s'agit le plus souvent du versement d'une somme d'argent réglée à titre de **dommages et intérêts.**

La **garantie** constructeur, la responsabilité médicale…

La responsabilité civile d'un vendeur qui a manqué à son **obligation d'information** en vendant une substance dangereuse sans prévenir correctement son acquéreur.

Garantie constructeur : art. 1792 et s., C. civ.
Responsabilité médicale : art. 1147, C. civ.

responsabilité contractuelle

C'est le fait, en cas d'inexécution fautive d'une **obligation** contractuelle, d'être tenu à réparer le **préjudice** subi par son cocontractant.

En pratique, elle oblige soit à une obligation de réparation en nature, comme la reprise de malfaçons ou la mise en conformité, soit à une réparation en argent.

Art. 1146 et s., C. civ.

responsabilité délictuelle

Obligation de réparer un dommage causé à autrui par son propre fait.

En pratique, il peut s'agir de dommages financiers, **corporels** ou moraux.

Art. 1382 et s., C. civ.

responsabilité pénale

Obligation de répondre des **infractions** pénales en subissant les **peines** prévues par les textes qui les répriment.

Oblige au versement d'une **amende** ou à l'exécution d'une peine de prison (avec ou sans **sursis**) parfois les deux.

Art. L. 121-1 et s., C. pén.

responsable crédit

☞ *Cf. chef de crédit.*

ressort

Désigne le domaine de compétence d'une autorité. En matière de juridiction, le ressort dépend à la fois d'un facteur géographique, le **domicile** des parties par exemple, et d'un facteur financier, la valeur du litige. Permet en outre de déterminer dans quelles conditions une **voie de recours** pourra être exercée à l'encontre de la **décision.** On parle de premier ressort pour désigner un **jugement** susceptible d'**appel** alors que le dernier ressort désigne soit une décision rendue par une juridiction de première **instance** (premier et dernier ressort), soit une décision rendue en appel, lesquelles ne seront susceptibles que d'un **pourvoi en cassation.**

> Les litiges relatifs aux **lettres de change** ne sont du ressort, en première instance, que du **tribunal de commerce**.

restructuration

Remaniement qui consiste en la modification de la structure de l'entreprise.

> Restructuration du personnel, des modes de production, de la distribution commerciale...

résultat

Traduit l'enrichissement ou l'appauvrissement résultant de l'activité de l'entreprise et de la variation des éléments de son patrimoine. Les **dispositions** commerciales et fiscales imposent la détermination d'un résultat par exercice, lequel correspond à la différence entre l'ensemble des produits et charges de l'exploitation.

☞ *Cf. compte de résultat.*

résultat courant avant impôts

Désigne le **résultat** intermédiaire obtenu selon la méthode des **soldes** intermédiaires de gestion. Il permet de dégager le résultat courant provenant de l'activité habituelle de l'entreprise. Il est obtenu avant la prise en compte des charges et des produits exceptionnels, de l'IS – impôt société – et de la **participation des salariés.**

En pratique, permet d'apprécier la rentabilité de l'entreprise sans tenir compte de sa politique fiscale.

résultat d'exploitation

Il permet de mesurer la performance commerciale de l'entreprise, indépendamment de toute politique financière, fiscale, d'investissement. Il est égal à l'**excédent brut d'exploitation**, corrigé des charges et des produits d'exploitation, ainsi que des charges et produits de gestion courante.

résultat net

S'entend du **résultat** comptable diminué du montant de l'impôt sur les sociétés.

retraite obligatoire/complémentaire

Régime juridique applicable aux anciens actifs ayant cessé leur activité.

En raison d'une adhésion obligatoire des salariés, des travailleurs non salariés, des agriculteurs et des salariés des régimes spéciaux (SNCF, RATP, EDF...), ceux-ci ont **droit** aux prestations légales d'**assurance** vieillesse.

En outre, toutes ces catégories peuvent adhérer à un régime de retraite complémentaire obligatoire ou facultatif selon leur statut.

rétroactif

Se dit d'un effet, d'une **clause**, parfois d'une **loi** qui s'applique à une situation, ou à un acte réalisé antérieurement, dans le passé.

En principe, les lois ne rétroagissent pas ; au mieux, elles sont d'application immédiate aux situations en cours. Cependant, les lois pénales plus douces que celles qu'elles remplacent rétroagissent sur des situations antérieures (allégement des **peines**...).

revendication

Action **judiciaire** visant à faire reconnaître son **droit de propriété** et récupérer le **bien** correspondant entre les mains d'un tiers.

> En matière de **redressement judiciaire**, le vendeur se prévaut d'une clause de **réserve de propriété** pour revendiquer son **matériel** ou ses marchandises.

révocation

Désigne tout à la fois la révocation d'une personne, d'un acte ou d'un avantage :

- La révocation d'une personne peut résulter soit d'une mesure disciplinaire consistant dans l'exclusion d'un membre de la fonction publique, soit d'un acte unilatéral par lequel celui qui avait confié une mission à une personne y met fin ***ad nutum*** ou pour des motifs déterminés.

- La révocation peut encore s'entendre d'un acte. Elle prend alors la forme d'un acte unilatéral de rétractation par lequel une personne met à néant un acte antérieur dont elle est l'unique **auteur** ou même un **contrat** auquel elle est partie. Il peut ainsi s'agir d'une révocation testamentaire ou encore d'une révocation de l'offre de contracter.
- La révocation peut enfin s'entendre d'un avantage ou d'un **bénéfice.** Elle traduit souvent une sanction. Ainsi, le prononcé d'une nouvelle condamnation pénale produit une **révocation** du **sursis.**

revenu minimum d'insertion (RMI)

Versement d'une allocation à certaines personnes (conditions d'âge et d'un seuil de ressources) pour leur assurer un revenu minimum. En contrepartie, les bénéficiaires s'engagent à participer à des actions d'insertion sociale et professionnelle.

risque

C'est un événement dommageable, éventuel et incertain, dont la réalisation ne dépend pas exclusivement de la **volonté** d'une personne. Peut aussi désigner la valeur ou l'**objet** d'une **garantie.**

L'entreprise doit procéder à une analyse de ses risques : matériels (vol, incendie, dégât des eaux...), informatiques (virus, piratage...).

risque client

Ensemble des en-cours du **compte clients** (**créances**) ainsi que des **livraisons** non encore facturées qui correspondent au montant total dû par le client sur lequel existe un risque de non-**paiement** (**insolvabilité.**)

Ce **risque** est en général maîtrisé par les entreprises qui utilisent diverses techniques de renseignement commercial avant de contracter avec leurs clients.

RMI

Cf. revenu minimum d'insertion.

rotation du personnel

Cf. turn-over.

rotation des stocks

Vitesse à laquelle les **stocks** d'une entreprise sont renouvelés au cours d'une certaine période.

En pratique, dépend de la production de l'entreprise ; une bonne rotation des stocks est un **indice** de bonne gestion de l'entreprise.

S

SA

☞ *Cf. société anonyme.*

saisie

Ensemble des opérations nécessaires au désintéressement du **créancier** avec le **prix** de **vente** des **biens** saisis. Il existe différents types de saisies dont les principales sont :

- La saisie attribution, qui porte sur une **créance** (saisie des comptes de dépôt, de créances à exécutions successives comme une créance de loyer, saisie de **pensions** alimentaires…).
- La saisie des rémunérations (chez l'**employeur** du **débiteur**).
- La saisie vente (ancienne saisie exécution), qui permet au créancier de procéder à la saisie et à la vente des biens **meubles corporels** appartenant à son débiteur.

La saisie des rémunérations est limitée puisque subsiste une quotité des rémunérations insaisissables afin d'assurer au débiteur un minimum vital.

Loi du 9 juillet 1991 n° 91-650.

saisie conservatoire

Elle a pour but de permettre la conservation des **biens**, c'est-à-dire d'empêcher le **débiteur** d'en disposer au détriment du **créancier.** Elle rend les biens visés indisponibles, ce qui poussera le débiteur à s'exécuter volontairement, et, à défaut, sera convertie, dans une deuxième phase, en saisie vente ou saisie attribution.

 *Cf. mesure conservatoire, saisie.*

saisine

Acte par lequel le litige est porté à la connaissance du tribunal afin qu'il statue. Le tribunal est saisi par la remise au secrétariat du **greffe** d'une copie de l'**assignation** délivrée au défendeur.

 *Cf. enrôlement.*

salaire minimum interprofessionnel de croissance (SMIC)

Assure aux **salariés** la **garantie** de leur pouvoir d'achat. Il est fixé chaque année avec effet au 1er juillet. L'**obligation** de rémunérer un salarié à un niveau au moins égal au SMIC est un principe général du **droit**.

 **Norme** de référence pour l'application de certains droits. Ainsi, la **loi** organise la protection du locataire âgé de plus de 70 ans et dont les ressources annuelles n'excèdent pas une fois et demie le montant annuel du SMIC, auquel on ne peut donner congé.

 Art. 141-1, C. trav.

salarié

Personne liée par un **contrat de travail**, c'est-à-dire une **convention** par laquelle elle s'engage à travailler moyennant rémunération pour le compte d'une autre (l'**employeur**), sous la subordination de laquelle elle se place.

salle des ventes

Lieu où se déroule habituellement les **ventes aux enchères** de **biens mobiliers.**

sanction disciplinaire

Toutes **dispositions** prises par l'**employeur** afin de sanctionner le comportement fautif d'un **salarié.** Elle peut ou non avoir des conséquences sur la présence du salarié au sein de l'entreprise, sur sa fonction, sa rémunération.

La **mise à pied** de l'**employé**.

En pratique, l'employeur ne peut infliger à son employé des **sanctions pécuniaires**. Il ne peut fonder sa sanction sur un critère discriminatoire (la religion ou l'orientation sexuelle d'un employé).

Art. L. 122-40, C. trav.

sanction pécuniaire

Peine prononcée par l'autorité compétente consistant à demander le versement d'une somme d'argent (**amende**).

sanction pénale

Peine infligée par les autorités **judiciaires** à l'**auteur** d'une **infraction** pénale en vue de le punir. La sanction pénale peut revêtir plusieurs formes selon la nature de l'infraction.

Peines contraventionnelles, correctionnelles et criminelles.

Les sanctions sont variables de l'**amende** à la peine privative ou restrictive de **droits**.

Art. 131-1 et s., C. pén.

SARL

Cf. société à responsabilité limitée.

SAS

Cf. société par actions simplifiée.

savoir-faire

Ensemble de procédés, de méthodes, d'informations pratiques, non brevetés, relatifs à la fabrication, à la commercialisation de produits, de services, qui résultent de l'expérience de leur créateur. Cet ensemble doit être secret, inédit, évolutif et substantiel, c'est-à-dire qu'il doit résulter de recherches personnelles, longues et coûteuses.

L'hôtelier franchiseur transfère son savoir-faire, notamment en matière de méthodes d'accueil, de techniques de commercialisation et de service, à son franchisé.

Cf. franchise, know-how.

scellé

Dispositif consistant en des bandes de papier ou d'étoffe, fixées au moyen d'un cachet de cire, marquées d'un sceau officiel par un enquêteur ou un **magistrat** instructeur, de telle sorte qu'il soit impossible de procéder à l'ouverture ou à la consultation de ce **bien.**

Le scellé posé sur les lieux d'un **crime**.

scission

Opération de **démembrement** du patrimoine d'une **société**, au terme de laquelle les diverses fractions de patrimoine qui en résultent sont apportées et forment les patrimoines de sociétés nouvelles issues de la scission.

En pratique, c'est une technique de filialisation, tout comme l'**apport partiel d'actif**.

score

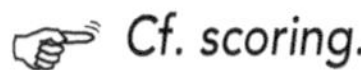

Cf. scoring.

scoring

Méthode utilisant des procédés statistiques divers, selon qu'il s'agit de déterminer la **solvabilité** d'une entreprise ou d'un ménage. Pour une entreprise, il faudra se référer à une combinaison de **ratios** comptables. Pour les particuliers, un questionnaire permettra d'évaluer leur solvabilité avant toute **acceptation** de crédit.

second marché

Service de **cotation** ouvert aux moyennes entreprises, cherchant à faire appel à l'épargne publique, sous réserve qu'elles diffusent un minimum de 10 % de leur **capital social.**

second original

Désigne le second exemplaire **original** d'un **acte authentique**, d'un **acte de procédure.**

En pratique, c'est le second original de l'**assignation** qui est remis au **greffe du tribunal de commerce** pour l'**enrôlement** de l'**instance**.

secret professionnel

Obligation pour les personnes qui ont eu connaissance de faits confidentiels dans le cadre de leur fonction de protéger ces informations. Elle se traduit par une interdiction de révéler les confidences. Elle pèse notamment sur les membres du corps médical ou encore sur toute autre personne dépositaire des informations confiées, comme les **avocats.**

Tous les intervenants à une procédure de **règlement amiable** sont tenus au secret.

sentence arbitrale

Désigne la **décision** émanant d'un **arbitre.**

Cf. arbitrage.

séquestre

Personne désignée par la **justice** ou par un accord entre particuliers pour assurer la protection d'un **bien** dont la garde lui aura été confiée, soit parce qu'il est l'objet d'un **procès** jusqu'au règlement du litige, soit parce qu'il fait l'objet d'une **voie d'exécution.**

Le séquestre des sommes que détient un **avocat** dans le cadre de sa fonction (somme consignée par lui dans le cadre d'une opération d'acquisition d'un **fonds de commerce**).

serment

Affirmation solennelle et **indivisible**, orale ou **écrite**, par laquelle une personne promet de se conformer à une ligne de conduite prédéfinie ou encore atteste de la véracité d'une déclaration.

En pratique, mode de **preuve** recevable librement en matière commerciale.

Art. 1357 et s., C. civ.

SICAV

Cf. société d'investissement à capital variable.

siège social

Mention statutaire qui désigne le **domicile** de la **société.** Permet de désigner la nationalité de celle-ci et donc le **droit** qui lui est applicable ; désigne encore le lieu ou se déroule le fonctionnement juridique de la société.

En pratique, le siège social de la société défenderesse permet de déterminer le tribunal compétent en cas de litige.

sigle

Initiales ou dessin correspondant au nom commercial, à la raison sociale, à la dénomination sociale. Ce sigle peut faire l'objet d'un logo attaché à un dépôt de marque.

Les sigles : Louis Vuitton, Hermès, Cartier…

signature

Paraphe apposé sur un document par une personne qui permet à la fois d'identifier le signataire et de garantir son **consentement** à l'acte ainsi signé.

La signature souvent illisible doit toujours être précédée ou suivie de l'identité du signataire, nom et prénom.

Art. 1316 et s., C. civ.

signature électronique

Procédure fiable d'identification qui permet de faire le lien entre le signataire et **l'acte** auquel se rattache la **signature.** La loi du 13 mars 2000 reconnaît à la signature électronique la même **force probante** qu'à la signature manuscrite : la responsabilité du signataire est donc engagée dans les mêmes conditions.

La signature électronique ne peut s'obtenir que par une demande à l'opérateur prestataire de service d'un certificat numérique, une carte d'identité cryptée. Cet opérateur (banque, chambre de commerce, prestataire spécialisé…) n'a la possibilité de délivrer des signatures électroniques que sur avis conforme

du Premier ministre ou d'un État membre de la Communauté européenne.

Art. 1316-4, C. civ.

signification

Acte par lequel un **acte de procédure** ou un **jugement** est porté à la connaissance de la partie adverse ou d'un tiers. Matériellement, l'**huissier** de justice remet une copie – certifiée conforme – au destinataire.

Art. 653 et s., NCPC.

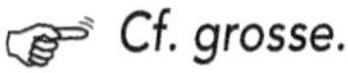
Cf. grosse.

simulation

Consiste en la **volonté** manifeste de masquer la réalité d'un acte – acte secret – en créant un **acte juridique** apparent.

> **Donation** déguisée en **vente**, dissimulation d'une partie du **prix** de vente…

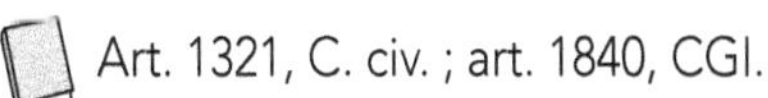
Art. 1321, C. civ. ; art. 1840, CGI.

SIREN

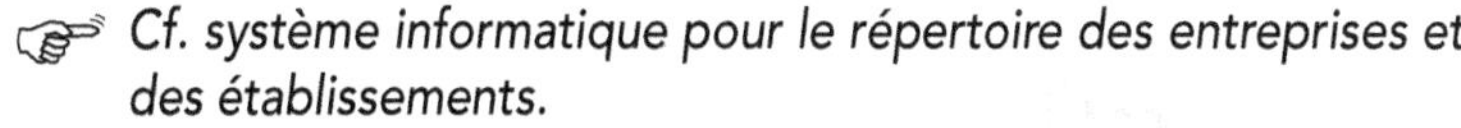
Cf. système informatique pour le répertoire des entreprises et des établissements.

SIRET

☞ *Cf. système informatique pour le répertoire des établissements.*

SMIC

☞ *Cf. salaire minimum interprofessionnel de croissance.*

SNC

☞ *Cf. société en nom collectif.*

sociétaire

Membre d'une **association.**

société

Elle naît d'un **contrat** entre plusieurs personnes convenant de mettre en **commun** des **biens** ou leur industrie en vue de partager les **bénéfices** ou contribuer aux **pertes** qui pourraient en résulter. Une **société** est dotée de la personnalité morale dès son **immatriculation** au **registre du commerce et des sociétés** (RCS).

société à capital variable

Société dont le capital est voué à augmenter par l'**émission** d'**actions** nouvelles ou à diminuer par le rachat d'actions auprès des **actionnaires.**

Société d'investissement à capital variable (SICAV).

société à responsabilité limitée (SARL)

À mi-chemin entre la **société de personnes** et la **société de capitaux**, la SARL est une **société commerciale** dans laquelle les associés ne sont tenus du **passif** social qu'à hauteur de leur part dans le capital. La **cession** des **parts sociales** suppose, en principe, l'**agrément** du **cessionnaire** par les autres associés.

Art. L. 223-1 et s., C. com.

société anonyme (SA)

Type de **société de capitaux**, la SA est une **société commerciale** comprenant au moins sept **actionnaires**. Ces derniers ne sont tenus du **passif** de la société qu'à hauteur de leurs apports au capital social. Les **actions** sont librement cessibles.

Art. L. 225-1 et s., C. com.

société civile

Personne morale ayant un **objet** civil.

Société civile immobilière, société civile professionnelle.

Art. 1845, C. civ.

société commerciale

Société soumise au **droit commercial** en raison de sa forme (**société en nom collectif**, **société en commandite** simple, **société à responsabilité limitée**, **société par actions**) et quelle que soit son activité.

Est commerciale la société qui n'en a pas la forme mais dont l'**objet social** consiste en la réalisation d'actes de commerce.

Art. L. 210-1 et s., C. com.

société coopérative artisanale

Personne morale formée d'**artisans** qui se choisissent librement et disposent de **droits** égaux. Elle doit être immatriculée au **registre du commerce** et au **répertoire des métiers.** La **société** est à capital variable, constituée sous forme de **société à responsabilité limitée** ou de **société anonyme.**

société coopérative de commerçants détaillants

Société anonyme à capital variable dont l'**objet** est l'approvisionnement de ses membres ou la fourniture d'autres **prestations de service.**

société coopérative ouvrière de production

Personne morale formée de travailleurs de toutes catégories ou qualifications professionnelles qui s'associent pour exercer en **commun** leur profession. Ils disposent de pouvoirs égaux et gèrent, directement ou par l'intermédiaire de **mandataires** désignés par eux et en leur sein, l'entreprise.

société créée de fait

Société qui n'a pas été constituée en **droit** ; les personnes travaillant ensemble se comportent comme des associés mais sans avoir conscience de former une société ou sans **volonté** de l'immatriculer.

> La société créée de fait entre époux. La reconnaissance d'une telle société permettrait au **créancier** de l'époux marié sous le régime de la séparation de **biens** d'obtenir de l'épouse sa participation aux dettes.

À bien distinguer de la **société de fait**.

Art. 1873, C. civ.

société d'économie mixte

Société anonyme dont un des associés est une personne publique.

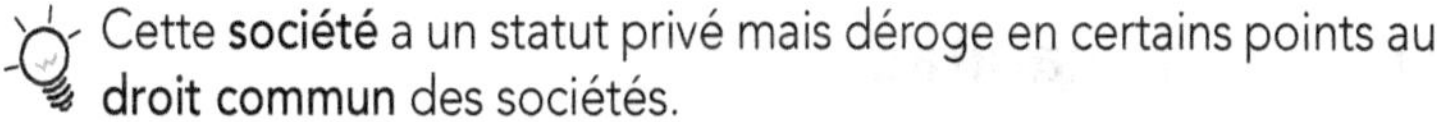
Cette **société** a un statut privé mais déroge en certains points au **droit commun** des sociétés.

Loi du 7 juillet 1983 n° 83-597.

société d'investissement à capital variable (SICAV)

Organisme de **placement** collectif, doté de la personnalité morale, dont le capital est susceptible d'augmenter par l'**émission** de nouvelles **actions** ou de diminuer par le rachat d'actions reprises aux **actionnaires** qui en font la demande.

Portail de la banque et des finances :
http://www.laportedelafinance.com

Cf. société à capital variable.

société de Bourse

Succédant aux agents de change, la société de Bourse est une entreprise chargée d'exécuter les ordres de **Bourse** passés par des agents non financiers (agents économiques), par des institutions financières ou par elle-même pour le compte de ses clients.

Le Conseil des Bourses de valeur institué par la **loi** du 22 janvier 1988 est une autorité de **réglementation** et de discipline à l'égard des sociétés de Bourses.

société de capital risque

Cf. capital risque.

société de capitaux

Ce sont les **sociétés** commerciales dans lesquelles l'apport en capital est déterminant alors que la personne des associés est de plus faible intérêt. Ainsi, les **actions** sont librement transmissibles.

La **société anonyme**, la société par actions simplifiées.

société de caution mutuelle

Cette **société commerciale** a pour **objet** de cautionner ses membres à raison de leurs activités professionnelles, qu'ils soient **commerçants**, industriels, fabricants, **artisans**, sociétés commerciales ou membres de **professions libérales**.

La caisse de **garantie** des agents **immobiliers** de la FNAIM.

société de fait

Société qui a perdu sa qualité de société de **droit** – c'est-à-dire immatriculée au **registre du commerce et des sociétés** (RCS) – à la suite d'une **nullité** prononcée par le tribunal.

À ne pas confondre avec la **société créée de fait.**

société de personnes

Ce sont les **sociétés** dans lesquelles les associés ne sont engagés qu'en considération de la personne des autres associés. Ainsi, les parts ne sont pas librement transmissibles.

La société en nom collectif.

Cf. intuitu personae

société de renseignements commerciaux à la carte (SRCC)

Professionnel du renseignement commercial qui effectue des **enquêtes** sur des personnes physiques ou morales **commerçantes**, au jour de la demande, permettant ainsi une actualisation de la situation de l'entreprise concernée (par opposition aux **bases de données** informatiques).

société en commandite

Société formée de deux sortes d'associés : les commandités qui sont **solidairement** et indéfiniment tenus des **dettes** sociales ; les commanditaires qui sont tenus dans la limite de leur apport. Il existe des sociétés en commandite simple ou en commandite par **actions**.

Il y a deux catégories d'associés, tant dans le commandite simple que dans le commandite par action : les commandités ont le même statut que dans une société en nom collectif ; les commanditaires ne répondent des dettes sociales qu'à concurrence de leur apport. L'***intuitu personae*** des associés est plus fort dans le cadre d'un commandite simple.

Commandite simple : L. 222-1 et s., C. com.
Commandite par action : L. 226-1 et s., C. com.

société en formation

Société constituée (**statuts** signés) mais non encore dotée de la personnalité juridique puisque non encore immatriculée au **RCS**. Les **actes** effectués pendant cette période engagent la responsabilité de leurs **auteurs** de manière **solidaire** et indéfinie. Par contre, si des actes ont été conclus avant la **signature** des statuts et qu'ils y ont été annexés, alors la signature des statuts emporte reprise des actes et donc transfert de responsabilité. De plus, après la signature, si la société donne **mandat** à l'un de ses membres de prendre des engagements pour son compte, alors l'immatriculation au RCS emporte reprise de ces actes. Enfin, si aucune de ces deux modalités de reprise n'est intervenue, la société, une fois immatriculée, pourra reprendre explicitement les actes conclus pour son compte.

société en nom collectif (SNC)

Société de personnes de forme commerciale dont les associés ont la qualité de **commerçants.** Les associés sont tenus **solidairement** et indéfiniment des **dettes** de la **société.**

Art. L. 221 et s., C. com.

société en participation

Société constituée par des associés qui ont délibérément refusé de l'immatriculer au **registre du commerce et des sociétés** (RCS). Cette société, occulte ou ostensible, n'est donc pas dotée de la personnalité morale, ce qui a notamment pour conséquences : une absence de patrimoine social, d'engagements sociaux, l'impossibilité d'agir en **justice**…

En pratique, c'est un mode de collaboration économique qui a l'avantage de garder une certaine confidentialité sur les intérêts en présence.

Art. 1871 et s., C. civ.

société fictive

Société qui n'a pas d'existence réelle. Les éléments constitutifs de la société font en principe défaut tels que l'*affectio societatis*, les apports…

société immobilière

Société ayant pour **objet** l'exploitation d'immeubles.

Il peut s'agir de **société civile** immobilière (SCI), de société immobilière d'investissement (**SA**).

société mère

C'est juridiquement la **société** qui détient plus de la moitié du **capital social** d'une autre société (**filiale**).

En pratique, le groupe peut alors opter pour un régime fiscal de groupe de société.

société par actions

Société commerciale par la forme dont le capital est divisé en **actions.**

Les actions sont alors négociables et librement transmissibles.

Il s'agit des **sociétés par actions simplifiées** (SAS), des **sociétés anonymes** (SA), des **sociétés en commandite par actions** (SCA).

SAS : art. L. 227-1 et s. ; L. 244-1 et s., C. com.
SA : art. L. 224-1 et s. ; L. 232-1 et s., C. com.
SCA : art. L. 226-1 et s., C. com.

société par actions simplifiée (SAS)

Société par actions, offrant une liberté plus importante que la **société anonyme** classique, compte tenu de l'absence de nombre minimum d'associés et de la liberté contractuelle et statutaire qui la gouverne. Elle ne peut néanmoins ouvrir **droit** à l'appel public à l'épargne.

 La société par actions simplifiée est accessible à toute personne, notamment aux mineurs émancipés ou non, aux majeurs protégés et aux personnes de nationalité étrangère.

 Art. L. 227-1 et s., C. com.

société unipersonnelle

Société formée par un seul et unique associé. Consacrée par le **droit** des sociétés sous trois formes : l'**entreprise unipersonnelle à responsabilité limitée** (EURL), l'entreprise agricole à responsabilité limitée (EARL) et la **société par actions simplifiée** unipersonnelle (SASU).

 En pratique, le **commerçant**, entrepreneur individuel, qui préfère être imposé à l'impôt société, plutôt qu'au régime des **bénéfices** industriels et commerciaux, choisira la forme sociétale unipersonnelle. L'intérêt est surtout de distinguer le patrimoine professionnel du patrimoine personnel.

 *Cf. EURL.*

software

Mot anglais informatique qui, par opposition au **hardware** (ensemble des **matériels** informatiques), désigne l'ensemble des **logiciels** et programmes d'une entreprise.

soldes

Terme réglementé désignant des **ventes** accompagnées ou précédées de **publicité** et annoncées comme tendant, par des réductions de **prix**, à l'écoulement accéléré de marchandises en **stock**.

Ces ventes ne peuvent être réalisées qu'au cours de deux périodes par année civile d'une durée maximale de 6 semaines et dont les dates sont fixées par le préfet. Les marchandises proposées doivent être payées depuis au moins 1 mois à la date du début de la période des soldes.

solidarité

Plusieurs **débiteurs** d'une même **obligation** sont chacun tenus pour le tout à l'égard du créancier (pas de division entre eux).

Le **cautionnement** solidaire engage chacune des cautions à payer la totalité du crédit au créancier.

La solidarité est présumée en matière commerciale selon un **usage** ; elle est donc réputée exister entre les débiteurs **commerçants** à moins que la **preuve** contraire ne soit apportée. En revanche, en matière civile, la solidarité résulte toujours d'une stipulation expresse.

solvabilité

Fait pour une personne d'avoir un **actif** supérieur à son **passif** qui lui permet d'honorer ses **dettes**.

Des revenus réguliers dus à un emploi stable sont un facteur de solvabilité.

sommation de payer

Acte d'**huissier** de **justice** donnant ordre à une personne de s'acquitter de sa **dette**.

Cet acte est souvent peu utile, la **mise en demeure** recommandée avec accusé de réception faisant le même usage.

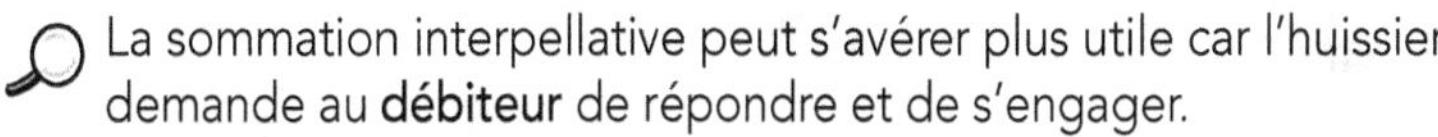

La sommation interpellative peut s'avérer plus utile car l'huissier demande au **débiteur** de répondre et de s'engager.

sommeil (mise en)

Décision pour une **personne morale** de suspendre pour une certaine période l'activité sociale.

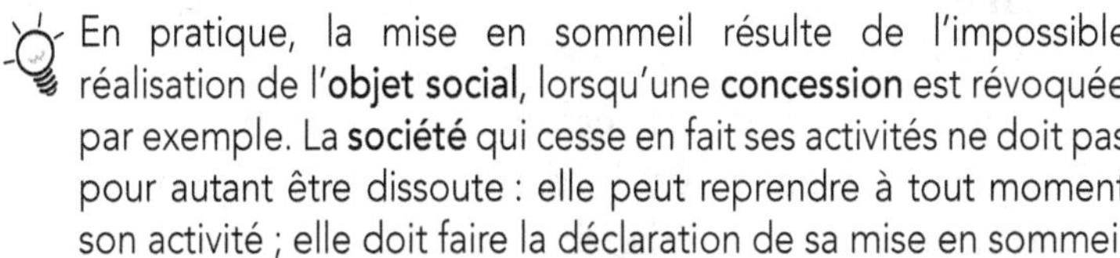

En pratique, la mise en sommeil résulte de l'impossible réalisation de l'**objet social**, lorsqu'une **concession** est révoquée par exemple. La **société** qui cesse en fait ses activités ne doit pas pour autant être dissoute : elle peut reprendre à tout moment son activité ; elle doit faire la déclaration de sa mise en sommeil au **registre du commerce et des sociétés** (RCS).

soulte

La somme d'argent due par un copartageant ou un échangiste aux autres parties à l'accord, aux fins de compenser les inégalités de valeurs entre les lots ou les **biens** échangés.

La soulte doit être proportionnée à l'inégalité qu'elle compense.

soumission

Acte propre aux **appels d'offres** en matière administrative. Par l'acte de soumission, le candidat s'engage à exécuter un **marché public** dans le respect du **cahier des charges** et au **prix** convenu.

soumissionnaire

Personne effectuant une **soumission.**

sources du droit

- Sur le **fond**, désignent l'ensemble des données économiques, morales, politiques ou sociologiques qui contribuent à l'évolution du **droit**.
- Sur la forme, désignent l'ensemble des règles juridiques d'un État. On parle alors des sources documentaires ou instrumentaires, lesquelles désignent dans les pays de droit **écrit** les traités internationaux, la Constitution, les **lois**, les **règlements**. Mais, le droit peut également naître de la coutume (les **usages**), de la **doctrine** et de la **jurisprudence**.

Les usages sont sources de droit en matière commerciale.

souscription

Apposition par une personne de sa **signature** au bas d'un **acte** afin de manifester son engagement à l'acte.

La souscription d'**actions** désigne l'engagement pris en vue d'acheter des actions.

sous-location

Conclue après une **convention** principale de louage ayant pour **objet** un immeuble ou un **fonds de commerce**, la sous-location désigne une convention secondaire entre le locataire et un tiers dit sous-locataire. Elle crée entre les sous-contractants de nouveaux rapports juridiques, sans effacer ceux nés du **contrat principal** et sans exclure les relations directes qui peuvent naître entre la partie demeurée étrangère à la sous-location (le bailleur) et le sous-locataire.

Elle est soumise à une **autorisation** du **bailleur** dans le cadre des baux d'habitation. Elle est interdite sans l'accord du bailleur en matière de baux commerciaux.

Baux d'habitation : loi du 6 juillet 1989 n° 89-462 ; art. 8.
Baux commerciaux : art. L 145-31 et s., C. com.

sous-traitance

Opération par laquelle un entrepreneur (entrepreneur principal), chargé par un **maître d'ouvrage** de la réalisation d'un ouvrage, en confie tout ou partie à un tiers, appelé sous-traitant, agissant sous ses ordres et spécifications. La particularité de l'opération est de permettre au sous-traitant, en cas de **défaillance** de l'entrepreneur principal, d'agir directement à l'encontre du maître d'ouvrage (**action directe**).

Loi du 31 décembre 1975 n° 75-1339.

sponsor

Personne publique ou privée qui, par **contrat**, s'engage à financer une activité sportive, culturelle ou encore scientifique, moyennant une prestation publicitaire visant à promouvoir sa **marque**.

SRCC

Cf. société de renseignements commerciaux à la carte.

statuts

Acte constitutif d'une **société** (ou d'une **association**), consigné dans un **écrit** du même nom, définissant les objectifs et le mode de fonctionnement de la **personne morale.**

stipulation pour autrui

Acte par lequel une personne, le stipulant, obtient d'une autre personne, le promettant, l'engagement d'accomplir une prestation donnée au profit d'un tiers bénéficiaire.

> La **centrale de référencement** en matière de distribution commerciale (stipulant) obtient d'un fournisseur (promettant) l'engagement de contracter à certaines conditions avec des distributeurs affiliés (bénéficiaires).

Art. 1121, C. civ.

stock option

Mode d'**intéressement** des **cadres** de l'entreprise, créé par la loi du 31 décembre 1970, qui repose sur un mécanisme d'option de **souscription** ou d'achat d'**actions.**

En pratique, les **salariés** de la **société**, bénéficiaires de l'offre de souscription, ont un **délai** pour lever l'option. C'est un mode de fidélisation des **employés** de la société.

stocks

Ensemble des marchandises et fournitures, non immobilisées à l'**actif** de l'entreprise, évaluées à leur **prix** de revient ou au cours du jour lorsque celui-ci est inférieur au prix de revient.

L'inventaire des stocks doit être effectué à chaque clôture de l'exercice social afin de porter à l'actif leur valeur.

subordination juridique

Lien de dépendance du **salarié** à l'égard de l'**employeur.** C'est l'élément caractéristique du **contrat de travail.**

Le **VRP** est un salarié de l'entreprise par détermination de la loi à la différence de l'**agent commercial** qui est indépendant.

subrogation

Opération par laquelle une personne, le subrogé (subrogation personnelle) ou une chose (subrogation réelle) se substitue à une autre. Cette opération engendre un transfert des **droits** qui étaient attachés à la personne (subrogeant) ou à la chose remplacée. La subrogation peut être conventionnelle ou légale.

En matière d'**assurance**, l'assureur qui paie l'**indemnité** d'assurance est subrogé dans les droits de l'assuré contre le tiers responsable du sinistre.

L'assureur crédit poursuit le **débiteur** en vertu de la subrogation car il indemnise son client créancier.

Art. 1249 et s., C. civ.

substitution

Remplacement d'une personne ou d'un **bien** par son équivalent, générant un effet analogue.

La substitution de **débiteur** : le fils accepte de se substituer au père.

succursale

Établissement secondaire d'une entreprise ou d'une **société**, disposant en principe de l'autonomie de gestion et non doté de la personnalité morale.

En pratique, en cas de litige, le tribunal du lieu de la succursale peut être compétent plutôt que celui du **siège social** si c'est le lieu de la **livraison** ou de la prestation de service.

support durable

Désigne le support techniquement fiable permettant de rapporter une **preuve** pendant une durée couvrant au moins la période de **prescription.**

En matière de **comptabilité** informatique, le support durable est celui qui permet de conserver la preuve des écritures comptables sans altération pendant 10 ans.

surenchère

Acte par lequel, suite à une première **vente aux enchères** publiques, une personne requiert une nouvelle mise aux enchères pour un **prix** supérieur à celui obtenu lors de la précédente enchère.

En matière de **saisie** immobilière, toute personne peut, dans les 10 jours qui suivent l'**adjudication**, former une surenchère.

surendettement

Situation de la personne se trouvant dans l'impossibilité d'honorer ses engagements financiers qui dépassent ses capacités.

La procédure de surendettement des particuliers peut être mise en œuvre auprès de la Commission de surendettement. À l'égard des entreprises, le surendettement se manifeste par un état de **cessation des paiements** et donne lieu à l'ouverture d'une **procédure collective**.

Surendettement des particuliers : art. L. 331-1 et s., C. consom.

http://vosdroits.service-public.fr/ARBO/0106-NXEPA116.html

sûretés

Elles garantissent l'exécution future d'une **obligation** et protègent le **créancier** de la **défaillance** du **débiteur.**

Il peut s'agir soit d'une sûreté réelle telle l'**hypothèque**, soit d'une sûreté personnelle comme le **cautionnement**.

Cf. caution réelle, caution hypothécaire, nantissement.

sursis

- Le sursis à statuer désigne la **décision** d'une juridiction de reporter le **jugement** d'une affaire à une date ultérieure pour des motifs de compétence ou de procédure. Le tribunal civil ou commercial doit surseoir à statuer lorsque l'affaire fait l'objet d'une **plainte** pénale : « Le pénal tient le civil en l'état. »

- Le sursis à exécution désigne la décision émanant des **tribunaux administratifs** et du Conseil d'État par laquelle l'exécution d'une décision administrative est différée.
- Le sursis à l'exécution de tout ou partie des **peines** correctionnelles désigne la dispense ordonnée par le **juge** ayant prononcé la sentence. Il est conditionnel et ne devient définitif qu'au **terme** d'un **délai** de 5 ans sans commission d'une nouvelle **infraction** susceptible de révoquer le sursis.

La peine de prison avec sursis.

Art. 132-29 et s., C. pén.

suspension

Cessation temporaire de l'exercice d'une fonction ou d'un **droit**.

La suspension des poursuites du **créancier** à l'égard du **débiteur** en **redressement judiciaire** ou en **liquidation judiciaire**.
La suspension d'une activité professionnelle réglementée du fait d'une décision de l'ordre professionnel : notaire, avocat, médecin...

suspension du contrat

Elle implique que le **contrat**, pour un certain temps, ne produit plus d'effet ; les **obligations** des parties sont suspendues, cependant le contrat n'est pas résolu.

La suspension du **contrat de travail** durant la période de maladie, le congé pour raisons familiales, le congé parental d'éducation.

 Art. 662, C. proc. pén.

suspicion légitime

Fait pour un plaideur de requérir de la juridiction supérieure qu'elle renvoie l'affaire devant une autre juridiction aux motifs que celle initialement **saisie** est suspectée de partialité.

Une des parties est une connaissance du **magistrat**.

synallagmatique

Le **contrat** synallagmatique est celui qui prévoit des **obligations** réciproques à la charge des parties.

Le **contrat de travail** met à la charge des deux parties des obligations réciproques, notamment celle d'effectuer un travail demandé pour le **salarié** et celle de verser une rémunération pour l'**employeur**. De même, le contrat de **bail** ou de **vente** sont des contrats synallagmatiques.

 Art. 1102, C. civ.

syndic de copropriété

Organe exécutif de la copropriété dont la mission est de faire appliquer le règlement de copropriété et les **délibérations** de l'assemblée des copropriétaires. Il en est le représentant en **justice** et pour tout **acte juridique**.

 *Cf. administrateur de biens.*

syndicat

Groupement de **salariés** ou d'**employeurs** aux intérêts professionnels **communs.** Il a pour **objet** l'étude et la défense des **droits**, des intérêts matériels et moraux, tant collectifs qu'individuels de ses membres.

syndicat de copropriété

Ensemble des copropriétaires d'un immeuble doté de la personnalité morale. Il a pour **objet** l'administration des **parties communes** de la copropriété.

 Art. 14 loi du 10 juillet 1965.

système informatique pour le répertoire des entreprises et des établissements (SIREN)

Le numéro SIREN est le code d'identification de toute entreprise immatriculée au **registre du commerce et des sociétés** (RCS) ou au **répertoire des métiers**, ainsi que de toute activité non salariée. L'**INSEE** attribue et gère, de façon centralisée, un répertoire national de ces codes.

http://www.sirene.tm.fr/accueil/page_accueil.asp

 *Cf. immatriculation.*

système informatique pour le répertoire des établissements (SIRET)

Le code SIRET sert à l'identification des établissements d'une entreprise. Il est composé de 14 chiffres, comprenant le code **SIREN** à 9 chiffres complété par le numéro d'identification à 5 chiffres qui permet de localiser géographiquement l'entreprise.

☞ *Cf. immatriculation.*

T

tacite

Attitude ou comportement interprété comme une manifestation de **volonté.** L'intention pourra se déduire des faits.

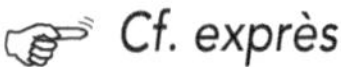
Cf. exprès.

> Le silence de l'Administration dans une procédure de **rescrit fiscal** vaut **acceptation** tacite.
> Le silence peut également valoir **aveu** tacite.

tacite reconduction

Renouvellement d'un **contrat à durée déterminée** qui s'opère lors de la poursuite des relations contractuelles au-delà du **terme** prévu. Les modalités du renouvellement peuvent aussi être prévues par une **clause** particulière.

> L'attitude passive du **bailleur** et du preneur à l'expiration du **bail** vaut tacite reconduction du **contrat**.

Loi du 6 juillet 1989 n° 89-462 ; art. 10, art 1759, C. civ.

tarif des huissiers

Publié par **décret**, il prévoit le montant de la tarification des actes des **huissiers.**

TASS

Cf. tribunal des affaires de Sécurité sociale.

taux d'intérêt conventionnel

Taux d'intérêt prévu au **contrat** ou dans les **conditions générales de vente.**

En matière de **prêt**, le taux conventionnel n'est valable que s'il fait l'objet d'un **écrit**.

Art. 1907, C. civ.

taux d'intérêt légal

Taux de l'intérêt fixé par **décret** chaque année et qui s'applique automatiquement à certaines **créances.** Ce taux légal est majoré de 5 points à compter du **délai** de 2 mois de la **décision** de **justice** exécutoire.

Art. 1907, C. civ.

taux d'usure

Taux d'intérêt bancaire, prélevé sur toute opération de crédit, qui dépasse les taux maximums fixés légalement, créant de fait une situation usuraire.

En pratique, le taux d'intérêt est usuraire s'il excède, au moment où il est consenti, de plus d'un tiers le taux effectif moyen pratiqué par les établissements de crédit pour des opérations de même nature.

Art. L. 313-3 et s., C. consom.

taux de ressort

Désigne la limite, fondée sur la valeur du litige, qui permet de déterminer soit la compétence d'un tribunal, soit la faculté d'**appel** de la **décision** qui sera rendue par la juridiction compétente.

taxe d'apprentissage

Proportion de la masse salariale que l'**employeur** doit obligatoirement affecter au **financement** des formations initiales technologiques et professionnelles.

Art. 224, CGI.

taxe professionnelle

Impôt dont sont redevables les personnes physiques ou morales au titre de leur activité, à titre habituel lucratif et non salarié. La base d'imposition est constituée par la **valeur locative** des **immobilisations** corporelles dont le contribuable a disposé pour les besoins de son action professionnelle pendant l'année de référence, et, pour certains contribuables ayant moins de cinq **salariés**, d'une fraction du montant des recettes.

Art. 1447, CGI.

taxe sur la valeur ajoutée (TVA)

Impôt direct applicable à l'ensemble de l'industrie, du commerce, de l'artisanat, des **professions libérales**. Cet impôt est en principe neutre pour les entreprises car la TVA facturée sur les opérations faites en amont par l'entreprise est déductible de la TVA qu'elle facture à ses clients et qu'elle doit reverser au Trésor. Le taux de la TVA est variable.

Le taux de 19,6 % sur les produits courants, le taux de 5,5 % sur les produits alimentaires...

Art. 256-I et 256-A, CGI.

http://www.impots.gouv.fr/portal/dgi

taxe sur véhicule de société

Impôt prélevé sur les véhicules dont dispose la **société** pour les besoins de son activité.

Les véhicules appartenant aux salariés de la société mais utilisés dans le cadre professionnel ne sont pas en principe soumis à la taxe, sauf si leur utilisation est à plus de 85 % professionnelle.

télématique

Technique de communication liant l'informatique et les télétransmissions. Permet de transmettre et d'accéder à des informations, de créer des réseaux, d'interroger des **banques de données**...

témoignage

Acte par lequel une personne certifie, par une déclaration **écrite** ou orale, l'existence d'un fait dont elle a été personnellement témoin.

Le témoignage écrit doit décrire les faits, être accompagné de la photocopie d'une pièce d'identité et porter la mention de la connaissance que le rédacteur a de la sanction du faux témoignage en **justice**. Selon que la matière est civile ou commerciale, la portée de ce mode de **preuve** varie.

tentative

Acte tendant à la réalisation d'une **infraction**. Réalisée par un commencement d'exécution de l'infraction, non suspendue par un **désistement** volontaire, la tentative est un **délit** punissable lorsque la **loi** le prévoit.

> La tentative d'**escroquerie** est punissable parce que le commencement d'exécution d'une telle infraction suppose l'utilisation de moyens frauduleux comme l'usage d'une fausse qualité pour obtenir la remise d'une chose qui a été interrompue par une force extérieure à la **volonté** de son **auteur**.

Art. 121-4 et 5, C. pén.

Cf. tribunal correctionnel.

terme

Modalité d'un **acte juridique** subordonnant l'exigibilité d'une **obligation** à la réalisation d'un événement futur dont la réalisation est **certaine**.

> Le remboursement d'un **prêt** est prévu à une certaine date ; celle-ci en est le terme.

Art. 1185 et s., C. civ.

TGI

Cf. tribunal de grande instance.

TI

Cf. tribunal d'instance.

tierce opposition

Voie de recours, visant à la rétractation ou la réformation d'une **décision**, ouverte aux personnes ni parties ni représentées à l'**instance** et leur permettant de faire déclarer l'**inopposabilité** de cette décision.

 Art. 582 et s., NCPC.

tiers porteur

Personne qui reçoit un **effet de commerce** endossé à son profit.

 Il doit être de **bonne foi** pour pouvoir exercer le **recours cambiaire** à l'encontre du **tiré** qui a accepté la **lettre de change**.

tiré

C'est la désignation de la personne qui doit effectuer le **paiement** à l'échéance de la **traite** ou, dès l'**émission**, du **chèque**.

 Art. L. 511-1, C. com.

 *Cf. lettre de change, effet de commerce.*

tireur

Personne donnant l'ordre au **tiré** de payer le montant de la **lettre de change** à l'échéance ou le **chèque** à sa présentation.

 *Cf. effet de commerce.*

titre exécutoire

- **Jugement** non susceptible d'**appel** ou d'**opposition.**
- Jugement auquel le **juge** a accordé l'**exécution provisoire.**
- **Procès-verbal** de conciliation signé par le juge et les parties.
- **Acte authentique.**
- Titre délivré par l'**huissier** en cas de défaut de **paiement** d'un **chèque**, 15 jours après la **signification** au **tireur** du **certificat de non-paiement.**

☞ *Cf. chèque sans provision, grosse, conseil de prud'hommes.*

titre (action ou part sociale)

Droit à une fraction du capital remis à l'associé en contrepartie de son apport.

☞ *Cf. société à responsabilité limitée, société anonyme.*

traite

☞ *Cf. lettre de change, acceptation lettre de change.*

transaction

Contrat conclu à l'**amiable** par lequel les parties mettent fin à un litige en se consentant des concessions réciproques.

La victime accepte d'être dédommagée par l'**auteur** du dommage matériel et s'engage à abandonner les poursuites.

Art. 2044 et s., C. civ.

transaction immobilière

Opération juridique consistant en la **vente** ou l'achat d'un **bien immobilier.**

transitaire

Commissionnaire spécialisé dans le domaine de l'importation ou de l'exportation des marchandises et délégué à la réalisation des **formalités** matérielles et juridiques de la douane.

Il réalise en son nom mais pour le compte de son commettant les formalités douanières nécessaires à l'exportation du **bien**.

transport (risque du)

Les **conditions générales de vente** peuvent prévoir que les marchandises voyagent aux risques et périls du destinataire : c'est à ce dernier en cas de perte ou d'avaries d'exercer une action contre le **voiturier.**

Conseil national des transports : http://www.cnt.fr

travail à temps partiel

Travail dont la durée hebdomadaire, mensuelle ou annuelle est inférieure d'au moins un cinquième à la durée légale ou conventionnelle du travail.

Art. L. 212-4-2 et s., C. trav.

travail clandestin

Interdit par la **loi**, il correspond à la dissimulation d'une activité industrielle, commerciale, agricole (…), exercée de façon illicite (activité exercée sans **immatriculation** au **registre du commerce et des sociétés** – RCS –, par exemple). Il désigne aussi le fait de dissimuler une partie de son activité en employant des salariés non déclarés et en dehors du **droit** du travail.

Art L. 124-1 et L. 125-1, C. trav.

travail temporaire

Travail effectué par un salarié qui a été mis à la disposition d'un utilisateur, de manière provisoire, par une entreprise de travail temporaire. Un utilisateur ne peut recourir au travail temporaire que pour des tâches non durables et dans des cas limitativement énumérés par la **loi** tels que remplacement d'un salarié, travail saisonnier…

En pratique, le travail temporaire est réalisé dans le cadre d'un **contrat à durée déterminée**.

http://www.sett.org

Trésor public

Service de l'État, dépendant du ministère des Finances, chargé essentiellement des opérations de recettes et de dépenses des organismes publics.

Le recouvrement des impôts et taxes est réalisé par le Trésor (il existe une centaine de taxes…).

http://www.impots.gouv.fr/portal/dgi

trésorier d'entreprise

Personne chargée de la gestion des deniers nécessaires au **paiement** des dépenses de l'entreprise.

http://www.afte.com

tribunal administratif

Juridiction du premier degré qui tranche des litiges relatifs aux actes et aux **contrats administratifs.** Il est aussi titulaire d'une mission de conciliation.

tribunal correctionnel

Art. 381 et s., C. proc. pén.

http://www.justice.gouv.fr/justorg/tricorre.htm

Cf. tribunal de grande instance.

tribunal d'instance (TI)

Juridiction du premier degré, composée de **juges professionnels**, statuant à **juge unique**, et compétente pour trancher les litiges en certaines matières énumérées par les **lois.**

Lorsque le tribunal d'instance statue en matière de **contravention**, il est dénommé **tribunal de police.**

Art. L. 321-1 et s., COJ.

Accès direct TI : http://www.justice.gouv.fr/justorg/ti.htm

tribunal de commerce

Juridiction spécialisée, composée de **commerçants** bénévoles élus – pour 2 à 4 ans – par leurs pairs, qui jugent les litiges commerciaux (affaires entre toutes personnes – physiques ou morales – ayant le statut de commerçant). Les tribunaux de commerce traitent également de tout ce qui relève des **défaillances** d'entreprise. À cet égard, ils peuvent jouer un rôle de prévention, notamment dans le cadre du règlement amiable, ou prononcer le **redressement judiciaire** ou la **liquidation judiciaire** d'une entreprise. Ces tribunaux n'existent qu'en première **instance**, les appels étant examinés par des **magistrats professionnels** devant la **cour d'appel.** Les **décisions** du tribunal de commerce sont rendues en premier **ressort** jusqu'à 3 800 € et en premier et dernier ressort au-delà selon l'importance du litige.

Une vingtaine de **tribunaux de grande instance** (TGI) sont amenés, en l'absence de tribunal de commerce dans leur ressort, à statuer commercialement (191 tribunaux de commerce sont répartis sur tout le territoire).

Composé de **juges** non professionnels (dénommés **juges consulaires**), ce tribunal rend des décisions en considération de la matière. La **Cour de cassation** dispose d'une chambre spécialisée : la **chambre commerciale** (elle traite des décisions – de nature commerciale – qui font l'objet d'un **recours** en **cassation**). Le tribunal de commerce est organisé en chambre et le président peut statuer à juge unique dans le cadre de la procédure de référé.

Art. L. 411-1 et s., COJ.

http://www.justice.gouv.fr/justorg/tribcomm.htm
http://www.cgtribc.org

Cf. degré de juridiction.

tribunal de grande instance (TGI)

Il est composé de **magistrats professionnels.** C'est la **juridiction de droit commun** du premier degré de l'**ordre judiciaire.** Ainsi, tous les litiges qui ne relèvent pas expressément d'un tribunal (**tribunal de commerce, conseil de prud'hommes…**) sont de la compétence du tribunal de grande instance. En outre, le tribunal de grande instance est seul compétent dans certaines matières. Par exemple, l'état des personnes, le mariage, le divorce, le **droit** des **biens.**

Lorsqu'il siège en matière pénale, le tribunal de grande instance prend la dénomination de **tribunal correctionnel.** En outre, les **tribunaux de grande instance** – TGI – sont amenés, en l'absence de tribunal de commerce dans leur **ressort**, à statuer commercialement.

Art. L. 311-1 et s., COJ.

Accès direct TGI : http://www.justice.gouv.fr/justorg/tgi.htm

Cf. degré de juridiction.

tribunal de police

Art. 521 et s., C. proc. pén.

http://www.justice.gouv.fr/justorg/tpolice.htm

Cf. tribunal d'instance.

tribunal de première instance des communautés européennes

En charge depuis 1989 à Luxembourg, le tribunal de première **instance** des communautés vient seconder la Cour de justice pour les affaires opposant les fonctionnaires européens ou les particuliers aux institutions communautaires.

tribunal des affaires de Sécurité sociale (TASS)

Juridiction du premier degré qui tranche les litiges opposant les organismes de Sécurité sociale et les usagers. Le tribunal se réunit en formation collégiale, il est composé d'un président et de deux assesseurs (l'un représente les travailleurs salariés et l'autre les **employeurs** et les travailleurs indépendants).

http://www.justice.gouv.fr/justorg/tass.htm

tribunal des conflits

Il a pour mission de trancher les conflits de compétence entre les **juridictions administratives** et les juridictions **judiciaires.** Il est présidé par le **garde des Sceaux.**

Tribunal qui juge en **droit** et non en fait pour déterminer la compétence d'une juridiction. Il n'appartient ni à l'**ordre judiciaire**, ni à l'**ordre administratif**.

http://vosdroits.service-public.fr/ARBO/140208-FXJUS219.html

tribunal paritaire des baux ruraux

Juridiction du premier degré, composée de **juges professionnels** et non professionnels, ayant pour fonction de trancher les litiges entre **bailleur** à ferme (propriétaire) et preneur à ferme (locataire). Cette juridiction est non permanente.

Art. L. 441-1 et s., COJ.

Accès direct tribunal des baux ruraux :
http://www.justice.gouv.fr/justorg/ti.htm

trust

Groupe d'intérêt financier et économique au sein duquel plusieurs entreprises tendent à obtenir un **monopole** sur un **marché** donné.

turn-over

S'entend de la **rotation du personnel** au sein d'une entreprise par l'embauche, la **démission** ou le **licenciement.**

tuteur

Personne investie de la mission de représenter un **incapable**, mineur ou majeur, tant dans la réalisation d'actes juridiques que dans l'administration de son patrimoine.

Le tuteur représente l'incapable majeur dans la réalisation des actes de **disposition** de son patrimoine (**vente**, etc.).

Art. 397 et s., C. civ.

TVA

☞ *Cf. taxe sur la valeur ajoutée.*

U

Union de recouvrement de la Sécurité sociale et des allocations familiales (URSSAF)

Organisme, sous le contrôle de l'agence centrale des organismes de Sécurité sociale, dont la mission consiste en le recouvrement des **cotisations** de Sécurité sociale et d'allocations familiales au sein d'une circonscription formée d'une ou plusieurs caisses de Sécurité sociale.

http://www.urssaf.fr

usage

Pratique relative à une région, une profession donnée, constitutive de **droits** et d'**obligations** en l'absence de **dispositions** légales ou conventionnelles. Pour être qualifiée d'usage, une pratique doit être générale (concernant un ensemble de personnes), constante (répétée plusieurs fois) et fixe (établie selon des règles déterminées et non discrétionnaires).

URSSAF

 *Cf. Union de recouvrement de la Sécurité sociale et des allocations familiales.*

usufruit

Droit réel de **jouissance** résultant d'un **démembrement de propriété**.

L'usufruitier use de la chose et en perçoit les fruits ; il ne peut, sauf accord du nu propriétaire, la donner à **bail**.

Art. 578 et s., C. civ.

Cf. nue propriété.

usure

Cf. taux d'usure.

V

valeur ajoutée

Valeur dégagée en diminuant le montant de la production d'une entreprise pour une période donnée de la valeur des **biens** et services extérieurs consommés pour la même période.

valeur boursière

Valeur des actions cotées en **Bourse** qui tient compte de l'offre et de la demande.

valeur locative

C'est le montant des loyers des baux commerciaux renouvelés ou révisés qui est déterminé d'après :

- les caractéristiques du local considéré,
- la destination des lieux,
- les **obligations** respectives des parties,
- les facteurs locaux de commercialité,
- les **prix** couramment pratiqués dans le voisinage.

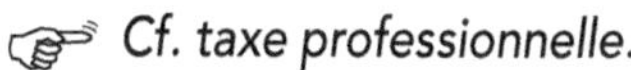
Cf. taxe professionnelle.

valeurs mobilières

Titres négociables représentant soit des **actions** – **droits** d'associés –, soit des obligations – **prêts** à long **terme**.

valeur nominale

Valeur inscrite sur un titre de **participation** correspondant à la quote-part du titulaire dans le capital de la **société.**

Art. L. 228-8, C. com.

valeur vénale

Valeur d'un bien **meuble** ou immeuble sur le **marché** au jour de la **vente**, résultat de la négociation entre acheteur et vendeur, compte tenu de l'offre et de la demande.

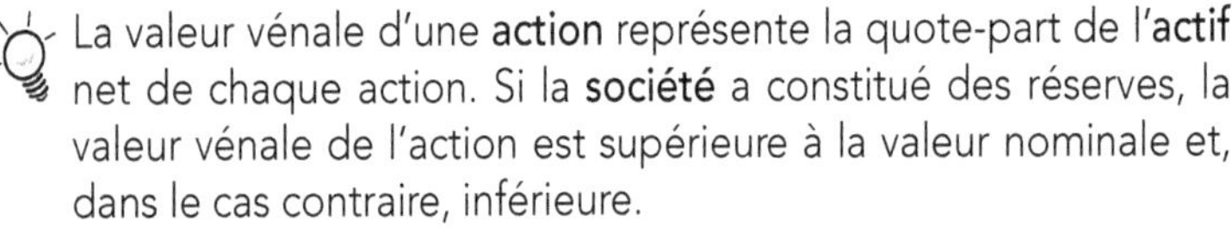
La valeur vénale d'une **action** représente la quote-part de l'**actif** net de chaque action. Si la **société** a constitué des réserves, la valeur vénale de l'action est supérieure à la valeur nominale et, dans le cas contraire, inférieure.

vente

Convention par laquelle une personne s'engage à remettre une chose à une autre personne qui s'oblige à verser le **prix** convenu. Elle peut être verbale, faite par acte sous-seing privé ou par **acte authentique.**

Art. 1582 et s., C. civ.

vente (refus de)

Le refus de vendre à un professionnel est **licite**, sauf s'il est abusif ou s'il correspond à des pratiques anticoncurrentielles (**ententes, abus de position dominante**).

En revanche, le refus de **vente** opposé à un **consommateur** est une **infraction** pénale. Il n'est licite que s'il est lié à une impossibilité matérielle (rupture de **stock**) et ne doit jamais être basé sur des considérations personnelles de l'acquéreur (race, sexe…).

 Art. L. 122-1, C. consom.

vente à crédit

Opération par laquelle le transfert de **propriété** de l'**objet** de la **vente** est réalisé immédiatement mais dont le **prix** n'est exigible qu'au **terme** fixé au **contrat.**

 Art. L. 311-1 et s., C. consom.

vente à la boule de neige

Vente interdite consistant en particulier à offrir des marchandises au public en lui faisant espérer ces marchandises à titre **gratuit**, avec ou sans remise, en subordonnant les ventes au **placement** de bons, de tickets, d'adhésions ou d'inscriptions.

vente à perte

Infraction qui consiste en la revente d'un produit en l'état (sans transformation du produit) à un **prix** inférieur au prix effectif d'achat (prix figurant sur la **facture** majoré de certaines taxes).

 Art. 442-2 et s., C. com.

vente à tempérament

Type de **vente à crédit** dans laquelle le **paiement** est réalisé par versements fractionnés et échelonnés sur une certaine durée.

vente au déballage

Vente de marchandises effectuée dans les locaux ou des emplacements non destinés à la vente au public de ces marchandises, ainsi qu'à partir de véhicules spécialement aménagés à cet effet.

Le préfet doit délivrer une **autorisation** préalable si la surface est supérieure à 300 m^2. Dans le cas contraire, c'est le maire de la commune qui donne l'autorisation.

vente aux enchères

Vente publique dans laquelle l'adjudicataire se porte acquéreur en donnant le **prix** le plus élevé.

En pratique, la vente aux enchères est soit à l'initiative volontaire du vendeur, soit ordonnée judiciairement, et peut porter sur des **biens meubles** ou immeubles.

Enchères publiques : loi du 10 juillet 2000 n° 2000-642 ; art. L. 321-1 et s., C. com.
Autres : art. 1686, C. civ.

http://www.conseildesventes.com

Cf. commissaire priseur.

vente forcée

Infraction pénale constituée par tout procédé qui tend à forcer le **consentement** du **consommateur**.

Participation à un jeu avec **obligation** d'achat.

vente liée

Vente subordonnée à l'achat d'un autre produit ou service. Cette vente est sanctionnée lorsqu'elle a lieu entre un **consommateur** et un **professionnel** mais elle est **licite** quand elle s'opère entre deux professionnels.

vente volontaire

Vente décidée par un ou plusieurs propriétaires qui ont recours à la procédure de vente aux **enchères.**

 *Cf. commissaire priseur.*

vérification d'écriture

Procédure consistant pour le **juge** à vérifier, par lui-même ou en ayant recours aux services d'un graphologue, si la **signature** ou l'écriture d'une personne est bien celle qui lui est attribuée.

vérification de créance

Phase de la **procédure collective** au cours de laquelle le représentant des **créanciers** ou le **liquidateur** contrôle si la **créance** déclarée est existante, **certaine**, liquide, exigible, et s'assure de son montant. Les contestations de créances sont tranchées par le juge commissaire. Une fois vérifiée et admise au **passif** par le **juge commissaire**, la créance pourra être payée selon son ordre.

 Art. L. 621-102 et s., C. com.

viager

S'entend d'un **droit** limité à la durée de vie de son titulaire et destiné à s'éteindre à son décès, sans qu'il puisse le transmettre à ses héritiers.

Le **prix** de **vente** du **bien** est constitué d'un bouquet, payable comptant, et d'une rente viagère versée au vendeur jusqu'à son décès.

 Rente viagère : 1968 et s., C. civ.

vice caché

Défaut non apparent qui affecte une chose et la rend impropre à son usage. Le **bailleur** ou le vendeur est tenu de garantir les vices cachés de la chose louée ou vendue. L'acheteur doit agir à bref **délai** à partir de la découverte du vice.

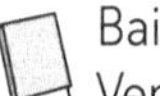 Bail : art. 1721, C. civ.
Vente : art. 1641, C. civ.

vice du consentement

L'**erreur**, le **dol** (tromperie) et la **violence** sont des vices du **consentement**, susceptibles d'entraîner la **nullité** d'un **acte juridique**.

 Art. 1109 et s., C. civ.

vice rédhibitoire

Synonyme de **vice caché**.

violence

Il s'agit, en matière contractuelle, d'un **vice du consentement** résultant de la contrainte physique ou morale imposée à une partie.

Le **consentement** donné sous la menace d'un **chantage**.

virement

Mode de transfert d'une somme d'argent de compte à compte par un simple jeu d'écriture.

Le virement n'est pas un **moyen de paiement**. Celui à qui est donné l'ordre de virer une somme ne peut le faire que si la **provision** existe !

voie d'exécution

Contrainte juridique telle qu'une **saisie** permettant d'obtenir l'**exécution forcée** d'une **décision** de **justice** ou autre **titre exécutoire**.

La saisie sur rémunération pour obtenir le **paiement** d'une condamnation.

Loi du 9 juillet 1991 n° 91-650.

voie de recours

Procédure mise à la disposition des plaideurs, tendant à remettre en cause une **décision judiciaire** afin d'en obtenir l'**annulation**, lorsqu'elle est entachée d'un vice de procédure, ou la réformation après un nouvel examen du **procès**.

http://lexinter.net/Legislation/voies_de_recours.htm

voiturier

Transporteur garant de la perte des objets à transporter, hors les cas de **force majeure.** Il est garant des avaries autres que celles qui proviennent du vice propre de la chose ou de la force majeure.

 *Cf. transport (risque du).*

http://lexinter.net/Legislation/voituriers.htm
Conseil national des transports : http://www.cnt.fr

volonté

Aptitude pour un sujet de **droit** à comprendre la portée d'un engagement et à user de sa faculté d'adhérer ou non à cet acte.

 En pratique, lorsque la volonté est viciée, le **contrat de vente** est nul.

 *Cf. vice du consentement.*

voyageur représentant placier (VRP)

Le VRP, en vertu d'un **contrat de travail**, démarche la **clientèle** pour le compte d'un ou plusieurs **employeurs.**

Le VRP est un salarié au statut particulier, qui bénéficie notamment d'une **indemnité** de clientèle, en fonction des **commissions** touchées, en fin de **contrat.**

 Le VRP est sous la **subordination juridique** de son employeur mais bénéficie d'une plus grande liberté que le salarié ordinaire

dans le cadre de l'exécution de son travail puisque, matériellement, il échappe à la surveillance de l'employeur.

 Art. L. 751-1 et s., C. trav.

http://www.commerciaux.fr/adresses_utiles.htm

VRP

Cf. voyageur représentant placier.

warrant

Billet à ordre qui permet de constituer et de transmettre un gage garantissant l'engagement du souscripteur.

Il existe des warrants des **magasins généraux**, des warrants hôteliers, pétroliers...

Warrant général : art. L. 522-24 et s., C. com.
Warrant hôtelier : art. L. 523-1 et s., C. com.
Warrant pétrolier : art. L. 524-1 et s., C. consom.

www.ingramcontent.com/pod-product-compliance
Lightning Source LLC
Chambersburg PA
CBHW061002220326
41599CB00023B/3799

9782708130050